소통으로 만드는 역사교육

역사교육연구총서 **03**

소통으로 만드는 역사교육

역사 문서 읽기와 성찰적 역사의식

초판 1쇄 인쇄 2017년 12월 10일
초판 1쇄 발행 2017년 12월 15일

지은이 강선주
펴낸이 성낙인
펴낸곳 서울대학교출판문화원

출판등록 제15-3호

주소 08826 서울 관악구 관악로 1
대표전화 02-880-5252 | 팩스 02-888-4148
홍보마케팅팀(주문상담) 02-889-4424, 02-880-7995
이메일 snubook@snu.ac.kr
홈페이지 www.snupress.com

ISBN 978-89-521-1970-4 94900
978-89-521-1849-3 (세트)

역사교육연구총서 03

소통으로 만드는 역사교육

역사 문서 읽기와 성찰적 역사의식

강선주 지음

서울대학교출판문화원

책머리에

—언덕과 물 사이의 길을 찾아서

우리는 역사 속에서 정치를 이해하면서 자신의 이념을 되돌아본다. 또 삶의 지혜를 배우면서 자연스럽게 과거의 감정을 함께 느끼기도 한다. 그러나 이성적인 분석과 판단 이전에 감정이나 이념으로 역사를 접하게 하는 역사교육은 '나쁜' 것을 넘어 '위험'하기까지 하다. 그런데 최근 많은 사람들이 이성적 판단을 마비시키고 감정과 이념에 호소하는 '역사'에 매료되고 있다. 이러한 상황에서 학교 역사는 무엇을 가르쳐야 할까? 학교 역사의 정당성은 어디서 찾아야 할까? 이 책에서는 생명력 있는 미래를 위해 학교 역사가 가르쳐야 할 역사적 사고와 성찰적 역사의식에 대해 살펴보고자 한다.

한국 역사교육계는 오랫동안 '역사적 사고력', '역사적 이해', '역사적 설명', '역사의식' 등을 이론적으로 검토했다. 그리고 2000년대 들어 이와 관련된 이론서도 내놓았다. 역사교육의 여러 이론들은 역사교사를 뽑는 교원임용고시에서 공부해야 할 필수 내용이 되었다. 그런데 사범대학에서 역사교사 교육을 담당하는 역사 연구자들은 역사교육 이론들에 대해 "철 지난 분석철학자들이나 오래된 논리실증주의자들 또는 역사가가 아닌 역사철학자들의 논의에 바탕을 두어 '역사'를 그리고 '역사를 통한 교육'을 논의하는 것은, "역사가가 역사를 연구하는 태도나 방식"을 "곡해하거나 왜곡하여 역사교육 자체의 본질을 흔든다"고 비판한다. 그러면서 '역사의 본래적 가치'를 살리는 역사교육을 하라고 요구한다. 반면 송상헌(2013)은 "역사학에서는 역사철학자들의 방법을 경원시하지만 역사교육에서는 매우 의미 있고 주목할 만한 정신활동"이라고 주장한다.

역사교육계는 가르쳐야 할 '역사적 사고'를 상세화하기 위해 역사 연구 방법이나 사고 방법에 대한 설명이 필요했고, 그러한 설명을 역사철학에서 찾았다. 역사철학과 역사학 이론은 역사교육 이론화에 필수적인 요소이다. 그러나 역사철학이나 역사학 이론과 역사교육의 이론은 구별된다. 역사가가 말하는 역사 연구와 학교 역사가 추구해야 할 역사 탐구도 구별된다.

학교 역사는 역사학에서 출발한다. 그렇다고 전문 역사가의 이론, 작업 과정, 사고 방법, 지식을 그대로 학생들에게 가르칠 수는 없다. 학생에게 전문 역사가처럼 역사적인 질문을 하고, 문서를 해석하여 역사를 쓰게 하는 것은 가능하지도 않고 그럴 필요도 없다.

학교 역사교육의 이론을 정립하기 위해서는 사회 변화를 큰 그림으로 이해하면서, 역사학에 묻고, 교사와 학생이 원하는 역사교육에 관심을 기울여야 하며, 교사와 학생의 역사 전유 방식도 관찰하고 분석해야 한다. 역사와 교육, 그 두 가지를 모두 버리고 취하면서 또 채우고 비우면서 공간을 만들어야 하고, 사회 변화 방향과 학교 역사의 현실 사이를 연결할 수 있는 다리들을 세워야 한다.

이러한 문제의식에서 역사가가 역사를 연구하는 태도나 방식에 기초한 역사교육을 위해 최근 국내외 연구자들은 역사가의 연구 과정, 또는 문서 읽기 과정과 함께 교사와 학생의 문서 읽기 방식, 역사 전유 방식을 검토하고 있다. 그리고 역사가의 사고 과정, 특히 문서 읽기와 학생의 문서 읽기 양상을 비교·분석하면서 학교 역사가 가르쳐야 할 '역사적 사고' 혹은 '역사 문서 읽기'를 이론화하고 있다. 그런데 이러한 '역사 문서 읽기'를 이론화하기 위해서는 역사가가 문서를 읽는 목적 및 조건과 학교 역사에서 학생이 역사 문서를 읽는 수업을 하는 의도 및 조건은 다르다는 점을 고려해야 한다.

역사가는 역사 이론들, 역사관들, 이데올로기와 자율성을 갖고 상호작용하면서, 주변의 역사 문화를 비판적으로 바라보면서 역사를 읽고 쓴다. 또 역사적 사실이나 역사 내러티브가 어떻게 생산되는지에 대해 이해하고, 역사 내러티브가 사회적으로 활용되는 방식에 대해서도 비판적으로 분석한다. 역사가는 역사학계가 주장하는 역사 문서 읽기의 정당한 방식들에 기초하여 문서를 읽고 해석하여 역사를 서술한다. 물론 역사가의 연구 의도, 연구 방법과 질문 등은 그가 읽는 문서나 문서를 읽는 방식을 결정한다. 역사가가 문서를 읽어 하나의 역사적 사실을 정립하려고 하는가, 아니면 사실들 간의 관계를 해석해서 거대한 역사적 패턴이나 역사 이론을 구성하려고 하는가, 즉 문서를 읽는 목적이 무엇인가에 따라 문서를 읽는 방식도 달라진다. 예를 들면 『조선왕조실록』

에서 중국과의 관계와 관련된 기사들을 뽑아 사건 각각을 해석하여 개별적인 역사적 사실을 정립하려 하는가? 아니면 각각의 사건들과 관련된 역사적 사실들을 비교·검토해서 사대 관계, 혹은 조공책봉 관계와 같은 역사적 패턴을 구성하려고 하는가? 또 조선 시대 양반의 일기나 편지글을 읽으면서 글을 쓴 개인의 생활을 이해하려고 하는가? 아니면 특정 시기 양반의 생활 패턴을 찾으려고 하는가? 등이다. 그런데 대체적으로 역사가가 역사 문서를 읽는 목적은 하나의 개별적인 역사적 사실을 정립하는 데 그치지는 않는다.

즉 역사가가 문서를 해석해서 개별적인 역사적 사실을 정립하는 과정도 궁극적으로는 역사적 패턴을 구성하는 작업의 일부이다. 역사가는 개별 사건들을 검토하면서 역사적 패턴을 만들기도 하지만, 거대한 역사적 패턴과의 관련 속에서 개별 사건들을 들여다본다. 역사가는 자신의 전문적 연구 분야와 관련이 없고 스스로 던진 연구 질문도 아니며 자신이 직접 찾는 문서가 아닐지라도 자신이 구성하고자 한 거대한 역사적 패턴과 관계없이, 또 자신의 독특한 역사적 관심과 거리를 두면서 주어진 문서를 읽지는 않는다. 즉 역사가의 문서 읽기는 그가 그리는 역사적 패턴, 연구 관심, 이론이나 시각, 역사 지식, 역사의식, 이데올로기 등과 문서와의 상호작용 과정이다.

학생들에게 역사가처럼 여러 역사 이론들, 역사관들, 이데올로기와 자율적으로 상호작용하면서, 또 주변의 역사 문화를 비판적으로 바라보면서 역사를 읽고 쓸 것을 기대하기는 어렵다. 전문가도 아니고 학교 역사가 전문가 양성을 목적으로 하지도 않기 때문이다. 또한 학교에서는 역사적 패턴 구성을 전제로 학생이 과거 문서를 읽게 하지도 않는다. 오히려 학생들은 역사가가 해석한 역사적 패턴의 영향을 받으며 문서를 읽게 된다. 학생은 과거 문서나 문서 읽기에 접한 경험도 많지 않으며, 문서 읽기에 요구되는 전문성이나 문서에 대한 관심도 역사가와 다르다. 요컨대 역사 수업에서 학생이 문서를 읽는 조건이나 목적은 역사가의 그것과 근본적으로 다르다. 그럼에도 왜 학생이 '역사가가 과거의 문서를 읽는 태도'나 '역사가가 과거의 문서를 읽으면서 발휘하는 비판적 사고'를 경험하게 해야 하는가? 그리고 그러한 경험의 기회를 줄 수 있는 문서 읽기 수업은 어떻게 구안되어야 하는가? 이 질문에 대답하기 위해서는 학교 역사의 조건인 우리 사회의 역사 문화를 검토하고 또 학교 역사의 당사자인 교사 및 학생과 소통할 필요가 있다.

역사를 가르친다는 것은 역사가의 연구 결과를 전달하는 것을 의미하지 않는다. 또 역사 학습이 역사 지식의 기억을 의미하지도 않는다. 역사 지식을 아는 것도 중요하지만, 현실 세계에서 그 지식을 활용하여, 또 필요에 따라 과거인이 남긴 글을 읽고 역사적인 문제를 제기하며 그것을 해결하려는 태도와 능력도 필요하다. 어떤 사회도 역사적 조건 바깥에 존재할 수 없으며, 어떤 개인도 그 역사적 사회 바깥에서 살 수 없기 때문이다.

우리가 살고 있는 오늘날 이 사회는 과거와 단절해서 이해할 수 없다. 우리를 둘러싸고 있는 현실의 조건, 문제는 과거와의 관계 속에서 이해해야 하며, 미래도 과거와 현재에 대한 성찰 속에서 건설될 수 있다. 그러므로 역사 서술과 읽기도 현재 우리가 살고 있는 오늘날 이 사회의 조건 바깥에서 이루어질 수 없다. 오늘날 이 사회를 바라보는 시각 그리고 이 사회가 나가야 할 미래의 방향에 대한 의식은 과거에 던지는 질문과 과거의 문서를 읽는 시각 및 방법에도 영향을 미친다. 과거에 대한 질문은 현재의 문제의식과 미래에 대한 전망에서 나오기 때문이다. 그러므로 학교 역사교육의 방향에 대해 궁리하기 위해서는 학생들이 과거의 문서를 읽으면서 과거, 그리고 그것이 재현된 문서와 어떻게 상호작용하는지도 살펴볼 필요가 있다.

역사는 도처에 있으며 역설적으로 없기도 하다. 영화, 드라마, 다큐멘터리, 예능, 웹소설과 만화, 게임에서도 '역사'를 생산한다. 몇몇 다큐멘터리는 한국 역사학계보다 앞서 시대변화를 선도하며 새로운 관점에서 역사를 쓴다. 대중 역사서, 영화, 드라마는 세계 여러 지역의 전통, 풍물, 지리, 인문 역사를 다루고, 역사 서술의 지리적·문화적 경계를 새롭게 상상하여 학생들의 창의력을 자극한다. 그런데 이 사회를 살아가는 그리고 생명력 있는 미래를 건설하기 위한 지혜를 얻으려면 역사에서 창의력은 비판적 사고를 바탕으로 해야 한다.

최근 TV에서는 역사를 재미있게 설명하는 강사들의 대중강연을 자주 보여준다. 서점의 역사 베스트셀러관도 스타 강사들의 책으로 장식되어 있다. 그들은 역사를 소비하는 데 그치지 않고 대중 강연과 역사서 저술을 통해 적극적으로 역사 생산에 참여한다. 그들을 전문 역사가라고 부르지는 않지만, 사람들은 그들이 들려주는 역사에 귀를 기울이고 때로 열광한다. 이들의 역사 이야기는 전문가와 다른 영감을 준다. 그런데 간혹 매체에서 '역사 소설'이 아닌 '역사'라고 하면서 들려주는 이야기는 과거를 무시하고 현재의 신념과 가치만을 강조한다. 그리고 그러한 이야기는 때로 과거를 신화화하고 교조화하여 미래를 위한 생성을 방해한다.

학교 역사는 정체성의 정치학과 긴밀한 관계 속에서 정의되고 추구되어왔다. 역사는 본질적으로 정치적이다. 그러나 역사라는 학문의 정치적 성격을 인정하는 것과 역사를 정치의 도구로 삼는 것은 다르다. 최근 국가의 적극적인 이념적 개입은 학교 역사를 정치적 도구로 전락시키고 있다. 그리하여 학교 역사를 토론의 대상이 아니라 이데올로기적 선택의 대상으로 만들고 있다.

학교 역사가 감정, 신화, 이데올로기로서의 역사의 한계를 넘어서 인문적 소양과 시민적 역량을 추구한다면 학교 역사는 무엇을 가르쳐야 하는가? 학생이 비판적으로 사고하면서 과거 문서를 분석하고 해석할 기회, 그리고 자신의 역사 지식과 역사의식을 성찰하면서 성장할 수 있는 기회를 주어야 한다. 학교 역사가 과거의 골동품적 가치에만 매몰되는 것을 경계하며 학생들에게 그것이 품고 있는 여러 기억을 검토하게 할 때, 역사적 인물에게 입힌 '신화'라는 옷을 벗기고 그 인물들이 직접 말하는 인간과 사회의 본질에 대해 해석하게 할 때, 같은 사회에 살았던 개인들이 사회와 인간을 보는 시각이 매우 다양했다는 점을 인식하게 하고, 그들의 서로 다른 해석과 논쟁을 검토하면서 역사의 교조적 이해의 문제를 비판할 수 있게 할 때, 역사는 학생들에게 지혜의 보고를 열어줄 것이다. 역사적 사고와 성찰적 역사의식은 과거 여러 사람들의 목소리를 듣고 또 오늘날 여러 목소리로 이성적으로 토론하는 데 요구되는 필수 조건이다.

이 책에는 필자가 쓴 몇몇 글들을 대폭 수정 및 보완한 글과 새로 쓴 글들이 있다. 이 책을 쓰면서 종래의 글을 수정 보완하기 위해 관련된 이론들을 재검토했고, 최근에 나온 새로운 이론들도 살펴보았다. 그리고 역사 문서 읽기와 관련된 학생과 교사, 연구자들을 면접했던 자료들도 재분석했다.

제1장은 「역사교육의 목적과 초등학교 교사의 역사교육관」(2008)을 수정 보완했으며, 제2장은 「아이들의 역사 이야기꾼으로의 성장: 중학교 교사가 추구하는 "역사가 가르쳐야 할 것"」(2015)을 수정 보완했다. 제3, 4, 5장은 「고등학생과 역사가의 역사텍스트 독해 양상과 텍스트 독해 교수학습 전략」(2013), 「성찰적 비판과 복합 정체성으로서 역사교육」(2016), 「역사 수업에서 문자 사료 읽으며 역사적으로 사고하기 방안」(2011) 등의 글을 토대로 새로 썼다. 제6장은 「초·중·고등학생이 구성하는 역사담론과 추구하는 역사의식: 역사 텍스트의 선택적 읽기」(2014)와 「역사교육계의 역사의식 이론과 학생들의 역사의식 조사 연구에 대한 검토」(2013)를 기초로 썼다.

이 책은 필자가 석사 과정 시절부터 가졌던 문제의식으로부터 시작되었다. 비록 최근 몇 년간의 글들을 엮어 이 책을 완성했지만, 이 책의 기초가 되는 경험적 연구의 시작은 석사 과정 시절로 거슬러 올라간다. 미국에서 박사 과정에 있을 때 경험적 연구 방법을 본격적으로 공부했지만 그 방법을 활용해서 쓴 첫 번째 논문은 석사 논문이기 때문이다. 지도교수님이셨던 윤세철 선생님은 경험적 연구 방법에 대한 신뢰가 크지 않았던 상황에서 필자가 석사 논문을 질적 연구 방법으로 쓰겠다고 했을 때 인내심을 가지고 지지해주시고 지도해주셨다. 항상 관심을 갖고 지켜봐주시는 윤세철 선생님께 감사드린다. 양호환 선생님께도 감사드린다. 양호환 선생님은 석사 논문을 쓰는 데 직접적인 도움을 주셨고, 필자가 연구자의 길에 들어선 이후에는 연구의 지평을 넓힐 수 있게 지속적으로 자극해주셨다. 또한 총서를 기획하고 간행해주신 유용태 선생님께도 감사의 뜻을 전한다. 여러 일에 쫓겨 몇 번이고 약속한 기일을 넘겼음에도, 또 부족한 글임에도 기다려주시고 격려해주셨다. 학부, 대학원에서 공부하는 태도와 방법을 가르쳐주시고 교육자로서의 길을 알려주신 서울대학교 역사교육과 여러 선생님들, 특히 항상 격려해주시는 이경식 선생님께도 감사드린다. 그리고 가난과 전쟁 때문에 법대 공부를 마칠 수 없었던 아버지, 시대가 가졌던 여자에 대한 편견 때문에 원하던 의대에 진학할 수 없었던 어머니, 두 분의 무한한 지원과 지지 덕분에 공부를 할 수 있었다. 이 자리를 빌려 두 분께 사랑한다고 감사하다고 말씀드린다. 항상 힘이 되어 주는 친구인 남편 상배, 바쁜 엄마를 지지하며 독립적으로 자기 길을 헤쳐 나가는 아들 하원에게도 고마운 마음을 전한다.

마지막으로 이 책에서 수행한 연구를 위해 수업을 관찰하게 해주시고 면접에 응해주신 교사들과 학생들, 그리고 역사 연구자들께도 감사드린다. 이분들의 적극적인 도움이 없었다면 이 책은 나올 수 없었을 것이다.

2017년 10월

강선주

차례

제2부 역사교육에서 사고와 지혜

제3부 정체성과 성찰적 역사의식

제1부

학교 역사의 방향

오늘날 사람들은 여러 매체들에서 자발적으로 혹은 선택적으로 역사를 소비하고 생산한다. 아이들은 학교만이 아니라 도처에서 역사와 만난다. TV 드라마에서부터, 책, 만화, 게임, 박물관, 역사 유적 등 다양한 통로를 통해 역사를 접하고 소비하며 또 생산한다. 그렇게 아이들의 주변을 가득 메운 '역사들' 속에서 지금 우리에게 '역사'란 무엇인가, 그리고 우리가 가르쳐야 할 역사란 무엇인가라는 질문을 하게 된다.

그런데 우리가 가르쳐야 할 역사는 무엇인가라는 질문은 왜 역사를 가르쳐야 하는가라는 질문과 별개로 대답할 수는 없다. 마르크 블로크(Marc Bloch)는 어떤 소년이 역사가에게 던진 "역사란 무엇에 쓰는 것이냐"라는 질문으로 『역사를 위한 변명』을 시작했다. 그는 역사의 효용성 문제를 역사의 정당성 문제와 혼동해서는 안 된다고 주장했다. 그런데 역사의 효용성과 정당성이 어떻게 구분되는가? 학교 역사교육에서 그 두 가지를 구분하는 것은 결코 쉽지 않다. 학교 역사의 정당성 문제를 논하기 위해서는 역사가 학교에서 어떻게 활용되는가를 살피면서 무엇을 경계해야 할까

검토할 필요가 있다. 이러한 관점에서 이 책의 제1부에서는 학교에서 추구되는 역사교육의 목적, 특히 교사가 말하는 역사교육의 목적을 검토해보고자 한다. 그런데 중점적으로 살펴볼 것은 역사교육의 목적 자체가 아니다. 오히려 그러한 목적을 추구할 때 우리가 경계해야 할 문제들이다.

학교에서 역사가 어떻게 활용되는가? 특히 교사는 역사를 어떻게 활용해야 한다고 생각하는가? 교사는 학생들에게 어떤 과거를 기억시키고자 하고, 그러한 과거를 어떤 의도, 동기에 의해 선택하여, 어떤 목적으로 활용하고자 하는가? 이 질문에 대답하기 위해 제1부에서는 초등교사들과 중학교 교사를 심층면접하여 그들의 역사교육관을 조사했다. 여기서 역사교육관이란 역사를 '아는 것'을 넘어서 '실천'을 매개하는 동력으로서 역사를 활용하는 것이라고 정의한다. 역사교육관이란 역사를 통해 전수 또는 창조하려는 과거에 대한 이해 또는 믿음이며, 현재와 미래에 대한 집단적 사명을 형상화하고 실행으로 옮기게 하는 '지식'이다. 교사의 역사교육관은 교사가 학생들의 현재 삶과 역사가 어떤 관계를 맺도록 유도하는가라는 문제를 탐구하여 이해할 수 있다. 이는 교사들이 학생들에게 역사를 가르치면서 과거를 어떻게 이해하게 하고, 현재 삶에서 어떤 실천적 의미를 찾게 하며, 어떤 미래의 사명을 갖게 하는가라는 질문들로 구체화할 수 있다.

제1장에서는 다섯 명의 초등교사들과 대화 내용을 토대로, 제2장에서는 한 명의 중학교 역사교사와 대화 내용, 그리고 그의 수업을 관찰하고 분석한 내용을 토대로 '학교에서 역사가 어떻게 활용되는가?', '무엇을 경계해야 하는가?', 또 '무엇을 추구해야

하는가?'에 대답하고자 했다.

좀 더 자세히 소개하면 제1장은 2008년 3월에서 8월 사이에 인천과 경기도 지역에 소재하는 초등학교 교사 5명에 대한 면대면 심층면접과 서술형 질문지를 이용한 조사 자료의 분석에 의거한다. 참여한 교사들은 학부 과정이나 대학원에서 사회교육, 역사교육을 심화과정으로 전공하지 않은 교사들이다. 심층면접과 질문지에서는 다음과 같은 질문을 했다. 역사교육의 목적이 무엇이라고 생각하는가? 학생들이 역사에서 무엇을 학습하기를 기대하는가? 학생들이 역사 수업 후 어떤 사람이 되길 기대하는가? 역사 수업에서 강조해서 가르치는 내용은 무엇인가? 역사 수업이 학생들에게 어떤 정체성을 심어줄 수 있다고 생각하는가? 자신의 역사관, 교과서의 역사관에 대해 어떻게 생각하는가?

제2장은 50대의 중학교 남교사인 유 선생님을 2014년 네 차례에 걸쳐 심층면접하고 유 선생님의 수업을 세 차례 관찰한 노트, 그리고 유 선생님이 개발한 학습 자료를 분석하여 썼다. 유 선생님은 역사교육이 하나의 연구 분야로서 크게 성장하기 전인 1980년대 초 서울에 있는 사범대학 역사교육과에서 교육을 받았다. 역사교육이 '주입식'이고 '죽은 역사'를 가르친다고 비판받던 시기이다. 그는 그러한 교육에 대한 대안이 본격적으로 모색되기 전에 역사교사로서 학교 현장에 나갔다. 그리고 전국역사교사모임에 속하여 다양한 역사 수업 자료와 방법을 개발하면서 학습 자료집과 수업 사례집을 출판했다. 또 역사교과서 집필에 참여하였으며 초·중·고등학생을 위한 역사 대중서도 집필했다. 역사 수업 전문가로서 전국의 중학교뿐 아니라 초등학교 역사교사 연수

에서도 강의를 했다. 유 선생님을 둘러싼 역사교육 조건들은 다른 선생님들의 그것과 크게 다르지 않다. 제도적인 측면에서 학교 교육, 중학교 교육 체제, 국가 수준 역사교육과정의 틀, 역사교과서 체제 등이 공통적 조건이다. 그러나 그가 교사로 성장하는 데 중요한 영향을 미쳤던 1980년대 역사교육 문화와 역사교사 양성 프로그램, 그가 속한 전국역사교사모임이 선도하는 역사교육의 방향과 문화, 그리고 그의 독특한 교수 스타일 등은 유 선생님을 특별하게 만든다. 제2장에서는 유 선생님이 역사를 어떤 목적으로 어떻게 활용하는지, 그러한 활용 과정에서 무엇을 고민하는지 살펴보았다.

제1장

'생명력 있는 미래의 뿌리 말살'을 경계하고

1 귀속의 행복감은 누리되 타자화를 경계하고

역사는 인간이 자기 존재감을 확인하고, 실존성을 정당화하는 데 기여한다. 사실 거의 모든 인간은 자신의 기원에 관심을 갖고, 그 기원을 통해 자신이 어떤 사람인지 알고 싶어 한다. 자신이 어떻게 태어났는지, 조상은 누구이고, 뿌리는 어디에 있는지, 그리고 자신과 동질적인 집단으로서 '우리'를 상상하면서 '우리'를 만든 사람이 누구인지, '우리'는 어떻게 '그들'과 다른지 등에 대해 확인하고자 한다.

인간 공동체는 역사를 통해 그 공동체의 기억이나 관습을 보존하고 전승함으로써 역사를 공유하는 사람들을 결합하는 귀속의 감정을 만들어냈다. 니체(2005: 311)의 말을 빌려 표현하자면 역사는 사람들에게 "과거의 상속인으로서, 꽃과 과실로서, 과거로부터 생장한 것으로 인식하여, 자신의 실존에 대한 해명과 정당성을 얻음으로써 느끼는 행복감"을 제공한다. 이러한 역사를 니체는 골동품적 역사라고 표현했다. 이는 '유산의 전승'(윤세철, 최상훈 2003: 157-158)이나 '정체성 확인'(레브스틱, 바턴 2005: 128-131)으로 추구

되는 역사교육과 상통한다.[1]

레브스틱과 바턴(2005: 128-131)은 역사를 통해 정체성을 확인하는 방법 세 가지를 제시했다. 첫째, '우리는 누구인가'라는 것을 확인하는 수단으로 역사적 기원을 확인하는 방법, 둘째, 자신이 속한 공동체에서 과거의 미덕을 지녔던 인물들을 현재의 본보기로 제공하는 방법, 셋째, 과거를 현재의 행위 또는 사회적 제도를 정당화하는 수단으로 활용하는 방법이다.

역사교육의 목적을 '민족에 대한 자부심', '뿌리에 대한 인식'이라고 표현하는 사람들은 역사가 유산을 전승하고 정체성을 함양하는 데 중요한 수단이 되어야 한다고 생각한다.

> 교사 G: 민족에 대한 자부심과 함께 나 자신이 어떻게 살아갈지에 대한 지표를 찾아본다고 할까? 내가 이 나라를 위해 민족을 위해 어떤 일을 할 수 있을까를 강조해서 가르쳐요. 나는 외따로 태어난 존재가 아니라 반만년 역사의 뿌리를 안고 태어난 존재이며 나의 삶이 후손들에게 역사의 한 페이지로 기록되어 전해진다는 생각을 갖도록 지도해야 한다고 생각해요.[2]

---

1 윤세철과 최상훈은 역사의 유용성으로 '전통의 보존', '교훈', '현재이해' 이외에 '교양'의 확대라는 측면을 제시했다. 레브스틱과 바턴은 역사에 접근하는 다양한 방식이 있다는 것을 인정하면서도, 다양성과 상대성에 빠지지 않고 그러한 다양한 방식의 정당성, 타당성을 평가할 수 있는 준거로서 '민주사회에 기여할 수 있는 역사'를 제시했다. 그리고 그에 비추어 역사에 접근하는 방식을 사회문화적 분석을 통해 네 가지로 제시했다. 즉 '정체성 입장(identification stance)', '이성적 입장(rationalistic stance)', '윤리적 반응 입장(moral response stance)', '전시 입장(exhibition stance)'이다.

2 이하 면접 대상자의 답변은 다소 어법에 맞지 않더라도 가급적 그대로 수록하였다.

교사 M: 당연하다고 생각했던 것을 잃지 않기 위해서요. 중국이나 일본에 의해 역사가 왜곡되었을 때 우리의 후손들이 그대로 믿게 될까 걱정이에요. 역사교육은 이런 면에서 필요해요. 우리나라에 대한 자긍심을 갖게 할 수 있어요.… 나는 대한민국의 국민이고 앞으로 우리 자식들 역시 대한민국의 국민이라는 것에 대해 긍정적으로 생각할 수 있도록 교육해야 해요.

교사 J: 우리의 뿌리를 알아가며 고칠 점을 깨닫고 본받아야 할 점은 교훈으로 삼는 것이에요.

교사 L: 역사를 통해 내가 한국의 국민임을 알고 국민의 일원으로서 자신이 맡은 바를 성실히, 책임감 있게 수행하고 나라의 발전을 위해 기여하고자 하는 마음을 품으며 나라의 소중함을 깨닫게 되리라 생각해요.

교사 G는 역사에서 '반만년 역사'를 가르침으로써 소속감을, 교사 M은 '대한민국 국민'으로서의 긍정적인 정체성 형성을 강조했다. 교사 J와 L도 '우리'라는 인식을 갖게 하여 학생들이 자신이 국가 공동체의 일원이라는 점을 염두에 두면서 미래에 대해 계획할 수 있기를 기대했다.

교사 M은 역사적 인물을 가르쳐야 하는가, 가르쳐야 한다면 어떤 인물에 대해 가르쳐야 하는가라는 질문에 "역사적 인물을 통해 우리 조상들에 대한 자긍심을 느낄 수 있다"고 말했고, 그 예로 "나라를 구한 이순신 장군의 활약상을 통해 나라에 대한 소중함을 느낄 수 있다"고 말했다. 교사 L도 "세종대왕, 이순신처럼 세계적으로 유명한 인물이나 위인전에 등장하는 인물, 세계문화유산, 문화재에 대해서 지도하고 싶다"고 대답했다. 교사 J는 한글, 금속활자, 팔만대장경 등과 같은 문화유산을 강조하고 싶다고 말했다.

교사들은 '반만년 역사', '민족의 뿌리' 등 역사적 기원을 확인하거나, 자신이 속한 공동체의 훌륭한 업적을 세운 인물들의 미덕, 또 문화유산의 위대함을 강조함으로써 공동체에 대한 자부심을 이끌어내려 했다. 교사들은 역사가 학생들에게 공동체의 성원으로서 자부심을 갖게 하며, 나아가 공동체를 위해 기여하게 해야 한다고 믿었다. 여기서 공동체는 '민족'이나 '국가'이다. 이러한 역사교육관은 민족의 번영과 수호, 전통의 보존과 전승을 현재와 미래의 사명으로 형상화하고, 학생들이 그러한 사명을 구체적으로 실천하기를 기대한다.

교사들이 역사를 가르치면서 위대한 전통의 보존과 전승을 추구하는 까닭 중 하나는 그들이 가르치는 대상이 초등학생이기 때문이다. 교사 M은 교과서에 많이 의존하는 편인가라는 질문에 교과서가 전문가에 의해 제작되었기 때문에 신뢰할 수 있다고 대답했다. 그는 교과서가 "아이들에게 긍정적인 면을 심어주기 위해 미화한 것도 있기는 하다"고 지적하면서도 그러한 교과서의 서술 태도를 다음과 같이 옹호했다.

> 교사 M: 부정적인 것을 책에 싣게 되면… 우리 역사에 대한 아이들의 시각에 부정적인 영향을 줄 수 있기 때문에, 그것은 나중에 아이들의 가치관이 형성되면 스스로 판단할 문제이지 초등 단계에서는 그렇게 하면 안 될 것 같아요.

가치관이 형성되는 단계에 있는 초등학생들에게는 과거에 대한 부정적 인식을 심어주기보다는 과거인이 이룬 업적에 대한 칭송을 통해 과거에 대한 긍정, 자부심을 가르치는 것이 중요하다고 여기는 것이다. 그러나 수업에서 과거 인물이나 사건에 대해 무조건적으로 칭송하도록 해야 한다고 주장한 것은 아니다. 오히려 뒤에서 논의하듯이 교사들은 학생들이 사고를 통해 자신의 의견을 정립할 수 있어야 한다고 생각했다. 그러나 실제 학생들이 스스로 사고하여 자신의 의견을 개진할 수 있게 가르치고 있는가는 다른 문제이다.

교사들은 정체성 확립을 위해 레브스틱과 바턴이 말했던 역사적 기원을 확인하는 방법, 공동체를 대표하는 과거의 인물을 본보기로 제공하는 방법을 사용했다. 이 외에 과거의 '위대한' 문화유산을 제시하는 방법도 있다. 이러한 방법을 통해 정체성 함양을 추구하는 역사는 니체(2005: 312)도 지적하였듯이 공동체의 골동품적 감각으로 제한된 시야를 만들 수 있다. 역사를 통해 전통의 보존과 전승만을 고집할 경우 시야에 들어온 오래된 과거의 것은 모두 소중한 것으로 간주하지만, 생성 중에 있는 새로운 것은 거부할 수 있다. 이는 '변화를 거부하는 역사', '정체적 역사관'을 심어주는 결과를 초래할 수 있다. 이러한 역사관은 제도의 개혁을 전통의 이름으로 거부하거나, 폐습을 전통의 이름으로 고수하게 한다. 현재의 옳고 그름을 판단하고 우열을 가리는 준거로 과거를 활용하기 때문이다. '정체적 역사관'은 과거에서 '변화'와 '생성'의 경이로움을 찾으려고 할 때만이 극복할 수 있다.

교사들은 가르쳐야 할 인물이나 사건으로 광개토대왕릉비 문제(교사 L), 독도 문제(교사 L, 교사 G, 교사 M), 일본군 '위안부' 문제(교사 L, 교사 G) 등을 제시했다. 교사 L은 역사를 가르칠 때 어떤 사건을 강조하는가라는 질문에 학생들에게 "중국의 동북공정이나(광개토대왕릉비), 일본의 역사 왜곡(독도) 등에 대한 이야기를 들려준다"고 했다. 그러한 이야기에 대한 학생들의 반응이 어떤가라는 질문에 대해서는 "광개토대왕릉비의 경우는 명백한 역사 왜곡이라는 것을 이해한다"고 했다. 교사 G는 문화재에 대해 가르칠 필요가 있는가라는 질문에 문화재 사진을 보여주면서 "우리가 일본에게 문화를 전파했다는 사실을 알려준다"고 말했다. 교사들은 타자와 논쟁이 되는 역사를 적극적으로 소유하는 방법을 통해 역사 논쟁의 대립점에 있는 '그들'을 '우리'와 구별하며, 하나의 민족으로서 '우리'라는 공동체 의식을 강화하고 민족의 보존과 전승이라는 집단적 사명을 추구한다.

정체성 함양으로서 역사는 때로 '우리'의 감정을 형성하기 위해 '우리가 아닌 사람들'을 과거를 공유하지 않은 '타자', 나아가 우리를 '위협했던 적'으로 정의하면서 그들에 대한 배타적 정서를 심어줄 수 있다. 이러한 배타성을 경계하는 모습을 보이는 교사도 있었다. 교사 M은 일제식민지 시기를 가르치되 "그때에는 이런 일이 있었다는 것을 알고… 지금 일본에 대해서 적대감을 가질 필요는 없고[시대가 변했고 사람들이 변했기 때문에]…"라고 말했다.

역사교육 연구자들은 '배타적 역사'의 위험을 경계하기 위해 학생들이 역사를 다층적으로 이해하게 해야 한다고 강조한다. 제국주의, 일본 제국주의, 일본 제국주의의 문제를 은폐하려 하는 사람들, 그리고 일본과 일본 내 일본 제국주의를 비판하는 목소리를 구분하여 가르칠 필요가 있다. 또한 그 시기의 사회 변화를 여러 각도에서, 복합적으로 분석해보게 해야 한다. 그러나 실제 역사 수업에서 그렇게 하기는 쉽지 않다. 근현대사는 현실 정치와 밀접하게 연관되어 있기 때문에 때로 교사의 의도와 다르게 정치적으로 곡해될 수 있다는 두려움이 있기 때문이다. 또 일본과의 갈등 현안은 학생들에게 역사적으로 축적된 감정을 절제하면서 일제 강점기를 가르치기 어렵게 한다.

또한 역사에서 민족 단위의 타자화를 통한 정체성 함양은 학생들이 정체성의 유연성과 복합성을 인식하지 못하게 한다. 그리하여 변화에 유연하게 대처할 수 있는 능력을 제한할 수 있다. 역사교육에서 정체성의 문제는 하나의 고정된 정체성을 함양하는 방식이 아니라, 개인이 자신의 복합 정체성을 성찰해볼 수 있게 하는 방식으로 추구되어야 한다. 이를 위해서는 역사적 사건을 다층적으로, 복합적으로 분석해볼 수 있는 기회를 제공하는 것이 중요하다.

2 인간의 위대함을 믿되 영웅주의를 비판하고

역사교육의 목적이나 유용성에 대해 논한 글들에서 자주 거론되지는 않지만, 역사가 의도적으로 추구되는 방향 중의 하나는 니체가 말한 '기념비적 역사'이다. '기념비적 역사'는 역사를 통해 과거의 위대함의 현재화와 재생화, 그러니까 일찍이 현존했던 위대한 것이 어쨌든 한 번은 가능했다는 것, 그렇기 때문에 또 한 번 가능하리라는 것을 확신하게 한다. 역사를 통해 인간의 위대함을 인식하도록 안내하고, 위대한 행위를 하게 실천적 동력을 제공하는 것이다.

교사 J와 교사 G는 니체가 말한 '기념비적 역사'의 방향에서 인간의 위대함을 가르치고자 했다. 교사 J는 학생들이 "나도 역사책에 나올 만큼 훌륭한 인물이 되어야겠다는 생각을 하면 좋을 것 같다"는 말을 두세 번 반복했다. 학생들이 역사공부를 통해 어떤 사람이 되었으면 좋겠다고 생각하는가에 대한 질문에 다음과 같이 대답했다.

교사 J: 풍요로운 사람… 미래에 어떤 사람이 되어야 하는지 내면

> 적으로 생각해보게 해요. 신석기 시대 사람들에 대해 원시적이었을 것으로 생각하지만 만든 도구들을 보면 대단하다고 생각해요. 아이들이 상당히 똑똑했다고 반응하고… 나와 별로 다를 것이 없다고 생각하게 해요.

교사 J는 앞에서 보았듯이, 역사를 통해 '뿌리를 확인해야 한다'고 했지만, 역사를 통해 문화를 보존 및 전승하고, 정체성을 함양하는 것에 열정적이지는 않았다. 오히려 "역사를 가르치면서 자부심을 갖게 해야겠다는 생각은 안 해봤다"고 말했다. 문화재 교육도 민족의 우수성이라기보다는 인간의 위대함이라는 측면에서 추구한다. 즉 "인쇄술의 발달, 옛날에도 이런 기술이 있었다는 것에 대한 놀라움을 느낄 수 있도록" 가르쳐야 한다는 것이다. 교사 J는 학생이 역사뿐 아니라 다른 과목을 통해서도 '행복해지길 바란다'고 했다. 그리고 그 행복은 '나도 위대한 일을 할 수 있다'는 자신감에서 나오는 것이라고 믿는 것처럼 보였다.

교사 G는 민중사적 관점을 견지한다. 교과서의 엘리트 중심적 역사 서술을 비판하면서, 역사의 주체로서 민중을 강조했다.

> 교사 G: 역사는 이름 있는 사람들로 이루어진 것이 아니라 그 뿌리는 백성들의 노력, 민초들의 역경을 이겨낸 힘에 있다고 강조해서 가르치고… 내가 이 세상에 필요한 인간이고 그 몫을 다하기 위해 노력하고 살아야 하며….

교사 G도 민족 문화의 보존과 전승을 강조했다. 그러면서도 역사를 통해 인간의 위대함을 가르치려 했다. 그런데 이때 인간은 '이름 없는 민중'이다. 그들의 역경을 극복해내는 힘, 궁극적으로 역사를 바꿀 수 있는 인간의 위대함을 학생들에게 기억하게 하고, 그 위대함이 그들에 의해 재생될 수 있다는 신념을 불어넣어 주고자 했다. 이러한 관점에서 교사 G는 강조해서 가르치는 사건들로 "임진왜란 시기의 의병, 6·10 만세운동 때의 국민, 5·18 민주화운동 때의 광주시민"이라고 말했다. 사건이 아니라, 사건과 관련된 역사적 주체를 강조한 것이다.

그런데 기념비적 역사는 니체(2005: 305)가 지적하였듯이 원인을 희생시켜 결과를 기념비적으로 만들 수 있다. 모든 사건들의 결과만 강조하여 위대함만을 기억하게 하면 그 사건이 어떻게 발생했는지에 대해 생각하지 못하게 된다. 결과를 따라야 할 모범적인 것으로 만들기 위해 그 사건이 일어난 원인이나 행위를 하게 된 동기의 차이점을 희미하게 만드는 것이다. 그러므로 여러 사건에서 인간의 위대함을 가르칠 때는 결과의 위대함이 아니라, 특수한 동기, 과정, 맥락 등을 함께 보게 해야 한다. 역사적 행위자가 처했던 특수한 역사적 맥락, 그 사건과 관련된 사람들의 특수한 인식 세계, 서로 다른 열망이나 좌절 등에 대해 학생들에게 생각해볼 기회를 주어야 한다. 그렇지 않으면 이 사건들은 모두 동일한 사건으로 일반화될 위험이 있기 때문이다.

또한 위대함의 재생화로서 역사를 추구할 때, 역사에서 위대함을 재생할 수 있는 인간의 노력이나 태도가 아니라 특정 인물의 위대함에 초점을 맞추면 우상숭배주의, 교조주의로 빠질 위험도 있다. 역사적 상황에 대한 심층적인 이해 없이 특정한 인물을 찬양하는 수단으로 역사를 활용하면 역사는 우상숭배와 교조화의 수단이 될 수 있는 것이다. 니체가 지적하였듯이 과거에 대한 이면적 독단화, 특정한 역사적 위대함을 숭배하고 모방하도록 '강요'하는 것은 '위대함의 재생으로서 역사'가 지닌 위험이다. 교사 G는 역사적 인물을 가르치는 것이 중요하다고 생각하는가라는 질문에 다음과 같이 대답함으로써 '영웅주의적·우상숭배적 역사'에 대해 경계했다.

> 교사 G: 인물과 관련지어 당시 사건을 말해주면 훨씬 흥미 있어 하기 때문에 그 인물의 시대적 배경에 대해 에피소드 형식으로 가르치고는 있지만, 역사적 인물이 지나치게 과장된 신화적 관점은 반대해요. 특히 너무 전설적인 인물로 묘사되어 가까이 하지 못할 범상치 않은 인물이란 생각은 오히려 역사는 역시 빛나는 몇몇 인물의 전유물이란 생각을 갖게 할 수 있어서 반대해요.

교사 J나 교사 G는 학생들이 특출한 몇몇 역사적 인물이 아니라 소위 이름 없는 민중 속에서 '위대함'을 발견하기를 바랐다. 그런데 그 위대함을 누구에게서 발견하는가도 중요하지만, 그 위대함이 무엇을 의미하는가도 중요하다. '위대함'이 반드시 '대의'가 아닐지라도, '소의'를 이루기 위해 반복되었던 인간적인 고뇌, 망설임과 두려움, 작은 용기 등으로 재생될 때, '위대함의 재생화로서 역사'는 '영웅주의'를 넘어 평범한 모든 학생들의 위대함으로 탄생할 수 있기 때문이다.

3 선과 악을 구분하되 과거인을 존중하고

교사들은 역사를 윤리적 덕목을 가르치는 데 활용하기도 한다. 레브스틱과 바턴(2005: 139)은 이를 윤리적 반응 입장이라고 표현하고, 이러한 입장은 역사 수업에서 '칭송', '비난', '기억' 등의 행위를 통해 드러난다고 말했다.

역사에서 가르쳐야 할 중요한 것이 무엇인가라는 질문에, 교사 M의 대답 가운데에는 "이순신 장군의 나라에 대한 충성심"이, 교사 L의 대답에는 "이순신 장군의 예지력과 리더십"이 있었다. 교사 L은 가르쳐야 할 인물에 대해 다음과 같이 말했다.

> 교사 L: 중요한 업적을 남긴 인물들을 통해 훌륭한 업적과 나라에 공헌한 점, 본받을 점 등을 가르칠 수 있다고 생각해요.… 이완용의 예처럼 잘못된 선례를 가르침으로써 역사적 교훈을 배울 수 있어요. 견훤, 궁예처럼 민심을 잃으면 큰일을 못한다는 것 등을 가르칠 필요가 있어요.

교사 L이 "본받을 점"이라고 한 것은 학생들이 모방하기를 원하는 현재의 사회적 '덕목'이다. 역사적 인물이나 민중의 나라에 대한 충성심 같은 덕목을 '칭송'함으로써, 또 매국이나 민심이반과 같은 행위를 '비난'함으로써 현재 인간 사회를 유지하려 한다. 현재의 시각에서 과거의 '선행'과 '악행'을 구분하고, '옳음'과 '그릇됨'을 윤리적으로 판단하게 하는 데 역사를 활용하는 것이다.

이러한 역사교육에서는 그러한 행위가 당시 사람들에게 어떻게 인식되었는가는 고려되지 않는다. 또 당시 사람들에게 자연스럽고 당연한 사고방식, 행위방식이 현재 사람들에게는 상당히 낯설 수 있다는 전제도 부정된다. 소위 탈역사적인 보편적 윤리라는 측면에서 과거인의 행위를 평가하고, 그러한 윤리적 행위를 학생들에게 따르도록 '요구'하는 것이다.

그러나 역사에서 윤리적 문제는 피해 갈 수 없다. 오히려 제2차 세계대전 당시 홀로코스트나 난징 대학살 문제, 베트남 전쟁 당시 민간인 학살 문제 등과 같은 역사적 사건을 탐구할 때는 적극적인 윤리적 개입이 필요하다. 문제는 이러한 사건들을 역사적으로 탐구하고 이해하는 과정이 선행되지 않은 채, 윤리적으로 '평가'하는 데 중점을 두는 것이다. 이런 경우 윤리적 평가가 목적이 되어, 모든 역사적 사건의 의미를 결과론적으로 해석할 가능성이 있다. 또 역사적 사건의 원인, 인간 행위의 이유 등을 인간의 성품에만 초점을 맞추어 설명해버릴 수도 있다. 이런 식으로 역사를 이용하면 역사 속의 특수한 사정, 복잡한 인간 관계는 무시되고 모든 역사는 동일한 것으로 설명된다. 역사는 없고, 소위 '보편적인 윤리'만이 남게 되는 것이다. 그러므로 윤리가 아닌 역사를 가르치기 위해서는 윤리적 평가 이전에 역사적 이해가 선행되어야 한다. 그리고 윤리적 평가 과정에서는 현재인과 과거인이 추구하는 사회적 윤리가 어떻게 비슷하고 다른지에 대해 비교할 수 있게 해야 한다.

4 현재 문제 해결을 위한 준거 틀을 찾되 과거의 특수한 상황을 고려하고

윤세철과 최상훈(2003: 156)이 제시한 역사교육의 목적 가운데 '교훈으로서의 역사'가 있다. 이는 온고지신의 관점에서 과거를 활용하는 것으로, 과거에 비추어 현재를 이해하고, 그 이해에 기초하여 현재 문제를 해결할 수 있다는 것이다. 그런데 이러한 역사교육관에 대해 레브스틱과 바턴은 '이성적 입장'으로서 역사가 현재의 문제 해결에 공헌한다고 주장했다.[3] 이는 역사가 현재에 대한 이해를 풍부하게 할 수 있고, 현재 행위의 방향을 제시할 수 있는 유추, 본보기, 증거를 제공한다는 것을 의미한다.

교사 L과 교사 M은 이러한 관점에서 역사를 통한 문제 해결을 추구한다. 교사 L과 교사 M은 역사에서 '교훈'을 찾고자 했다. 그런데 이때 '교훈'은 '덕목'과는 다른 의미를 지닌다.

3 레브스틱과 바턴(2005: 132)은 이성적 입장을 크게 세 가지로 나눈다. ① '어떻게 현재에 이르게 되었는가'에 대한 학습이다. ② 현재의 문제를 해결한다는 것이다. ③ 지식보다는 역사적 탐구, 해석 방법에 대해 학습한다는 것이다.

교사 L: 우리 전통과 문화의 특성, 민족사 학습을 통해 지나온 우리 조상들의 삶을 되돌아보고, 배울 점은 본받고 잘못된 일은 반성해 봄으로써 앞으로 보다 나은 삶을 살아갈 수 있는 능력을 기르는 것에 [역사교육의] 목적이 있어요.… 흥선대원군의 개혁정책 중 잘한 것과 잘못한 것 등을 생각해보고 그 이유를 이야기해볼 수 있겠고, 이를 보충하기 위하여 어떠한 정책을 실시하는 것이 좋았을까 하는 추가 의견을 내어보고, 더 나아가 현재 우리나라에서 어떠한 정책이 실시된다면 바람직하겠는가에 대한 내용을 알아볼 수 있을 것이에요. 또한 쇄국정책을 택한 흥선대원군의 선택을 찬반으로 나누어 토론해보고 오늘날 우리나라의 FTA(자유무역협정)와 관련시켜 수업을 진행하는 것도 아이들의 역사적 사고 방법을 기를 수 있는 수업방법이 아닌가 싶어요.

교사 M: 일제강점기…. 앞으로는 이런 일이 생기지 않도록…. 그때를 잊지 않고 교훈을 얻고 문화 식민지와 같이 또 다른 식민지가 되지 않도록 해야 할 것 같아요.

이들이 말하는 교훈은 역사에 대한 비판적인 접근을 통해서 과거의 잘못을 따지고, 학생들이 과거와 비슷한 상황에 처했을 때 과거에 비추어 현재의 문제를 해결할 수 있는 능력을 키우는 것을 의미한다. 요컨대 과거의 경험을 참고하고 현재의 문제를 해결하는 것이다.

교사 K는 역사에서 역사적 사건의 인과관계나 인물의 구체적인 행위 이유에 관심을 가지며, 그것을 가르치려고 노력한다고 말했다.

> 교사 K: 역사를 가르칠 때 강조하는 것은 역사는 이어진다, 그리고 반복된다는 것이에요. 역사를 충분히 이해한다면 과거에도 있었고 현재에도 있는 여러 문제점들에 대해 과거의 가장 현명한 행동으로 대처할 수 있을 것 같아요.

교사 K는 역사를 통해 민족에 대한 자긍심을 심어야 하는가라는 질문에 대해서는 "그렇다"고 대답했지만, 역사교육의 목적, 역사에서 중요하게 가르쳐야 하는 것이 무엇인가라는 질문에는 대체로 역사적 사건들에 대한 '인과적 분석', 또는 '이해', '평가' 등을 통한 현재의 문제 해결과 미래 준비라고 강조했다. '보존과 전승으로서의 역사'를 적극적으로 추구하지 않는 것이다. 그리고 오히려 역사가 현재 문제 해결에 기여할 수 있다고 말했다. 이러한 역사교육관에는 과거의 사건이나 인간이 이룬 업적을 보존하거나, 인간의 행위를 모방하는 것을 넘어 비판하고 평가해야 한다는 인식과 함께 역사는 반복된다는 인식이 전제되어 있다. 교사 M, 교사 L이나 교사 K는 '보존과 전승으로서 역사'라는 관점에서 역사교육을 추구하면서 부분적으로 과거에 대한 유추를 통한 현재 문제 해결의 가능성을 믿었다.

이러한 역사교육관을 이 책에서는 '유추나 본보기를 통한 현재 문제 해결로서 역사'라고 부르겠다. 유추나 본보기를 통한 현재 문제 해결로서 역사는 '전수 또는 창조하려는 과거'에 대한 이해보다는 창조하려는 현재와 미래의 사명을 가르치는 데 중심이 있다. 교사들은 주로 식민지 경험을 통해서 '다시는 식민지의 경험을 겪지 않아야 한다'는 사명을 제시하거나, 쇄국 및 개항의 경험에 비추어 FTA 문제에 접근함으로써 학생들에게 세계 변화 추세 속에서 경제 주권이나 발전의 문제 등에 대해 생각해보도록 유도했다.

그런데 많은 역사가들은 과거에 대한 유추를 통한 현재 문제의 해결 가능성에 대해 회의적이다(McNeill, Kammen, and Gordon 1989: 115). 특히 이러한 역사교육관에 전제되어 있는 '역사는 반복된다'는 인식에 대해 부정적이다. 그럼에도 불구하고 윤세철과 최상훈(2003: 157)이 주장했듯이 인간 행위에는 유사성이 있으므로 같은 사건이 반복되어 발생하지는 않더라도 인간이나 사건이 처한 상황이나 특성은 다시 나타날 수 있고, 이러한 점에서 볼 때 과거 사건에 대한 유추를 통한 현재 문제 해결이라는 것은 여전히 추구될 수 있다.

그러나 역사에서 과거 사람들의 행위나 사고방식이 현재와 달랐으리라는 가정은 과거인의 행위와 그러한 행위의 역사적 맥락, 예를 들면 구조, 문화, 조건 등을 이해하는 데 필수적이다. 현재와 다른 과거의 사회구조, 특정 공동체의 문화, 과거인이 상호 작용했던 특수한 상황이나 조건을 고려하려 하지 않고 과거를 오늘날에 단순하게 대비하는 것은 과거는 물론 현재에 대한 오해를 가져올 수 있다. '잘못된 유추(false analogy)'는 과거에 대한 오해뿐 아니라 현재에 대한 잘못된 문제 해결을 초래할 수 있다. 그러므로 과거에 대한 유추적인 접근을 통해 현재의 문제를 해결하고자 할 때는 맥락 특정적·문화 특정적 조건들, 즉 유사한 점들은 물론 다른 점들을 함께 살필 수 있어야 한다.

5 현재로 이르는 과정의 복잡한 굴곡을 세밀하게 탐구하고

윤세철과 최상훈(2003: 159-160)은 역사의 유용성 중 하나로서 '현재 이해'를 든다. 레브스틱과 바턴(2005: 132)도 이성적 입장 중의 하나가 '어떻게 현재에 이르게 되었는가', '사회가 어떻게 성장했고 변했는가'에 대한 학습으로 역사를 추구하는 것이라고 말한다. 윤세철과 최상훈은 현재는 과거의 유산으로서, 현재가 과거에 의해 규정되기 때문에 역사가 현재 이해에 도움이 될 수 있다고 본다. 요컨대 현재가 어떻게 형성되었는지, 그것의 기원은 무엇인지, 현재는 어떤 의미를 가지는지 등을 설명할 능력이 역사에 있다는 것이다.

역사교육에서 현재를 설명할 역사의 능력을 적극적으로 활용하기 위해서는 현재의 시대적 상황, 특징, 문제, 그리고 그것들의 기원을 따지며, 무엇이 지속되는 가운데 무엇이 변화되었는가를 분석하고, 평가하는 방향에서 역사 수업이 구안되고 실행되어야 한다. 레브스틱과 바턴(2005: 132)은 역사가 학생들이 그들이 살고 있는 세계를 이해하는 데 도움이 되기 위해서는 "지속되는 패턴과 중요한 전환점을 분석"하게 하고, 또 "과거에 이루어진 결정이 현재 상황에 어떠한 영향을 미치는가"를 탐구하게 해야 한다고 주장한다.

레브스틱과 바턴은 미국에서 '어떻게 현재에 이르게 되었는가'라는 주제는 전통적으로 미국 정치 체제의 진화라는 측면에서 추구되었으며, 최근에는 미국 내 다양한 민족 집단과 계급, 젠더 사이의 상호작용 양상에서의 변화와 지속을 중심으로 추구된다고 말했다. 즉 민주주의라는 이념과 체제가 어떻게 현재와 같은 체제를 갖게 되었는가, 현재의 민주주의 문제는 무엇이며, 민주주의 발전을 위한 미래의 사명은 어떤 것인가를 제시하는 방향에서 역사를 가르쳐왔다는 것이다. 영국도 19세기 후반 이후 1950년대까지 '위대한 역사(the one best history)'로서 영국사, 특히 '위대한 전통(the great tradition)'으로서 영국의 헌정사(constitutional history)를 중심 주제로 가르쳤다(강선주 2008: 191). '근대(modernity)'의 창조자로서, 또 민주주의 체제의 선구자로서 영국의 발전이라는 주제를 통해 영국이 어떻게 현재에 이르게 되었는가를 가르친 것이다.

'어떻게 현재에 이르게 되었는가'를 가르치기 위해서는 우선 '가르치고자 하는 현재'에 대한 정의가, 또 현재의 현상이나 문제가 어디서 기원하였는가를 이해하기 위해서는 '현재의 문제'에 대한 정의가 있어야 한다. 그리고 그것이 어떻게 변하였는가를 살펴야 한다. 현재의 상황, 현재 문제에 대한 진단은 결국 그 문제를 해결하는 것을 미래의 사명으로 형상화한다. 20세기 이후 많은 나라들은 '근대성' 또는 '민족(혹은 국민국가)의 성립과 발전'이라는 정치적 측면을 중심으로 어떻게 현재에 이르렀는가를 가르치고자 했다.

교사들은 직접적으로 현재 이해가 역사교육의 목적이라고 말하지는 않았다. 그런데 동북공정, 독도, 일본군 '위안부' 등 최근 역사 논쟁을 제외하면 그들이 가르쳐야 한다고 말한 대부분의 사건은 제7차 교육과정 초등학교 사회교과서의 역사 영역에서 제시하는 거대 서사에서 크게 벗어나지 않았다. 특히 모든 교사들이 교과서 내용에 충실하게 가르치고자 한다고 했다. 이는 한편 '시험'(교사 L, 교사 K, 교사 G) 때문이기도 하지만, 다른 한편 "교과서가 전문가에 의해 제작되었기 때문에 역사에서 중요한 사건들을 포함하고 있을 것"(교사 M, 교사 L, 교사 J)이라고 믿기 때문이다. 결국 적극적이든, 소극적이든 교사들은 대체로 역사를 민족의 형성과 발전이라는 측면에서 현재로의 진화를 가르치고자 했다. 이러한 의도는 사실 교사들이 대체로 '민족의 보존과 전승'을 추구한다는 점에서도 확인된다.

다만 교사 M, 교사 L, 교사 G가 중요하게 가르쳐야 할 것으로 4·19 혁명과 5·18 민주화운동 같은 사건, 현대사를 강조한 것이 눈에 띈다. 초등학교 사회교과서 역사 영역은 대외항쟁 및, 정치적 변동을 중심으로, 조선 시대의 경우 일부 사회사를 첨가하여 민족의 형성 및 발전을 가르치도록 구성되어 있다. 비중으로 보자면 조선 시대가 가장 크며, 현대사는 그리 크지 않다. 그럼에도 불구하고 세 명의 교사들이 특히 현대사의 민주화와 관련된 사건들을 강조한 까닭은 무엇일까? 교사 M의 표현을 빌리자면, 그러한 사건이 "조선 시대 등 과거보다 현재와 더욱 밀접하게 연결"되어 있기 때문이다. 즉 교사 M은 역사가 현재를 이해하는 데 직접적인 도움이 되기를 원했으며, 학생들이 이해하기 바라는 현재로,

또 그들이 수행해야 할 역사적 사명 중의 하나로 '민주화'를 생각했다.

최근에 한국을 포함한 최근 세계 여러 나라의 역사 논쟁은 '어떻게 현재에 이르렀는가'에 대한 이야기를 '정치적으로' 독점하려 하면서 심화되고 있다. 한국에서는 특히 근현대사 교육이 정치적인 쟁점이 되고 있다. 비교 및 검토 가능한 복수의 이야기로서가 아닌 하나의 고정적 이야기로서 '현재'를 정의하고 어떻게 그 '현재'에 이르게 되었는가에 대해 가르치게 되면 역사교육은 정치적 논쟁의 대상이 된다. '현재로의 진화로서 역사'를 추구하면서 특정한 과거의 경험만을 선택 또는 강조하였기 때문에 정치이념으로 논쟁화한 것이다. 역사를 가치중립적으로 가르칠 수는 없다. 같은 교과서를 통해 역사를 가르치더라도 교사들이 강조하거나 축소하여 가르치는 주제를 통해 그 교사의 역사의식과 가치관이 발현된다.

그런데 맥닐도 지적하듯이, 역사를 현재의 진화로서 가르치는 데 매몰되면 역사적 전환점 또는 변화 자체를 과도하게 단순화시켜 한 단계에서 다른 단계로의 이행을 기계적으로 만들어버릴 수도 있다(McNeill, Kammen, and Gordon 1989: 111). 따라서 '현재로의 진화로서 역사'를 추구하기 위해서는 지속되는 패턴이나 전환점을 다각도로 검토해보게, 현재로 이르는 과정의 복잡한 굴곡을 세밀하게 탐구하게, 그러한 역사적 변화 과정에 대한 이야기가 그리는 역사적 지형도가 역사의 어떤 측면을 부각시키는가, 또 어떤 면을 축소시키는가, 그 역사적 지형도의 중심과 주변, 경계를 어떻게 정하는가까지도 거시적으로 생각해보게 역사 수업을 계획할 필요가 있다. 그리고 쟁점이 되는 역사적 평가의 문제들을 학생들이 토론해볼 수 있게 지도할 필요가 있다.

6 권력화된 역사 지식을 비판하되 상대주의로 빠지지 않고

'해체로서 역사'는 권력화된 역사 지식의 편향성, 억압성을 폭로하고 그 권력의 해체와 대안적 모색을 현재의 사명으로 형상화한다. '해체'는 포스트모던적인 역사인식론에 의존한다. '해체로서 역사'는 종래 당연하고 자연스럽다고 믿었던 역사 지식이 하나의 정치적 산물이었음을 일깨우고, 그것이 인간의 삶을 어떻게 지배했는가를 깨우치고자 한다. '해체로서 역사'는 역사교육의 목적이나 유용성을 논한 글들에서 거의 거론되지 않지만 포스트모던적 관점의 역사학과 역사교육에 대한 논의에서는 논점이 되고 있다. 그러므로 그러한 관점에서 역사교육이 추구되는 것의 실천적 의미에 대해 생각해볼 필요가 있다.

교사들은 이러한 '해체'를 역사교육의 목적으로 추구하지는 않았다. 그러나 교사 M은 가르쳐야 할 사건의 예로 5·18 민주화운동을 든다. 왜냐하면 "언론에 의해 조작될 수 있는 역사임을 알게 함으로써 사회를 비판적으로 바라보는 시각을 기르기 위해"서이다. 언론에 의해 만들어진 지식의 권력을 학생들이 간파하길 원하는 것이다. 교사 M은 5·18 민주화운동에 대한 특정한 역사 서술 뒤의 권력 관계와 그 지식 생산의 사회적 맥락까지 분석할 수 있기를 기대했다. 교과서에 있는 '5·18 민주화운동'의 역사적 해석에 관여한 권력의 편향성을 지적한 것이다. 그가 본격적이고 지속적으로 '해체'로서 역사를 추구하는 것은 아니다. 그러나 대부분의 교사들은 '보존'을 추구하면서도 특정 사건들에 대해서는 특히 현대사의 사건들에 대한 역사 기록이나 역사 지식 뒤에 숨겨진 권력 관계를 폭로했다. 그러나 현대 이전 시기를 가르칠 경우 대체로 '해체'보다는 '보존'을 중요한 역사교육의 목적으로 생각했다. 교사 M도 여러 질문에 대한 대답을 통해 '보존과 전승'이라는 측면에서 역사교육을 추구한다는 점을 확인시켰다.

'해체로서 역사'는 역사 수업에서 학생들에게 역사 지식이 과거의 어떤 증거에 기초하여 구성된 것인가보다는 그 지식이 생산된 사회적 맥락과 그 지식을 둘러싼 역학 관계를 분석하는 것을 핵심 활동으로 삼는다. 그리하여 역사 지식의 담론으로서의 성격을 부각시킨다. 역사 지식에 대한 회의를 넘어선 해체는 또 다른 해체 혹은 반동으로 인한 복귀로 귀결된다.

교사 G는 4·19 혁명과 5·18 민주화운동을 가르쳐야 할 중요한 사건이라고 강조하고, 왜 그렇게 생각하는가라는 질문에 다음과 같이 대답한다.

> 교사 G: 우리나라가 민주화된 국가로 자리 잡을 수 있었던 것은 국민들의 민주화 열망과 투쟁 덕분이었는데, 그러한 사실을 모른 채 역사를 왜곡되게 배워왔어요. 대학에서 제대로 알았을 때 굉장히 충격을 받았고, 오히려 반국가적인 생각을 갖게 되었어요. 우리 아

이들에게는 어른이 되어 이러한 충격을 받지 않게 하고 싶어요. 무조건 반국가적인 생각만을 주입할 것이 아니라, 아이들의 의견을 물어보고 올바른 역사를 알려주려고 해요.

교사 G는 대학시절 동아리 활동을 통해 종래 자신이 배운 역사가 만들어진 정치적 맥락과 의도에 대해 알게 되었고, 다른 관점에서 해석된 역사에 접했다. 처음에 그는 그것을 특정 역사 지식의 억압으로부터 '해방'되는 전율을 느꼈다. 그리하여 국가를 불신하게 된 것이다. 그러나 이후 그는 그것도 또 다른 편향적인 해석이라고 생각하게 된다. 해체의 반복을 경험한 것이다.

교사 G는 급작스럽게 다가올 수 있는 해체의 충격으로부터 학생들을 보호하고 싶어 했다. 그리고 역사 수업을 통해 아이들이 어떤 사람이 되었으면 좋겠는가라는 질문에 "우리나라가 자랑스러운 역사이고, 조상들에 대한 자부심을 가졌으면 좋겠다"고 말했다. 학생들에게 역사 지식에 대한 믿음을 통해 안정과 행복감을 주고자 결국 처음 그가 배웠던 역사로의 복귀를 추구하게 된 것이다. 특정 지식에 대한 믿음은 안정과 행복감을 주지만 그것이 광적일 경우 새로운 도전, 변화를 거부하게 만들 수 있다. 지식에 대한 회의는 변화를 촉구하지만 해체를 항상적인 지식 탐구의 방법으로 이용할 경우 그 어떤 것도 믿을 수 없게 된다.

지식에 대한 믿음과 회의, 해체와 구성, 어떻게 가르쳐야 할 것인가의 문제는 교사들에게 큰 고민 중 하나이다. 지식의 해체는 과거의 절대화와 고착화에 대항하여 삶을 과거의 폭력으로부터 해방시킨다는 점에서 유용하다(이상엽 2003: 224). 해체로서 역사는 부당하고 억압적인 권위에 도전하고, 해체하는 것을 정당화한다. 그러나 그것의 부당성, 억압성을 평가하는 기준이 명확하지 않으면 존재하는 모든 것은 해체 가능하며, 또 해체해야 할 것으로 환원시킬 가능성이 있다. 해체는 억압하는 것으로부터의 해방을 의도하나, 새로운 삶의 가능성을 위한 과거 부정의 척도를 세울 수 없다면, 그리하여 부정의 경계를 찾지 못한다면, 생성된 모든 것을 상대화할 수 있다(이상엽 2003: 224). 따라서 해체를 위해서는 현재를 옭매는 지식의 폭력과 억압성의 경계를 명확하게 보여주어야 하며, 대안적 생성을 통해 해체의 정당성을 확보해야 한다.

7 역사 탐구 방법을 익히되 과거를 중립화시켜 현실과 괴리되지 않게 하고

레브스틱과 바턴(2005: 133-134)에 따르면 '이성적 입장'은 역사적 탐구, 해석 방법에 대해 학습하게 한다. 이는 역사가가 지식을 생산하는 방법을 가르치는 것을 의미한다. 영국의 신역사(new history) 계열 역사교육 연구자들은 지식을 탐구하는 방법을 가르쳐야 한다고 주장했다. 쿠퍼(Hilary Cooper)는 역사가가 생산한 지식을 가르친다고 한다면, 가르쳐야 할 중요한 내용을 선정해야 하는데, 어떻게 그 중요함을 판단할 것인가 묻는다.[4] 중요한 사건이란 보는 사람마다 다를 수 있다는 것이다. 그런데 리(Peter Lee)는 다음과 같이 주장했다.

> 질문이 하나가 아니기 때문에 유일한 최선의 설명이란 가능하지 않다. 객관성이란 질문에 따라 상대적이라고 주장한다. 이는 정치적

4 2008년 6월 필자가 영국의 학교 교육에 대한 연구를 위해 영국을 방문했을 때 컴브리아 대학(University of Cumbria) 힐러리 쿠퍼 교수와 나눈 대화 중 필자가 역사에서 무엇을 가르쳐야 하는가, 또 중요한 내용을 선정하는 기준이 무엇인가 등에 대해 질문하자 쿠퍼 교수가 반문했던 내용이다.

입장이나 사회적 관심에 따라 하나의 설명이 선택될 수 있다는 의미가 아니라 오히려 반대로 특정한 질문은 하나의 정답을 전제로 할 가능성이 있다는 것이다. (Lee 1991: 45)

그리고 리는 역사가들의 공동체는 그들이 살고 있는 순간에 다루어야 할, 가치 있는 질문의 범위에 대해서는 의견을 같이할 수 있지만, 가르쳐야 할 구체적인 사실이나 하나의 서사에 대해 동의하지는 않기 때문에 국가 교육과정에는 가르쳐야 할 특정한 사실이 아니라 교사와 학생이 다루어야 할 토픽만을 제시해야 한다고 주장했다(Lee 1991: 45-46).

영국의 신역사 계열 연구자들은 결국 역사적 문제를 해결하고 역사를 서술할 수 있는 기본적인 개념, 도구, 사고 방법 등을 가르치는 것이 중요하다고 보았다. 제3장에서 살펴보겠지만 연구자마다 역사적 사고를 조금씩 다른 용어로 정의했다. 그런데 그들이 공통적으로 강조하는 것이 있다. 과거인은 우리와 전혀 다른 문화적 틀 속에서 살았다는 전제하에 과거에 접근해야 한다는 것이다. 그들은 역사 이해, 맥락적 사고, 사료의 속성 파악 등이 역사적 탐구와 사고를 다른 학문의 탐구나 사고와 구분짓는 점이라고 말한다. 그런데 그러한 역사적 사고는 와인버그의 말을 빌리자면 '부자연스러운(unnatural)' 것이다(Wineburg 2001). 사람들에게 사료를 읽는 자연스러운 방식은 현재 자신이 지닌 신념 체계를 바탕으로 읽은 정보를 정리하고, 자신이 알고 있는 틀 속에 그 정보를 끼어 맞추는 것인데, 역사적 사고는 그러한 현재의 신념 체계를 넘어서 과거의 신념 체계와 상호작용할 것을 요구하기 때문이다. 와인버그(Wineburg 2007: 9-11)는 현재주의(presentism)야말로 가장 '자연스러운(natural)' 사고방식이라고 주장했다. 그런데 그 자연스러운 사고방식을 통해서 읽을 수 있는 것은 실은 과거가 아니라 현재이다(강선주 2006: 323). 사람들이 현재 가지고 있는 사고방식은 탈피할 수 없는 유산이다. 그런데 그 유산을 탈피하려고 시도하지 않으면 과거는 살아나지 않는다. 그렇다면 교사들은 역사적 사고를 어떻게 정의하는가?

교사 G는 역사적 사고가 비판적 사고, 창의적 사고 방법과 비슷하다고 하면서, "역사적 사실을 주어지는 대로 보는 것이 아니라 자신의 기본적인 잣대와 생각으로 보는 것이 중요하다"고 말했다. 교사 L이 생각하는 역사적 사고도 "역사 자료를 분석하고 해석할 수 있고, 의문점을 스스로 탐구하며 역사적인 쟁점에 대해 자신의 생각을 말할 수 있는 좀 더 종합적이고 포괄적인 것"이다. 교사 J도 창의적 사고와 비슷하다고 말했다. 교사 G나 교사 L, 교사 J가 말한 분석, 해석, 탐구, 평가 등은 대체로 자신이 알고 있는 지식을 활용하여, 현재를 이해하는 개념적 틀 속에서 주어진 역사 자료를 분석하는 것에 초점이 있다. 그들은 역사에 대한 전문적인 훈련을 받지 않은 다른 많은 교사들처럼 '현재주의의 틀'로 역사 자료를 분석하고자 했다.

그런데 교사 K, 교사 M은 역사 배경 지식의 중요성을 강조했다. 교사 K는 정확하게 정의내리기 어렵다고 말하면서, "역사적 사고는 역사를 이해해야[알아야] 가능하다"고 말했다. 즉 당시 상황에 대해 알아야 그 사건에 대해 역사적으로 사고할 수 있다는 것이다. 교사 M도 교사 K와 마찬가지로 역사적 사고는 배경지식이 없다면 할 수 없다고 말했다. 교사 M과 교사 K는 역사적 사고라는 개념을 정확하게 표현하는 것에 어려움을 느꼈고, 전문가의 용어를 사용하여 역사적 사고를 정의하지는 않았다. 그러나 그들은 대체로 현재와 다른 과거의 시간과 장소에 대한 지식을 통해 그 장소와 시간의 맥락을 이해하는 것이 중요하다고 생각했다.

교사들이 생각하는 역사적 사고의 개념을 좀 더 구체적으로 이해하기 위해, 역사적 사고 방법을 가르칠 수 있는 수업의 예를 제시해달라고 부탁했다. 이러한 부탁에 대해 교사 J는 자신의 생각을 자유롭게 이야기해볼 수 있는 시간을 주는 것이라고 대답하고, 교사 G, M, L은 토론식 수업이 좋다고 대답한다. 그리고 토론 주제의 예로 교사 G는 흥선대원군과 명성황후의 개화에 대한 생각 비교, 교사 M은 이순신 장군의 죽음과 관련하여 다양한 설, 교사 L은 흥선대원군의 쇄국정책이나 갑신정변 등에 대한 토론을 제시했다. 교사들은 역사적 사고를 자료 분석의 측면, 맥락에 대한 이해라는 측면에서 개념화하지만, 실제 실천적 측면에서는 대체로 교사 L의 말처럼 역사적인 쟁점에 대해 자신의 생각을 말하는 것이나 역사적 사건이나 인물의 행위를 평가하는 것에 초점을 둔다. 역사적 인물들의 행위에 대해 비판하고, 그들이 오늘날의 관점에서 볼 때 잘한 점과 잘못한 점을 평가하는 것이다. 주로 자료 분석, 해석, 과거인의 행위에 대한 평가 등이 교사들이 말로 표현하는 역사적 사고의 중요한 요소이다. 그런데 교사 K는 '흥선대원군과 관련된 역할극'을 통해 당시 사람들이 되어, 당대 인물들의 생각을 공유할 수 있도록 하는 것이 좋을 것 같다고 했다. 교사 K의 말에서는 과거인이 세상을 보았던 틀로 들어가야 한다는 생각을 엿볼 수 있었다.

교사들이 생각하는 역사적 사고는 조금씩 달랐다. 그러나 교사들은 모두 역사적으로 사고하는 방법을 가르쳐야 한다고 말했다. 그들은 역사교육의 목적이 무엇인가라는 질문에 대해서는 역사적 사고 방법이라고 적극적으로 말하지 않았다. 그러나 역사적으로 사고하는 방법을 가르쳐야 한다고 생각하는가라는 질문에 대해 대체로 '그렇다', '중요하다' 등으로 대답했다. '현재 문제 해결로서 역사'를 추구하는 교사 K는 "현재 역사교육의 목적은 과거에 대한 객관적 사료를 통해 자신 스스로가 과거를 평가하고 평가된 과거를 통해 미래에 대한 대책을 세우는 것"이라고 말했다. 교사 G는 "이것이 역사를 배우는 기본 목표이자 궁극적인 목표가 아니겠느냐"고 대답했다. 교사 M은 "역사적으로 사고하는 방법을 가르쳐야 역사에 대한 올바른 이해와 해석이 가능하다", 또 학생들이 "역사 해석을 할 수 있는 안목"을 갖기를 기대한다고 말했다. '전승과 보존', '위대함의 재생화', '덕목', '현재 문제 해결' 등 그들이 역사를 어떻게 정당화하든 관계없이, 모두 분석, 비판, 평가를 통한 역사 이해가 중요하다고 한 것이다.

그렇다면 그들이 궁극적으로 추구하는 것은 무엇일까? 최근 몇 십 년 사이 구성주의 인지심리학이 강조되면서, 교사 중심의 소위 주입식 강의가 비판받고 학생들의 자기주도적 학습, 배움 중심 학습이 좋은 수업을 정의하는 핵심적인 요소가 됐다. 이러한 구성주의 인지심리학은 이론적으로든 실천적으로든, 역사뿐 아니라 거의 모든 교과에서 학생들 스스로 지식을 구성할 수 있도록 구조화된 수업을 좋은 수업으로 정의하고, 지식을 구성하는 사고 과정을 강조하게 했다. 이러한 구성주의는 영국 역사교육 연구자들이 추구하는 역사 탐구 방법의 이론적 배경이다.

그런데 한국의 역사교육은 역사가들의 연구 결과를 아는 것이 아직 중요하다는 인식이 뿌리 깊게 자리하고 있다. 한국의 역사교육 연구자들 대부분은 역사교육의 내용과 방법이 분리될 수 없다고 주장한다. 사실 역사교육이 역사 탐구 방법을 중심으로 기획, 계획, 실행된다고 하더라도, 결국 그러한 방법을 통해 학생들은 역사 지식을 학습하게 된다. 요컨대 역사를 탐구하는 과정에서 지식을 구성하게 되고, 지식을 가르치는 과정에서 어떤 방법이든 지식을 탐구하는 방법을 가르치게 된다. 내용과 방법이 분리되기는 어렵다. 그러나 역사 수업과 평가에서 지식을 암기하게 할 것인가, 지식을 구성하게 할 것인가의 차이는 분명하다.

이러한 입장에서 역사를 추구하는 연구자들은 '문제 해결 능력', '인간과 사회에 대한 통찰력'이라는 측면에서 역사의 혜택을 기대한다. 그런데 문제를 해결하는 방법, 세상을 보는 틀로서 역사를 가르칠 경우 역사교육을 통해 특정한 방향에서 현재와 미래의 사명을 형상화하는 데는 소극적이다. 니체는 이러한 역사관에 대해 "과거를 중립화하고, 지식을 단순한 객체로 만들어버리며, 객관성의 이름으로 과거를 심판하려고 한다"고 비판했다(이상엽 2001: 149). 이러한 역사는 현실의 삶과 괴리된 역사 지식의 과잉을 초래할 뿐이라는 것이다.

그런데 문제 해결 방법으로서 역사를 가르친다고 하더라도 과거를 중립화하기는 어렵다. 역사 서술과 교육에는 '선택'이 따르기 때문이다. 역사를 이야기로 가르치든, 주제나 사건이나 현상으로 가르치든, 또 담론 분석으로 가르치든, 학생 스스로 학습할 내용을 선정하지 않는 이상 교사에 의한 주제 선택이 필요하다. 교사가 국가 교육과정과 교과서에 있는 주제를 그대로 가르친다고 하더라도 은연중에 특정 주제나 지식을 강조하거나 축소하게 된다. 문제를 해결하는 방법으로서 역사를 가르친다고 하더라도 가르쳐야 할 내용의 '선택'과 '배제', '강조'와 '축소'는 피할 수 없다. 특정한 과거를 현실의 사회적 문제의식과 관련하여 적극적으로 선택하거나, 현실의 사회 문제와 거리가 먼 과거를 선택할 수 있을 뿐이다. 선택한 과거가 현실과 직접적으로 연결되든 그렇지 않든, 그러한 과거가 가치중립적인 시각에서 선택될 수는 없다. 선택한 과거의 사건은 특정한 역사인식론이나 역사적 문제의식과 관련되기 때문이다. 어떻게 과거 탐구를 통해 사회를 통찰할 수 있게, 인간을 이해할 수 있게, 그리고 현실 문제를 성찰해볼 수 있게 할 수 있을까? 이를 위해서는 학생들이 역사적 질문을 할 수 있게 가르치는 것이 중요하다. 역사적 질문은 역사적 문제의식에서 나올 수도 있고, 역사적 질문으로 역사적 문제의식을 키울 수도 있기 때문이다.

8 현재라는 틀에서 벗어나 인간과 사회를 읽는 지혜를 키우고

현재 이해를 목적으로 역사를 가르쳐야 하는 것이 아니라, 역사 공부를 많이 하다 보면 결과적으로 현재를 이해하게 되고, 현재의 문제에 대한 통찰력이 생긴다고 주장하는 사람도 있다. 이들은 어떤 목적을 위해 역사를 가르치는 것에 비판적이다. 특히 역사를 미래를 특정한 방향에서 형상화하고 그 방향으로 이끌기 위한 수단으로 가르치는 것의 문제를 지적했다. 윤세철과 최상훈(2003: 160)은 "어떤 상황이나 사건과 관련된 역사적 사실을 많이 알면 알수록 전체적인 윤곽이 잘 드러나고 그것이 일어나게 된 배경에 대한 이해가 용이하게 된다"고 주장했다. 이는 역사가 사회의 본질, 또는 사회, 역사를 움직이는 동력이나 원리 등을 심층적으로 파악하고 그것의 의미를 통찰할 수 있게 도와준다는 의미이다. 윤세철과 최상훈은 이러한 사회에 대한 역사적 통찰력이 미래에 대한 예측을 가능하게 한다고 주장했다. 그런데 다른 한편 많은 역사가들은 역사가 세상을 읽는 지혜(practical wisdom)를 줄 수 있을지는 몰라도, 그것을 '예측'으로 표현하기에는 부적절하다고 말했다(McNeill, Kammen, and Gordon 1989: 109). 역사의 '예측' 능력에 대해서는 많은 역사가들이 서로 다른 목소리를 내지만, 역사가 사회를 통찰할 수 있는 능력을 키울 수 있다는 데는 대체로 하나의 목소리를 낸다.

콜링우드(Collingwood 1994: 10)는 역사는 "인간의 자기인식(human self-knowledge)"에 유용하다고 했다. 맥닐은 "과거와 친밀해지는 것만이 자기인식에 이르는 길"이라고 주장했다(McNeil, Kammen, and Gordon 1989: 110). 와인버그(Wineburg 2001: 6) 역시 "인간다워지는 것의 의미에 대한 우리의 개념과 이해를 확대할 수 있는 역사의 능력을 끌어내기 위해 먼 과거와 만날 필요가 있다"고 주장했다. 카를로 진즈부르그(Carlo Ginzburg)나 로버트 단턴(Robert Danton)은 과거의 사람들이 우리가 사고하는 방식으로 사고하지 않았다는 것을 보여줌으로써 과거와 현재 사이의 '문화적 거리감'을 드러내고 '문화적 충격'을 줌으로써 인간의 자기 이해를 확대하는 것의 중요성을 강조했다(강선주 2006: 323). 현재 우리와 다른 과거의 인간 행위를 보면서, 우리가 과거 사람과 어떻게 비슷한가, 또 어떻게 다른가라는 질문을 통해 인간 본질을 파악하고 인간 개념을 확대할 수 있다는 것이다. 이러한 측면에서 역사를 정당화하는 사람들은 과거에서 현재의 눈으로는 보이지 않는 인간의 모습을 보여주고, 현재의 눈으로는 자연스럽게 보이는 인간의 모습이 실제는 너무나 부자연스러울 수 있다는 것을 일깨움으로써 인간을 현재라는 틀에서 해방시키고, 인간의 자기인식을 심화하고자 한다.

세상을 읽는 지혜, 사회에 대한 통찰, 인간 본질에 대한 이해 확대, 이 세 가지는 역사 설명이나 이해의 초점이 다르지만, 도달하고자 하는 점이 '통찰'이라는 점에서 궁극적으로 비슷하다. 그런데 사실 역사뿐 아니라 거의 모든 인문사회과학은 직·간접적으로 사회와 인간 본질의 이해, 통찰을 추구한다. 그렇다면 무엇이 역사를 사회와 인간에 대한 통찰이라는 측면에서 다른 교과와 다르게 만드는가? 그것은 역사는 학교의 다른 교과들이 추구하는 사회와 인간의 본질 이해의 측면을 모두 포함하여 통합적인 이해를 추구한다는 점과 나아가 역사는 현재만이 아니라, 과거에 대한 탐구를 통해 사회의 본질을 통찰하고 인간 이해의 범위를 확장한다는 점이다.

그런데 사회과학도 현재만이 아니라 과거를 연구 대상으로 삼는다. 최근에 여러 연구자들이 사회 문제를 복합적인 시각에서 해결하기 위해서는 지식을 분과적이 아닌 융합적으로 추구해야 한다고 주장한다. 역사 연구 방법들도 사회과학과 통합되는 경향을 보인다. 역사학은 사회학, 경제학, 문화인류학과 상호 영향을 주고받으며 연구 방법의 변화를 모색하고 있다. 그렇다면 역사학의 가치는 어디에서 찾을 수 있을까?

사회과학과 역사학 내 여러 연구 방법들은 서로 겹치기도 하고, 완전히 다르기도 하다. 이렇게 사회과학과 역사학이 구별되지 않는다면 학교 역사, 혹은 학교 사회과의 정당성은 어디서 찾아야 할까? 융합적인 새로운 과목의 생성으로 나아가야 하는가?

그런데 그 융합은 아직까지 화학적인 결합에까지 이르고 있지는 않다. 또한 한국 교육에서 사회과는 현재 사회 분석 및 일반화의 도출과 현재 문제 해결에 중점을 둔다면, 역사과는 과거 인간과 사회 이해와 역사적 문제 해결을 강조한다. 또한 역사과는 사회과보다 시간의 개념을 강조하여 현실 문제를 제기하고 해결하면서 사회과의 틀에서 가시화되지 않는 면을 드러내기도 한다.

그런데 역사인식론이나 역사 연구 방법론에 따라 역사가들이나 역사교육인들이 사회와 인간의 본질을 탐구하는 방법은 다양하다. 예를 들면 사회구조가 인간 행위에 미치는 영향을 분석하거나 역사적 패턴 속의 인간 관계를 탐구함으로써 사회에 대한 통찰을 추구하기도 하고, 사회구조에 얽매이지 않고, 구조와 상호작용을 통해 능동적으로 자신들의 삶을 창조해나갔던 인간의 독특한 인식세계를 탐구함으로써 인간의 다면적 특성을 이해하기도 한다.

'문제 해결 방법으로 역사'를 가르치고자 하는 교사 K는 학생들이 역사를 통해 무엇을 배웠으면 좋겠다고 생각하는가라는 질문에 역사적 사고를 통해 주위의 모든 것과 공생하는 방법을 알았으면 좋겠다고 했다. 인간 사회의 변화 방향을 '공생'이라는 측면에서 추구하기를 바라는 것이다. 교사 G는 학생들이 역사에서 '다양한 인생들'을 보길 원했다. 그렇다고 교사 G가 역사적인 탐구 방법에 기초하여, 학생들이 과거의 맥락 속에 자신을 몰입하여 인간의 다면성을 탐구하는 것을 기대한 것은 아니다. 교사 G는 전문적인 역사 훈련을 받지 않은 다른 많은 교사들처럼, 현재의 틀에서 과거인을 평가했다. 그러나 역사를 다양한 삶의 모습을 보여줄 수 있는 자원으로 인식하고, 그러한 다양한 삶의 모습을 통해 학생들이 자기인식을 심화할 수 있기를 기대했다. 이러한 생각은 인간 이해의 출발점이다.

'인간과 사회에 대한 통찰력으로서의 역사'는 현재와 미래를 위한 특정적이고 즉각적인 사명을 형상화하는 데 적극적이지 않다. 궁극적으로 학생들이 스스로 인간과 사회의 본질에 대해 해명하고, 스스로 현재와 미래를 위한 사명을 형상화하는 데 역사가 도움을 줄 수 있을 것이라고 믿는다. '통찰력'은 많은 역사가들이 역사를 공부하면 얻을 수 있는 '혜택'으로 언급하지만 실제 역사를 본격적으로 공부한 사람들만이 누리는 '특권'처럼 여겨진다. 그러나 이러한 방향에서 학교 역사교육을 기획하고 추구하는 것이 불가능하지는 않다.

인간의 본질, 인간 사회의 본질을 역사적으로 통찰한다는 것은 다른 말로 하면 인간과 사회에 대한 심층적인 이해이다. 이를 위해서는 우리와 전혀 다른, 과거 여러 사람들이 들려주는 인간과 사회에 대한 이야기에 노출될 필요가 있고, 그러한 이야기들을 서로 비교해보고, 유추도 해보면서 역사적 패턴을 구성해볼 필요가 있다. 요컨대 역사적 통찰력을 역사교육의 목적으로 추구하고자 한다면, 학생들이 심층적인 역사 지식에 노출될 수 있는 다양한 기회를 주면서도, 역사적 상황이나 사건들의 복잡한 관계를 때로는 구체적인 자료를 분석·해석할 수 있는 기회, 또 때로는 그 사건들을 연결하여 역사적 맥락, 구조, 패턴들을 구성할 수 있는 기회, 나아가 과거가, 역사가 현실 사회에서 어떻게 활용되는지에 대해 분석해볼 기회를 줄 수 있게 역사교육을 기획하고 추구해야 한다. 그런데 이러한 방향의 역사교육은 역사 학습의 단계 설정을 전제로 하며, 전문 역사가로서의 교육이 아니라 인문적 소양과 시민적 역량이라는 측면에서 추구되어야 한다.

제2장

역사에서 지혜를 배워 현실 문제를 해결하고

1 실행: 역사를 들려주고 쓰게 해야 하는데 시간은 부족하고

한 중학교의 역사교사인 유 선생님에게 특별하지 않은, 공개용이 아닌 일상적인 수업을 보여달라고 했다. 그럼에도 선생님이 다른 사람이 자신의 수업을 본다는 것을 매우 부담스럽게 여길 것이고, 어떤 방식으로든 약간의 '특집'을 넣지 않을까라고 생각했다. 그러나 첫 수업 이후 세 번째 수업까지 수업의 구조와 전개 과정은 한결같았다. 소위 '이벤트성 특집'은 편성되지 않았다. 첫 수업을 보면서 선생님의 명성만 듣고 온 사람들이 이 수업을 보면 매우 실망할 것이라는 생각을 했다. 두 번째 수업 관찰 때는 필자 이외에 출판사 편집인 두 명이 더 있었다. 이들은 매우 유명한 유 선생님의 수업을 보고 싶다는 단순한 호기심에서 왔다. 수업 후 면접에 그들도 자리를 함께했다. 예상대로 처음에 그들은 선생님의 수업을 보고 실망스러웠다고 말했다. 자신의 기대와 달리 평범했고 역동적이지 않았다는 것이다. 사실 필자도 최근 강조되는 학생 활동이 수업의 대부분을 차지하지는 않더라도 유 선생님의 '설명'이 수업의 80-90% 이상을 차지하리라고는 생각하지는 않았다. 유 선생님이 자신의 책에 소개한 역사 수업 사례들이 학생 활동 중심으로 구안되었기 때문이다. 그러나 출판사 관계자들은 필자가 유 선생님을 면접하는 장면을 지켜보고 난 후에 매우 감동적이었다고 강조했다. 겉으로 드러나는 수업 뒤에 숨겨진 유 선생님의 생각을 알 수 있었고, 역사를 가르치는 사람들이 고민을 진지하게 나누는 장면, 특히 유 선생님이 '좋은 역사 수업'을 위해 얼마나 고민하고 있는지를 목격했기 때문이다.

필자는 첫 수업을 보고 난 후, 오히려 유 선생님의 수업에 매우 흥미를 느꼈다. 선생님은 왜 자신의 책에 소개했던 토론식 수업, 극화 수업, 사료 활용 수업 등 그 '화려한' 과거를 등진 것일까? 현재 수업의 구조로 오기까지 어떤 고민이 있었을까, 그리고 이러한 수업을 통해 무엇을 가르치려고 하는 것일까라는 의문이 들었기 때문이다.

매 수업은 유 선생님이 개인적으로 개발한 『역사 속으로! 세상 밖으로!: 2014학년도 2학년 역사 수업 배움책』(이하 "배움책"으로 표시한다)에 기초하여 이루어졌다. 배움책은 차시별로 모든 주제를 다음과 같은 단계에 따라 수업하도록 한다.

> '뭐였더라': 지난 시간에 배운 내용을 더듬어 봅니다.
>
> '미리보기': 오늘 공부할 내용을 낭독합니다.
>
> '역사 속으로 개념잡기': 핵심어를 [교과서에서] 찾고 이를 바탕으로 중요한 내용을 문장으로 씁니다.[선생님 설명과 학생 스스로 정리하기]
>
> '한걸음 더': 앞서 배운 내용을 바탕으로 모둠원들과 의논하여 과제를 해결합니다.

필자가 관찰했던 세 번의 수업은 어떤 변형도 없이 이 단계들로 진행되었다. 이러한 수업의 단계 구성을 통해 선생님이 생각한 '좋은 역사 수업'의 절차를 생각해본다면, 첫째, '지난 흐름 알기'로 지난 시간에 배웠던 내용과 연결하여 역사의 흐름을 읽게 한다. 둘째, '문제 제기'로 학생들이 그 시간에 학습할 내용을 알고 시작하게 한다. 여기까지는 다른 일반적인 역사 수업과 크게 다르지 않았다. 셋째, '개념잡기'로 그 시간에 기본적으로 학습해야 할 개념이나 사건에 대해 선생님이 설명을 한다. 유 선생님은 기본적인 흐름을 모르는 상태에서 학생들 스스로 탐구하기는 어렵다는 생각에서 이 단계를 만들었다. 개념을 설명하지 않으면 학생들이 '오개념'으로 역사를 이해하게 된다는 것이다. 넷째, '오늘날에 되살리기'로 과거를 죽은 채 놔두는 것이 아니라 살아나게 하겠다는 문제의식이 반영된 수업 단계이다.

첫 번째 수업의 주제는 '화려한 신라의 문화'였다. 배움책에서 '역사 속으로 개념잡기'는 '불교의 대중화(원효)-선생님 설명', '유학의 보급과 학문의 발달-내 힘으로 정리', '불교 예술의 발달-선생님 설명'으로 구성되었다. '한걸음 더'의 학생 활동은 두 개였는데 하나는 『왕오천축국전』과 '독서삼품과'에 대해 모둠원끼리 내용을 정리하는 것이었고, 다른 하나는 "교과서 94쪽 자료와 아래 글[1]을 읽고 석굴암을 묘사하는 시를 써보자"라는 활동이

1 배움책에서 학생들이 시를 쓰는 활동을 위해 읽도록 했던 글(석굴암에 대한 설명)은 다음과 같다.

"토함산 중턱에 백색의 화강암을 이용하여 인위적으로 석굴을 만들고 내부공간

었다. 이 활동은 수업 종료 7분을 남겨놓고 시작했다.

수업에서 유 선생님은 원효를 통해 불교의 대중화를, 유학과 독서삼품과를 통해 정치 체계화를, 혜초를 통해 불교 문화 교류를, 그리고 불국사와 석굴암을 통해 불교 예술의 발달을 설명했다. 45분 안에 다루기에는 내용이 많아서 매우 숨 가쁜 수업이 될 수밖에 없었다. 그러나 이것도 사실 교과서에서 몇 가지 내용을 생략하면서 축소한 것이라고 했다. 가르쳐야 할 내용이 너무 많기 때문이다.

선생님은 불국사 대웅전과 석가탑, 다보탑 사이의 거리가 같고, 이등변 삼각형이라는 설명을 하면서 매우 과학적인 구조라고 평가했다. 또 석굴암의 구조에 대한 설명을 통해 그것이 왜 세계문화유산인가를 설명했다. 석굴암 본불이 아래를 내려다보는 시선은 신자들의 시각을 고려한 것이었다는 점과 그것이 의미하는 부처의 모습에 대해 설명했다. 석굴암에 대한 설명은 매우 분석적

에 불상을 조각한 것이다. 석굴함 석굴의 구조는 입구인 직사각형의 전실과 원형의 주실이 복도 역할을 하는 통로로 연결되어 있으며 360여 개의 넓적한 돌로 원형 주실의 천장을 교묘하게 구축한 건축기법은 세계에 유례가 없는 뛰어난 기술이다. 원숙한 조각 기법과 사실적인 표현으로 완벽하게 형상화된 본존불, 얼굴과 온몸이 화려하게 조각된 십일면관음보살상, 용맹스런 인왕상, 위엄있는 모습의 사천왕상, 유연하고 우아한 모습의 각종 보살상, 저마다 개성있는 표현을 하고 있는 나한상 등 이곳에 만들어진 모든 조각품들은 동아시아 불교조각에서 최고의 걸작품으로 손색이 없다. 특히 주실 안에 모시고 있는 본존불의 고요한 모습은 석굴 전체에서 풍기는 은밀한 분위기 속에서 신비로움의 깊이를 더해주고 있다. 지극히 자연스러운 모습의 본존불은 내면에 깊고 숭고한 마음을 간직한 가장 이상적인 모습으로 모든 중생들에게 자비로움이 저절로 전해질 듯하다. 석굴암 석굴은 신라 불교 예술의 전성기에 이룩된 최고 걸작으로, 건축, 수리, 기하학, 종교, 예술 등이 유기적으로 결합되어 있어 더욱 돋보인다."

이었지만 니체가 말한 '기념비적'·'골동품적' 감명을 끌어내는 것이었다. 그러면서도 당시의 독특한 불교 문화에 대한 이해를 추구하는 것이기도 했다. 오늘날과 다른 과거의 세계로 들어가서 과거의 인간 세계를 접하는 순간이었다. 여기까지는 다른 교사들에게서도 볼 수 있는 매우 일반적인 설명식 수업이었다. 선생님은 학생들이 이러한 배경 지식이 없이는 탐구를 시작하기 어렵다고 생각하기 때문에 항상 교사가 설명하는 단계를 설정했다. 필자 역시 교사 주도의 설명식은 '나쁜' 수업이고, 학생 주도의 활동은 '좋은' 수업이라는 이분법적 구분에 동의하지 않는다.

유 선생님은 석굴암에 대해 설명한 후 송창식의 '토함산'을 열창했다. 그 다음에 진행할 학생의 시 창작 활동에 영감을 주기 위해서였던 것으로 보인다. 후에 학생들에게 물어보니 학생들은 선생님이 노래 불러주는 것을 좋아한다고 했다. 디지털 시대에 유 선생님의 수업은 매우 아날로그적이었다. 그런데 수업에서 학생들은 석굴암에 대한 시를 짓지 못했다. 선생님은 다른 반 수업에서도 인상적인 시가 나오지는 않았다고 했다. 시를 짓는 활동 자체가 어려웠을까? 아니면 시를 짓기에는 주어진 시간이 너무 짧았을까? 석굴암의 구조에 대한 선생님의 분석적인 설명이나 주어진 교재의 석굴암에 대한 설명이 시적인 감성을 불러일으키지 못했을까? 선생님께 이러한 질문을 했다. 선생님은 "원래 작년까지는 외국인에게 석굴암을 설명하는 글을 쓰는 것이었다"고 하면서 말끝을 흐렸다. 이 활동의 의도는 무엇일까? 선생님은 "약간의 재치가 나올 수 있지 않겠나…"라는 생각을 했다고 대답했다. 선생님이 말한 '재치'의 의미는 무엇일까?

유 선생님의 첫 번째 수업을 본 후 선생님이 추구하는 역사가 '인간에 대한 자기 이해 확대' 아니면 '문제 해결 능력의 향상'의 방향인가 물었다. 유 선생님은 "말은 굉장히 멋있게 포장했는데 실제는 잘 정리된 강의식 수업 더하기 약간의 활동으로 그렇게 치부할 수 있는 거죠"라고 겸손하게 대답했다. 그런데 그러한 선생님의 대답은 실제 필자가 첫 수업을 보면서 들었던 생각이기도 했다.

두 번째 수업의 주제는 '흔들리는 신라'였다. 배움책에는 〈그림 1〉과 같이 서술되어 있다. '역사 속으로 개념잡기'에서 선생님은 귀족들의 왕위다툼에 대해 설명했는데 150년간 잦은 왕위 교체를 보여주는 교과서 연표를 활용했다. 자살한 왕과 장보고가 살해한 왕에 대한 이야기를 들려주었고, 왕위쟁탈전으로 나라가 불안했다고 설명했다. 지방 호족, 6두품, 선종에 대해서는 학생들이 교과서를 읽고 내용을 발표하도록 한 후 선생님이 보충 설명을 했다. 또 당시 귀족들이 숯으로 불을 피웠고 금으로 치장된 집에 사는 등 사치스러운 생활을 하면서 농민들을 돌보지 않았고, 이에 따라 살기 어려웠던 농민이 봉기를 일으켰다고 설명했다. 여기까지 35분의 시간이 소요되었다. 첫 번째 수업에서와 마찬가지로 학생들이 교과서를 읽고 정리하는 활동이 있었지만 실질적으로는 교사 중심의 '강의식 수업', 지식을 전달하는 수업이었다고 할 수 있다.

이후 10분 동안에는 '한걸음 더'에서 '시무 3조'를 작성하고 발표했다.[2] 학생들이 발표한 시무책은 정치 면에서는 "백성과 소

2 선생님은 학생들의 설문조사 결과 활동을 두 개나 하기 어렵다고 하여 한 개만 하

뭐였더라	1. 중국에서 전성기를 맞이한 발해를 일컬었던 명칭은? 2. 발해 문화는 고구려와 00 문화 및 말갈적 요소가 융합되어 있다.
미리보기	1. 신라 말의 정치적·사회적 변화를 말할 수 있다. 2. 신라 말에 유행한 사상의 영향을 설명할 수 있다.
역사 속으로 개념잡기	교과서를 읽으세요(104, 105쪽) 1. 귀족들의 잦은 왕위 다툼(103쪽)-선생님 설명 2. 지방 호족의 등장(104쪽)-내 힘으로 정리하기 3. 새로운 사상의 유행(105쪽)-내 힘으로 정리하기 4. 농민봉기와 신라의 위기(106쪽)-선생님 설명
한걸음 더	1. 다음의 용어의 뜻을 정리해보자-왕위쟁탈전, 호족, 농민 봉기 2. 당에서 돌아온 최치원은 진성여왕에게 신라 사회를 개혁할 열 가지를 제출하였으나 받아들여지지 않았다. 그의 뜻을 기려 모둠 친구들과 의논하여 신라 사회 개혁방안 세 가지를 구체적으로 적어보자.
〈시무 3조-신라 사회 개혁 방안〉 여왕 폐하! 우리 신라는 현재 국가의 안위가 흔들릴 정도의 위기에 처해 있사옵니다. 시급히 개혁에 나서지 않으면 나라의 앞날을 장담할 수 없사옵니다. 머리를 조아려 바라옵건대, 폐하께서는 제가 올리는 개혁안에 귀 기울여 주시옵소서. 정치: 경제: 사회:	

〈그림 1〉 배움책 중 '흔들리는 신라'의 목차

통해라", "6두품을 대우해라", 경제면에서는 "귀족이 사치스러운 생활을 못하게 해라", "향락을 줄여라", 사회면에서는 "지방에 관심을 가져라", "백성과 소통해라", "골품제를 폐지하라" 등이었다. 그 내용은 수업에서 선생님이 혹은 교과서가 설명한 신라 말의 문제를 그저 해결하라고 요구하는 '구호' 이상이 되지 못했다. 사실 수업을 지켜보면서 학생들이 선생님이 설명한 것을 넘어 구

기로 했다고 학생들에게 말한 후, '한걸음 더'의 1번 활동은 생략하고 2번 활동(시무 3조 작성과 발표)만 했다.

체적인 다른 시무책을 쓸 수 있을까라는 의문을 가졌다. 그러한 필자의 예상은 빗나가지 않았다. 유 선생님께 선생님이 예상한 시무책이 나왔는지 물었다.

> 골품제, 6두품에 대한 답은 예상할 수 있었는데, 나머지는 아쉬웠어요. 세금 얘기를 세 번 정도 언급했는데, 그 부분이 안 나오고 귀족 사치 얘기만 나와서… 골품제 얘기도 다른 데서 나왔고. 이 반 수준이 좀 처지지만, 오늘 발표한 학생들이 똑똑한데도 그러한 대답이 나오는 것이 좀 아쉬웠어요. 재작년에는 녹읍을 폐지하자는 주장도 나왔거든요. 너무 오버해서 왕을 선거로 뽑자는 얘기도 나와서 이건 아니라고 설명해준 적이 있는데, 과거시험을 보자는 얘기가 나와서 그래도 이건 좀 합리적이어서…. 세금이 교사의 의도라면 학생들은 귀족의 사치를 주로 받아들였던 경우였어요.

유 선생님은 다른 수업 시간에 자신이 설명했던 것들을 학생들이 떠올리면서 참조하거나 통합하여 그 시대의 문제를 통합적으로 이해하고 해결하기를 기대했다. 그러나 학생들은 다른 시간에 학습한 것을 떠올리지 못했다. 그 수업 시간에 배운 것만 떠올린 것이다.

세 번째 수업의 주제는 후삼국을 통일한 고려였다. 개념잡기에는 삼국통일과 후삼국통일을 비교하는 활동이 있었다. 표에 "외세의 개입", "영토확대", "고구려 발해 유민 포용", "다양한 계층, 지방세력 통합"이라는 항목을 주고 삼국통일과 후삼국통일이 각각 어떠했는지 빈칸을 채우게 했다. 이러한 '개입', '포용' 등의 단어들은 이미 두 통일을 보는 시각과 평가의 방향을 제시한다. 세 번째 수업에서도 유 선생님은 약 35분간 교과서의 지식을 설명했다.

마지막 8분 동안 '한걸음 더'라는 학생 활동을 했다. 그 내용은 "오늘날 남북이 통일을 하거나 평화조약을 맺을 때 꼭 지켜야 할 원칙에는 어떤 것이 있을지 세 가지 이상 생각해보자"였다. 이 활동에 도움을 주기 위해 1970년대 초 남북한 공동성명에서 발표한 통일의 3원칙에 대한 설명과 통일의 모델로 삼국통일, 후삼국 통일, 베트남식 통일(전쟁으로 통일), 독일식 통일(서독의 경제력으로 동독 흡수) 등이 있다는 짧은 설명을 제시했다. 한 학생은 "서로 무기를 버리자, 외세에 의존하지 않는다, 언어를 통일하자"는 원칙을, 다른 학생은 "민주주의에 기초하자, 언어를 통일하자, 다른 나라의 도움을 받지 않는다"라는 원칙을 제시했다. 외세에 의존하지 않는 통일이라는 제안은 아마도 삼국통일의 의의를 가져온 것이며, 민주주의라는 원칙은 현재 남북한의 체제에 대한 지식을 적용한 것으로 보인다. 그리고 다른 학생은 "자주적·평화적·민족적 대단결로"라는 원칙을 발표했다. 이는 배움책에 있는 남북한 공동성명 내용이었다. 학생들은 수업에서 학습한 내용을 벗어나서 새로운 것을 '재치 있게' 생각하지는 못했다.

설명과 활동이라는 두 단계의 수업 구조는 유 선생님이 역사 수업에서 인간의 자기 이해 확대와 문제 해결 방법의 개발, 혹은 창의력 함양을 추구한다는 것을 알려준다. 수업의 전반부는 교과서 내용을 선생님이 설명했고 학생들이 지식을 찾게 했다. 선생님의 설명은 학생들이 과거를 과거의 시각에서 이해하도록 했다. 수업 마지막의 학생 활동은 학생들이 '사고'하여 문제를 해결하거나 지식을 구성하게 유도했다. 그런데 45분의 수업에서 학생들을 잠에서 깨우고 책을 펴게 하고 집중시키는 시간 5분 정도를 제외한다면, 30분 동안 교과서의 지식을 교사가 설명하거나 혹은 학생이 확인했고, 8-10분 동안 학생들이 자료를 읽고 활동을 했다. 수업은 학생들이 창의적으로 지식을 구성할 수 있게 구조화되어 있었다. 그러나 학생이 지식을 창의적으로 구성하기에는 시간이 충분하지 않았고, 또 생산의 기초가 되는 자원이 충분이 주어지지 않았다.

학생이 과거의 사람이 되어보는 활동에서는 과거 속으로 들어가지도 못했고, 과거에 비춰 현재 문제를 해결하는 활동에서는 과거는 물론 현재 문제도 이해하지 못했다. 학생들은 선생님이나 교과서가 들려준 이야기를 반복 재생할 뿐 '재치 있는', '창의적인' 다른 지식을 생산하지 못했다. 어떤 교사가 유 선생님의 수업을 참관한 후 했다는 다음과 같은 논평에, 그리고 그 논평에 대한 선생님의 반성에 필자도 동의하지 않을 수 없었다.

> 지난 시간에 [수업을 참관한 교사가] 수업을 평한 게 [배움의 공동체] 껍데기만 있고 정신이 사라졌다고 하는데, 포맷은 안정이 되어 있는데 무슨 감동을 주거나 몰입하거나 탐구하지 못하게 하는, 만날 뭔가 2퍼센트 부족한 그런 수업일 수 있다는 것이었어요. 여러 가지 문제의식을 담아내려는 욕심만 앞섰지… 깔끔하고 단정해보이는 것 속에 너무 철저하게 구획이 되어 있기 때문에 어느 것 하나도 생동하지 못하는 게 아닌가, 그런 생각을 했어요.

유 선생님에 따르면 배움의 공동체 이론은 "교사와 학생 사이, 학생과 학생 사이, 학생과 텍스트 사이의 대화를 강조한다". 그를 위해 책상도 학생들이 선생님의 설명을 들었다가 모둠별로 활동할 수 있는 구조, 서로 대화할 수 있는 구조로 배치한다고 했다. 그러나 책상 배열이나 수업의 단계는 배움의 공동체인데, 실제 수업 모습은 그렇지 못하다는 평이었다. 시, 시무책, 통일 방법에 대한 활동들은 충분한 숙고의 시간과 고도의 사고 과정을 요구한다. 그럼에도 그러한 활동들이 살아나서 학생들의 사고를 자극하지 못했다.

2　가르쳐야 할 것: '문제를 해결하는 지혜'와 '내 일로 느끼는 감정이입'

유 선생님에게 학생들이 역사에서 무엇을 배울 수 있다고 생각하는가라고 질문했다. 유 선생님은 네 번의 면접에서 반복적으로 "학생들이 서점에 가서 역사책을 들여다볼 수 있기를 기대"하고 "역사를 공부한다는 것은 기출문제를 푸는 것이라고 생각한다"고 말했다. 전자는 역사를 좋아하길 바란다는 것이다. 왜 좋아하길 바라는가라는 질문에 다음과 같이 대답했다.

> 역사는 기출문제를 푸는 것인데 기출문제를 풀면서 현재에 맞닥뜨린 문제에 나름의 대응을 하는 게 역사의 몫이라고 생각하거든요. 그래서 재미있게 실제 인물이 되어보기도 하고 또 상대방 인물 입장에 서보기도 하면서 기출문제를 온몸으로 풀고 현실을 맞이한다는 것…

'역사는 기출문제'라고 하는 유 선생님의 이야기를 처음 들었을 때는 역사가들이 말한 '세상을 읽는 지혜(practical wisdom)'이 떠올랐다. 역사에서 패턴을 찾을 수 있다. 역사적 패턴 분석은 문제를 해결하는 지혜를 키우는 데 도움이 된다.

유 선생님은 기출문제를 푸는 것의 예로 과거의 어떤 제도를 가르치면서 현재 구청장을 어떤 사람으로 뽑을지 생각해보게 할 수 있다고 했다. 그런데 현재 구청장을 뽑는 문제를 생각해보게 하려면 굳이 과거를 가르칠 것이 아니라 현재 정치 사상이나 제도가 비슷한 다른 나라의 제도를 가르치면 되지 않을까? 즉 과거의 사례가 아니어도, 아니 오히려 과거의 사례가 아닐 때 현재 제도를 더 잘 이해하고 구청장을 더 잘 뽑을 수 있지 않을까? 이와 비슷한 사례들이 학생 활동에서도 발견된다. 예를 들면 후삼국통일을 가르친 후 남북통일에 대해서 생각해보게 하는 것이다. 그런데 이 활동을 위해서는 우선 현재와 다른 과거의 신라 정세, 과거와 다른 현재의 세계 질서나 국제적 규범, 그리고 베트남이나 독일과 다른 한국의 정치적 조건이나 그를 둘러싼 국제 정세 등에 대한 탐구 과정이 선행되어야 한다. 삼국시대, 베트남 통일의 배경이 되었던 냉전 시기나 독일 통일의 배경이 되었던 탈냉전 분위기, 그리고 남북통일을 논해야 할 21세기 세계는 서로 다른 규범과 체제하에 있고, 다른 담론의 규율을 받기 때문이다. 또 세상을 읽는 지혜를 얻기 위해서는 베트남 통일, 독일 통일 과정에서 일어났던 일들을 비교하면서 패턴을 분석해야 한다. 베트남식의 통일 패턴, 독일식의 통일 패턴 각각을 분석하고 비교해야 한다. 이러한 문제 탐구 과정이나 패턴 분석의 과정이 생략된 채 남북통일 방법을 생각해보는 활동을 하게 되면 오히려 시대착오적인 문제 해결로 귀착될 수 있고, 과거를 이해하기는커녕 현재 문제를 제대로 파악하지 못하게 될 수도 있다. 이 활동에는 과거를 그저 지나

간 일로 보고 지나칠 것이 아니라 현재의 '나'와 관련시켜 생각해 보게 하겠다는 선생님의 의도가 담겨 있다. 그럼에도 그렇게 짧은 시간에 하기 어려운 활동을 하는 까닭이 무엇일까라는 의문은 계속 남았다. 유 선생님은 기출문제로 다음과 같은 예를 들었다.

> 내가 만약 고려 시대 왕이라면 누구에게 어떤 벼슬을 줄 것인가? 이것은 이제 고려 시대 정치 조직과 해당 기관의 역할을 알고 우리 반 어떤 캐릭터와 잘 맞는지 맞춰보는 과정이기 때문에 복합적인데, 우리 반의 누구하고 그 벼슬이 맞는지를 알기 위해서 한 번 들여다 볼 수도 있겠다 생각했어요.

이 활동은 엄격하게 따지자면 고려 시대 관리 임용에 대해 오해하게 할 수 있지만, 다른 한편 학생들의 경험에 비추어 고려 시대 정치 조직을 쉽게 이해하도록 하는 방법이다. 그런데 여기서 말하는 기출문제는 앞의 구청장이나 남북통일의 예와는 성격이 전혀 다르다. 과거와 현재를 직접 연결한다는 점만이 공통적이다. 과거를 끌어서 현재 문제를 해결하는 것이고 현재를 끌어서 과거를 이해하는 것이다.

왜 이렇게 과거와 현재를 직접적으로 연결하려 할까? 유 선생님은 학생들이 감정이입을 해서 문제를 해결하길 원한다고 했다. 그런데 역사적으로 감정이입을 하기 위해서는 감정이입의 대상과 관련된 자료들을 한층 풍성하게 제공해야 하고 감정이입의 대상을 둘러싸고 있는 과거의 여러 제도적·문화적 특징은 물론 거대한 역사적 맥락에 대한 심층적인 이해가 필요하다. 특히 현재의 틀에서 벗어나 과거로 들어가려는 적극적인 노력이 요구된다. 그리고 그렇게 해도 역사적인 감정이입에 이르기는 쉽지 않다. 역사적 감정이입이 가능한가에 대해서는 학자들 사이에도 논쟁이 있다(조승래 2000; Davis Jr., Yeager, and Foster 2001). 포스터(Foster 2001: 167)는 여러 연구자들의 감정이입에 대한 논의를 검토한 후, '감정이입'이 문제제기의 대상이며 도전받는 개념이라는 것만이 확실하다고 주장했다. 감정이입 활동을 주장한 영국 역사교육 연구자들이 공통적으로 강조하는 조건은 1차 사료를 읽어야 한다는 것이다. 그러나 국내 역사교육 연구자들과 교사들은 그것을 전제 조건으로 생각하지 않는다. 탐구하는 시기와 그 인물에 대해서 심층적인 탐구가 이루어지지 않은 상태에서, 또 그 인물과 관련된 1차 사료, 그 인물이 살았던 시기에 만들어진 역사 문서를 읽어볼 기회도 주지 않은 상태에서 학생들에게 그 역사적 인물이 되어 생각해보라고, 감정이입하라고 요구한다. 결국 학생들은 과거 속으로 들어가지 못한다. 그 인물을 둘러싼 여러 조건과 한계, 그리고 그 인물이 발휘할 수 있는 자율성을 복합적으로 고려하지 못하고 현재 자신의 경험의 틀 내에서 그 인물의 이야기가 아니라 자신의 이야기를 한다.

유 선생님에게 외국 연구자들의 감정이입 이론에 대해, 그리고 한국에서 진행되는 감정이입 활동의 문제에 대해 설명했다. 그리고 그러한 문제 지적에 대해 어떻게 생각하는가 물었다. 그러자 유 선생님도 "나를 (과거에) 넣거나 (역사적) 사실을 현재로 끌고 와서 비교하거나 대립시키거나 하는 방식인데 좀 위험하죠. 중학교 수준의 감성이나 지식을 가지고는"이라고 동의했다. "계속 통용되었던 용어가 감정이입인데, 작년엔가 공감적 이해라는 말을 들었어요. 10년 전(사건)이나 100년 전(사건)이나 감정이입은 어려울 것 같고, 공감적 이해를 할 수 있지 않을까 하는 생각이 들었어요"라고 대답했다. 이러한 대화는 두 번째 면담에서 이루어졌다. 유 선생님이 생각하는 감정이입, 공감적 이해란 어떤 것일까? 그것은 필자가 생각하는 '역사적 감정이입'과는 달랐다. 선생님은 세 번째 면담에서 역사적 사고가 무엇인가에 대한 생각을 다음과 같이 설명했다.

유 선생님: …한 10년 넘게 혼자 내 방식으로, 위계라고도 생각하는 게, 처음에는 인과관계를 파악하는 것이고 그 다음에는 감정이입을 하는 것입니다. 감정이입도 물론 논란이 좀 있지만, 처음에는 흐름이나 맥락을 알고 내 문제로 느끼고 마지막은 그걸 통해서 도덕적인 판단을 하는 것이죠. 결국엔 잘못을 따져야 그걸 딛고 일어나서 좋은 세상을 만드는 거고 그걸 하려고 역사 수업을 하는 거니까, 이 세 가지를 나는 계속 견지한다 하는 건데, 하다 보면 인과관계에 머물다가 끝나고 가끔은 감정이입을 하고 어쩌다가 도덕적 판단을 하고요.

필자: 도덕적 판단하고 역사적 판단하고 다른 건가요?

유 선생님: 역사적 판단이 일종의 과학적으로 설명하고 진단하는 측면이 강하다면 도덕적 판단은 그 안에 속하는 것 같은데, 이것도 내 마음대로 규정이지만 뭐 친일파에 대한 판단이라든가 어떤 세력에 대한 판단, 인물에 대한 판단, 사건에 대한 판단 이런 것들은 조금 선악의 개념이 들어갈 수 있잖아요. 그래서 좋은 인물, 좋은 행

동을 배우는 것 그리고 그렇지 않은 행동을 가려내고 비판하는 것, 결국 그런 것 아닌가요. 역사적 판단력까지는 아직 생각이 정리가 안 됐고요.

유 선생님은 감정이입을 역사적 사고의 중요 단계로서 "내 문제로 느끼는 것"이라고 설명했다. 이는 역사교육 이론에서 말하는 '일상적 감정이입'으로서, 우리가 책을 읽거나 드라마를 보면서 느끼는 감정이입과 같은 것이다. 과거의 문제를 "내 문제로 느끼고", 그 문제에서 "선과 악을 판단하여 좋은 인물의 좋은 행동을 배우는 것", 그것은 현재를 살아가는 데 요구되는 도덕적 덕목을 배우는 것이며 여러 교사들에게서 들은 결코 낯설지 않은 주장이다(백은진 2014b: 144).[3] 유 선생님의 수업에서 본 것들을 떠올려봤다. 시무책이나 남북통일에 대한 활동은 학생 자신의 문제가 되도록 현재의 문제와 직접 연결해 선택하고 판단하도록 요구하는 것이었다. 그런데 적어도 시무책을 작성하고 남북통일의 원칙을 제시하는 활동에서는 그 선택과 판단의 방향이 이미 수업의 과정에서 대체로 제시되었다고 해도 과언은 아니다. 유 선생님은 학생들이 스스로 현실 문제를 자신의 문제로 생각하면서 해결하고 도덕적 판단을 내리길 바랐다. 그런데 수업의 구조는 학생들이 스스

3 교사들의 역사교육관이나 역사교육 목적에 대해 심층면접을 했던 여러 연구들에서 교사들은 '현재 문제를 바라보는 시각, 가치관', '현재 문제에 대한 이해', '옳고 그른 것을 판단할 수 있는 기준이나 가치관' 등을 추구한다고 말했다. 백은진(2014b)은 교사들이 역사교육의 목적을 주로 현실을 살아가는 데 도움이 되기를 바라는 관점에서 대답했다고 서술했다.

로 무언가를 생각하고 판단하기 어려운 틀 안에 있었다.

그렇다면 학생이 해결해야 할 과제, 학습 활동은 유 선생님이 지향하는 역사교육을 어떻게 설명할까? 배움책의 활동들을 분석해보았다. 배움책의 한국사편은 '역사와 나'라는 꼭지에서 시작하여 조선 후기 '새로운 종교의 유행'까지 모두 48개의 꼭지로 구성되어 있다. 근대사와 세계사까지 합하면 아마도 거의 200꼭지가 될 것이다. 배움책 한국사편(48꼭지)에서 제시한 활동들을 유형별로 분류해보면 다음과 같다.

① 과거인이 되어 당시 생활을 묘사하거나 주장을 펼치는 글을 쓰기: 신석기 시대 소년이라고 가정하고 일과를 노래로 만드는 활동 등

② 제시된 사료(문자, 비문자)의 주요 내용을 파악하고 상상 또는 추론하기: '농경문 청동기' 사진을 보고 어떤 모습인지 설명하고 이 청동기의 용도가 무엇이고 왜 그렇게 생각했는가를 쓰는 활동, 『삼국유사』의 허황옥 이야기를 읽고 추론하는 활동 등

③ 경합하는 역사적 해석들에 대해 토론하기: 연개소문은 영웅일까 독재자일까에 대해 글을 읽고 대답해보는 활동, 발해는 어느 나라 역사인지 의견을 말하는 활동 등

④ 역사적 사건이나 역사적 인물의 행위, 문화재에 대해 평가하기: 교과서에 나오는 관산성 전투에 대한 글을 읽고 누가 옳고 그르다고 생각하는지, 국가 간의 신의는 지켜질 수 있는지, 내가 생각하는 해결책은 무엇인지 쓰는 활동, 삼국통일과 관련하여 신라에 대한 모의재판 판결문(신라가 유죄인 사유를 2개 이상 제시)

을 작성하는 활동, 장보고에게 줄 표창장을 작성하는 활동, 석굴암을 묘사하는 시를 쓰는 활동 등

⑤ 과거와 현재를 비교하기: 월드컵 때 거리 응원이 철기 시대 제천 행사와 비슷한 점을 쓰는 활동 등

⑥ 과거를 본보기로 유추하여 현재의 문제를 해결하기: 삼국통일에 비추어 남북통일의 방법에 대해 생각해보는 활동, 임신서기석의 내용을 읽고 21세기 대한민국 청소년 선언문을 만드는 활동, (무신정권 시기 만적의 난 등을 공부한 뒤) 고려 시대 신분제와 같은 불평등이 일어나는 현상을 현대사회에서 두 가지 이상 찾고 왜 그렇게 생각하는지 적어보는 활동 등

유 선생님이 오랫동안 고심하면서 개발해온 활동들이다. 이러한 활동들은 어떤 역사인식론을 전제로 하는가? 유 선생님이 대학 생활을 하던 1980년대 역사를 공부하는 학생들의 필독서 중에 카의 『역사란 무엇인가』가 있었다. 그러나 유 선생님에게서 카의 '역사'만을 볼 수 있었던 것은 아니다. 오히려 여러 문제의식의 혼합의 결과로 나타난 유 선생님식의 역사교육을 위한 역사인식을 볼 수 있다.

앞의 ①-④는 역사의 '해석적 성격'을 경험해보게 유도하는 활동이다. ①은 과거인이 되어 과거를 이해하거나 과거의 문제를 해결하게 유도하는 활동이라고 할 수 있다. 선생님이 말한 감정이입, '나의 일로 생각'하게 유도하는 것이다. 감정이입의 대상이 된 사람들이 직접 쓴 자료(1차 사료)를 충분하게 제시하고 시간을 갖고 그 시기의 문화를 탐구하게 한다면 학생들이 과거 사람들의 정

신세계로 들어가 당시의 역사적 맥락이나 문화, 가치관 등을 고려하면서 인물의 정신 상태를 설명할 수 있지 않을까? ②는 주어진 사료들의 내용을 파악하고, 사료들의 내용을 상호 관련지어 사건이 어떻게, 왜 일어났는지에 대해 추론하는 활동이다. 사료들을 충분하게 제공하고, 심층적으로 분석할 수 있게 도와준다면 선생님이 경계하는 '맛만' 보는 것 이상의 사고를 자극할 수 있을 것이다. ③은 역사가가 되어 토론하는 활동이다. 학생이 관련된 자료들을 분석하고 증거로 사용하여 자신들의 논리를 만들어 토론에 참여하게 한다면 역사가들의 해석들이 어떻게 왜 다른가에 대해 생각해볼 수 있을 것이다. ④는 역사 해석에 개입하는 윤리적 문제에 대해 생각해볼 기회를 준다. 과거에 이루어진 행위에서 선과 악을 구별하고, 그것의 옳고 그름을 판단하는 것은 역사교육이라기보다는 윤리교육에 가깝다. 오늘날의 도덕적 규범을 가르치는 것에 초점이 있기 때문이다. 오늘날의 사회적 가치를 가르치는 데 역사를 활용하는 것이다. 이미 역사가의 '해석'을 제시하고 역사가 그렇게 해석한 근거를 찾아보라고 하는 활동도 있다. 역추론하게 하는 것이다.

①-④의 활동들은 이 책의 제1장에서 '역사적 사고와 역사적 문제 해결'이라고 했던 역사교육의 목적과 연결된다. 뿐만 아니라 이 책의 제3장에서 언급할 역사 연구자들이 강조하는 역사교육, 즉 역사가의 역사 연구 방법이나 태도를 경험하게 하는 역사교육, 역사 자료를 비판적으로 분석하여 사고하게 하는 역사교육과 연결된다.[4]

---

4 유 선생님이 학생에게 경험시키는 역사가의 비판적 사고나 태도는 역사 연구자들

유 선생님이 역사에서 가르쳐야 한다고 생각하는 것은 역사적 문제 해결 방법만은 아니다. 유 선생님은 과거가 현재 학생들에게 실질적인 의미로 살아나는 것을 더욱 중요하게 여긴다. ⑤와 ⑥은 과거와 현재를 직접 연결하는 활동이다. ⑤와 같이 과거와 현재를 단순하게 비교하는 활동은 초등 3-4학년에서 가르친다. 중학교 수준에서는 단순 비교 이상의 활동을 통해 초등 수준과의 차별화와 연계를 고민할 필요가 있지 않을까? 고려 시대 신분제와 같은 불평등이 일어나는 현상을 현대사회에서 찾는 등 ⑥의 활동은 역사를 '사회개혁적' 관점에서 접근하면서 과거 자체보다는 과거와 유사한 현재 문제를 확인하고 해결하도록 유도한다. 이러한 활동은 제1장에서 논했던 '유추, 본보기를 통한 현재 문제 해결로서 역사'를 추구하는 것이다. 과거와 현재의 문제들을 비교하기 위해서는 각각에 대해 서로 충분히 이해할 수 있는 자료가 제공되어야 한다. 그렇지 않을 경우 학생들에게 때로 탈맥락적 사고를 유도할 수 있다.[5]

종합적으로 보면 유 선생님이 배움책에서 제시한 활동들은 여러 각도와 층위에서 학생들의 사고를 자극할 수 있다. 크게 구

이 기대하는 것과 다르다. 그러나 중학생에게 역사가처럼 역사를 연구하게 할 수는 없고, 또 중학생이 그렇게 할 수도 없다. 전문가 양성을 목적으로 하는 것이 아닌 인문적 소양과 시민적 역량의 측면에서 학교 역사가 가르칠 수 있는 역사적 사고는 어떤 것인가? 이 문제에 대해서는 이 책의 제4장과 제5장에서 다시 논하겠다.

5 제1장에서 지적하였듯이, 현재와 다른 과거의 사회구조, 특정 공동체의 문화, 과거인이 상호작용했던 특수한 상황이나 조건에 대한 이해 없이 과거를 오늘날에 대비하는 것은 과거는 물론 현재에 대한 오해를 가져올 수 있다. '잘못된 유추(false analogy)'는 과거에 대한 오해뿐 아니라 현재에 대한 잘못된 문제 해결을 초래할 수 있다.

분해보면 과거의 시각에서 과거를 이해하게 하는 활동과, 현재의 틀과 시각에서 과거를 평가하거나 현재 문제를 해결하게 하는 활동들이다. 두 가지 활동에서는 공통적으로 학생들이 스스로 문제를 해결할 수 있는 능력을 키우고 도덕적 판단력을 기르도록 하겠다는 선생님의 의지를 읽을 수 있었다.

다만 학생들이 선생님의 설명을 먼저 듣고 수업 말미에 '잠깐' 활동하는 것이기 때문에, 선생님의 설명이나 관점에서 크게 벗어나 역사 자료를 비판적으로 분석하고 해석할 수 있을까 하는 의문이 들었다. 선생님은 학생들이 스스로 지식을 구성하는 활동을 비정규적인 특집이나 이벤트가 아니라 짧은 시간이더라도 정규 프로그램으로 편성하려고 했다. 그런데 10분 내외의 짧은 시간 안에 심층 탐구를 생략하고 이루어지는 이러한 활동들은 과거 사건들에 대한 피상적 분석이나 현재적 틀에서 이루어지는 윤리적 평가로 끝날 가능성이 크다. 실제 많은 학생들이 오늘날의 합리성을 준거로 과거인의 행위와 사고를 평가한다.

그럼에도 유 선생님이 과거를 현재와 직접 연결하고 비교하게 하는 까닭은 학생들이 과거의 일을 자신의 일로 느낄 수 있을 때만이 살아 있는 역사교육이 된다는 생각 때문일 것이다.

1980년대 역사를 죽은 과거로서가 아니라 나와 밀접하게 관련 있는, 살아 있는 것으로 가르쳐야 한다는 교사들의 문제의식은 1990-2000년대 전국역사교사모임으로 이어졌다. 이는 교사모임이 표방하는 역사교육의 방향이기도 했지만, 교사모임에 속하지 않은 1980년대와 90년대에 역사교사 교육을 받은 여러 교사들의 문제의식이기도 했다(김환수 2005: 157). 그런데 과거의 일을 항상

나의 일로 느끼게 해야 할까? 현재를 과거와 연결해야만 살아 있는 역사교육이 될까?

수업마다 반복되는 과거의 사건들에 대한 설명 속에서 학생들은 현재의 나와 전혀 상관이 없는 과거에 대해 왜 공부해야 하는지 회의하곤 한다. 교사도 마찬가지이다. 역사가 현재 학생들의 생활과 유리된 '죽은' 사람, 제도, 사건의 모음집이라고 생각하는 순간 그것을 가르치는 의미를 찾기는 쉽지 않다. 과거를 과거인의 시선으로 보게 해야 한다는 외침이나 주장은 현장을 모르는 이론가의 외침이라고 할 것이다.

다른 한편 현재인의 감각을 과거에 불어넣으면서 창작되는 문학, 드라마, 영화나 기타 예술계의 작품을 보면, 역으로 과거를 과거인의 시각에서만 읽어야 하는가라는 의문도 든다. 실제 유 선생님의 수업에서 역사와 문학, 혹은 음악 등을 결합하려 했던 시도들을 본다. 과거를 영감을 자극하는 창조의 원천으로 활용한 것이다.

학생들이 역사에서 현재 문제를 해결할 수 있는 지혜를 얻기를 바란다면 과거인을 현재의 무대에 올려 춤추게 연출하기보다는, 과거인에게 어떻게 문제를 해결했는가 물어볼 수 있는 장을 마련해야 한다. 우선 학생들이 스스로 과거라는 그림을 좀 더 촘촘하게 정성들여 그리게 하고, 그 그림 속에 과거인이 어디에 어떻게 서 있는지를 파악하게 한 후 그들에게 왜 그렇게 생각했는지, 어떻게 문제를 해결했는지 질문하게 해야 한다. 그리고 그들의 사고와 행위를 메타적으로 비교·분석해볼 기회를 주어야 한다.

3 도달하고자 하는 곳: 역사에서 지혜를 배워 문제를 해결하길

유 선생님은 종래에는 자신이 역사를 설명해야 한다고 생각해왔다. 그런데 최근에는 학생들이 역사적으로 사고할 기회를 주어야 한다는 생각으로 옮겨가고 있다고 했다. 그러나 선생님 스스로도 말하였듯이 이야기꾼으로서의 관성과 인식이 수업에 아직 강하게 영향력을 발휘하고 있다. 선생님은 기본적으로 학생들이 역사를 '기억'하길 바란다.

> 필자: 이러한 수업 방식을 통해 학생들이 무엇을 하길 기대하세요?
> 유 선생님: 내가 백 년 설명해줘 봤자 다 잊어먹는다는 생각이 들어서…. 스스로 찾으면 기억하겠지… 모든 것을 다 학생들이 하게 할 시간적 여유는 없고… 복잡한 것은 내가 설명해주고… 학생들에게 활동을 하게 하고 싶은데 시간이 부족하니까… 활동을 안 하면 뭔가 양이 안 차는 거예요. 그래서 매번 활동을 하거든요. 하기만 했지 도대체 아는가 하는 생각이 들어서 [두 개 하던 것에서] 하나를 뺀 거죠.

그리고 '기억'하게 하는 방법으로서 선생님의 설명보다는 학생들이 스스로 교과서를 읽고 정리하는 활동이 효과적이라고 생각한다. 그런데 '맥락'을 잡아주기 위해서는 교사의 설명이 필수적이라고 생각한다.

> 교사가 맥락을 잡아주고 흐름을 연결한 것을 바탕으로 학생들이 이런저런 활동을 하는 게 역사과 수업 스타일에 맞다고 생각해요.… 학생들의 활동이 많을수록 더 많이 배운다고 하는데 잘못하면 학생들이 막 머리를 맞대서 짧은 지식으로 오개념이라든가 또… 역사는 현실에서 자신이 직접 체험할 수 없는 게 많기 때문에 현실의 시각으로 재단해버린다거나 엉뚱한 역사상을 만들 수 있죠. (첫 번째 면담)

유 선생님은 자신이 설명하지 않으면 학생들이 오개념을 가지거나 시대착오적으로 이해할까봐 걱정했다. 그러면서도 학생들이 약간의 창의력을 발휘할 수 있는 장을 제공하고 싶어 했다. 유 선생님은 같은 얘기를 다른 표현으로 반복했다.

> 교사가 구상하고 학생들은 웬만하면 경로이탈하지 않게 길안내를 해놓고 거기서 조금 나름대로 다채로움을 더해봐라 이런 식의 설정이거든요. (두 번째 면담)
> 역사가 갖고 있는 내러티브를 살리면서 학생들도 자기 얘기를 할 수 있는 것. 저는 그걸 자료에 뭐라고 썼냐면 이야기 보태서 멋지게 만들기라고 썼는데…. (세 번째 면담)

유 선생님이 말하는 오개념과 '현실의 시각으로 재단해버린 엉뚱한 역사상'이란 신라 시기에 왕을 투표로 선출한다는 것과 같은 대답이다. 오개념 형성을 막기 위해 선생님은 학생이 자신이 들려준 이야기의 틀에서 크게 벗어나지 않으면서 '재치', '기발함', '창의성'을 발휘할 수 있게 수업을 구조화했다. 앞서 수업 분석에서 제시한 수업 구조가 만들어진 까닭, 즉 수업에서 선생님의 설명과 교과서 읽기에 많은 시간을 할애하고 학생 활동에 상당히 적은 시간을 배분한 까닭을 알 수 있었다. "선생님이 말씀하신 창의성은 역사적 맥락에 있어야 하는 거죠?"라고 물으니 "그게 가장 좋은 것이고 그냥 좀 기발하다 이런 거라도…"라고 답했다.

> 신라 말 개혁 방안에 대해 상소문을 쓰는 방식은 거의 십몇 년 된 고전적인 방식이에요. 해마다 사실 관성적으로 애들한테 해왔던 것인데…. 어떻게 보면 '감정이입'해서 문제를 해결해보라는 것. 또 하나는 기발하면서도 창의적인 답을 하면 좋겠다. 100여 명 가운데 딱 한 명 건질 만한 답이 있어요. [신라 말 최치원이 되어 올린 시무책으로] 녹읍 폐지하고 백성들에게 정전을 지급해야 한다고 대답한 학생이 있었는데 배운 것을 바탕으로 그러한 대답을 한 거예요.

유 선생님은 창의성을 "사람들이 전혀 연결하지 못한 두 가지를 서로 연결해서 새로운 것을 만들어내는 것"으로 정의한다. 예를 들어 엘리베이터에 거울을 설치해서 공간을 넓어 보이게 하는 것과 같다고 설명했다. 그런데 시무책과 관련된 학생 활동을 보면 선생님이 말하는 창의성이란 학생들이 역사적 지식을 활용하여 과거와 현재의 문제를 해결하는 것으로 이해된다. 다른 한편 석굴암 시를 창작하는 활동은 역사에서 문학적 영감을 얻길 기대하는 것이다.

하지만 실제 수업에서는 선생님의 바람과 달리 학생들이 과거와 현재의 문제를 역사적으로 해결하거나 역사에서 문학적인 영감을 얻는 데까지 이르지 못했다. 주어진 과제는 대체로 교과서 내용을 넘어 여러 자료나 정보를 분석하거나 연결해서 해결해야 하는 문제였다. 그런데 학생들은 새로운 이야기를 만들기 위해 선생님의 이야기에 무언가를 보태거나 빼야 하는지 또는 어떤 것을 변형해야 하는지, 또는 비교해서 공통점이나 차이점을 찾아야 하는지 등 무엇을 해야 하는지 몰랐다. 또한 교과서 이외에 보태거나 검토할 수 있는 정보들이 제공되지 않았다. 학생이 기억하고 있는, 이전에 배운 역사 지식도 없었다. 학생들에게 자료를 제공하고 그 자료들을 분석하게 하려면 충분한 시간이 필요하다. 그러나 학생들에게 주어진 과제 해결 시간은 매우 짧았다. 왜 이렇게 긴 설명과 짧은 활동의 수업 패턴을 만들었을까?

유 선생님에게 연수나 개인적인 공부, 또는 여러 공부 모임에서 유 선생님을 '매료시켰던 이론'이 어떤 것인지 물었다. 유 선생님은 '배움의 공동체' 이론이었다고 답했다. 선생님은 배움의 공동체 이론을 적용하여 학생 중심 수업을 만들고자 했다. 그러나 선생님의 수업에서 배움의 공동체 이론이 살아나지 못한다는 평을 동료 교사에게 들었다. 유 선생님이 쓴 역사 수업 사례집에는 '화려하고 다양한' 학생 활동 중심 수업으로 가득했다. 그런데 그 화려한 과거를 왜 등진 것일까? 어떤 문제의식이나 현장의 조건이 현재와 같은 수업을 만들었을까?

이 질문에 대해 유 선생님은 크게 세 가지 사연으로 대답했다. 첫째, 역사 수업 사례집에 실린 토론이나 연극과 같은 수업들은 설명식 수업을 하다가 가끔 이벤트성으로 진행한 것이었다. 그것을 평상시 수업으로 끌어들이고자 하면서 현재와 같은 배움의 공동체 수업을 개발했다. 둘째, "갈수록 학생들에게 시간—연극을 연습하거나 글을 쓰는 등 별도로 발표를 준비할—이 부족하다는 외부적 환경 변화의 문제"를 해결하고자 했다. 셋째, 전에는 자신이 수업을 잘 하면 된다고 생각했기 때문에 다양한 수업들을 개발했다. 그러나 이제는 학생들이 잘 이해하는가에 관심을 갖게 되면서 다양한 학생 활동을 개발하고 시도하게 되었다.

유 선생님은 한때 "역사는 사료가 전부다"라고 생각한 적이 있어서 사료집을 개발한 적도 있다고 했다. 그때는 사료를 학생들에게 어떻게 이해시킬 수 있을까라는 고민보다는 그저 사료를 활용하여 설명하면 한층 생생하게 역사를 가르칠 수 있을 것으로 생각했다고 회고했다. 요컨대 그러한 수업들에서는 교사인 '나'는 있었으나 '학생'이 빠져 있었다는 것이다. 이제 유 선생님은 '잘 가르친다'라는 것을 '학생들의 이해'라는 측면에서 정의하기 시작했다. 그리고 가끔이 아니라 매 수업에서 학생이 학습의 주체가 되는 순간이 있기를 바라게 됐다.

유 선생님은 한국 역사교육의 큰 틀과 문화를 바꿀 수 없는 현실 속에서 가능한 작은 변화를 꿈꿨다. 중학교 단계는 대학입시에 크게 영향을 받지 않는다. 또 최근에는 평가도 교사별로 할 수 있게 바뀌었다. 그렇다고 국가 교육과정과 교과서를 무시할 수 있는 정도의 교수적 자유를 누릴 수 있는 교육 문화는 아니다. 그리고 유 선생님은 기본적으로 종래처럼 선생님이 역사의 전체적인 흐름과 맥락을 설명해야 한다고 생각했다. 즉 학생들 스스로 역사를 구성하게 하면서 교사는 보조자로서 역할을 해야 한다는 구성주의 시각의 학습을 '좋은 수업'이라고 보지 않았다. 그럼에도 학생들이 배움의 중심이 되어야 한다는 울림을 품고 역사 수업을 하고 있었다.

그가 교사로서 성장해온 1980-90년대 정치·경제·문화적 환경, 현재 그를 둘러싼 역사교육 조건과 역사교사로서 자신의 경험에 대한 반성적 성찰을 통한 새로운 문제의식, 그가 속한 역사교육 관련 집단, 그리고 개인적으로는 이야기꾼으로서의 성향 등이 유 선생님이 역사에서 가르쳐야 할 것을 생각하게 하고, 그것을 배움책으로 구현하게 했다. 수업에서는 여전히 교사의 역사 이야기꾼으로서의 기질이 크게 부각되지만 그가 궁극적으로 추구하는 역사교육은 학생들의 '역사 이야기꾼화'이다.

학생이 역사 이야기꾼이 되게 하기 위해서는 교과서 내용을 넘어 학생들이 다각도에서, 여러 층위에서 생각해볼 수 있는 자료가 제공되어야 한다. 석굴암을 만든 까닭에 대해 다른 역사적 상상과 해석을 할 수 있게 자원을 제공하고 공간을 열어줄 필요가 있다.

그런데 학생이 역사적 맥락에서 크게 벗어나지 않으면서 역사적 개연성도 있게 석굴암을 만든 까닭을 설명하게 하려면 어느 정도의 공간을 열어주어야 하고 또 어느 정도의 정보와 자료를 제공해야 할까? 확실한 것은 현재와 같이 많은 내용을 설명해야 하는 역사교육 체제와 암기한 지식을 평가하는 평가 체제에서 유 선생님이 기대하는 '기발함'이 나오기는 어렵다는 점이다.

이 책의 제3장에서 설명하겠지만, 역사 연구자들은 학교 역사에서 역사가와 같은 비판적 사고력을 함양해야 한다고 주장한다. 그런데 일회적인 사료 혹은 과거 문서 읽기로 역사가처럼 비판적으로 사고하게 할 수 있는 것은 아니다. 역사가가 되기 위해서는 대학의 여러 강좌에서 꾸준히 역사서들을 비판적으로 읽고, 강독과 연습을 통해 사료를 분석하며, 여러 역사적 과제를 해결하면서 역사 글쓰기를 하는 '훈련'을 받아야 한다.

그런데 중학 역사 수업에서 역사가가 되는 훈련을 할 필요는 없다. 그리고 유 선생님은 그러한 '딱딱한 훈련'을 통해서는 학생들이 역사를 '재미있게' 학습할 수도 없고 '기발함'을 발휘할 수도 없다고 봤다. 역사 연구자는 자신의 내적 동기를 통해 '선택'으로 역사를 연구하지만, 초등학생과 중학생들은 내적 동기가 없더라도 '필수'로 역사를 학습해야 한다. 이러한 까닭에 '외적'으로 동기를 부여하는 것이 매우 중요하고, 그 외적 동기로 '재미'를 생각할 수밖에 없다. 유 선생님은 "역사를 아이들이 좋아하게 만드는 것이 꿈"이기 때문에 "한 가지 패턴으로 고정돼서 가는 것"보다는 "어떤 때는 토론의 맛도 좀 보고 어떤 때는 사료를 좀 진득하게 물고 늘어지고, 어떤 때는 인물에게 매료되어 말도 걸고 이렇게 다양한 자극을 주어서 그중에 뭐 하나 얻어 걸리면 좋은 거고"라고 생각했다. 그런데 그러한 방법으로 역사적 '기발함'을 체계적으로 키우기보다는, 이미 기발함이 있는 아이들이 놀 장소를 제공하는 것에 그치는 것은 아닐까? 체계적 방법을 통해 역사적으로 사고하게 할 것인가? 놀 장소를 제공하여 역사를 가지고 놀면서 이렇게 저렇게 활용하게 만들 것인가? 학생을 직접 마주해야 하는 학교 수업은 역사의 정당성과 실용성의 갈래에서 갈등하게 만든다.

창의성은 다채로움 이상의 것이 토대가 되어야 한다. "창의성을 계발하기 위해서는 어떤 한 가지 경험이 지속되어 숙달될 수 있도록 하는 체계적인 경험이 필요하며, 자신을 둘러싸고 있는 관행으로부터 벗어날 수 있는 기회, 다양성이 주는 흥미와 혼란 혹은 자유로움에 노출되는 것도 중요하다(강선주 2012: 63)." '체계적인 경험'의 축적을 위해서는 반복적이면서도 한 단계 한 단계 성장할 수 있는 경험들로 학습 활동들을 구성해야 한다. 학생들에게 자신이 무엇을 하고 있는지 메타적으로 분석해볼 기회를 주는 것이 중요하다. 학생들이 현재의 관행에서 벗어나 과거를 보고, 자신의 상식을 의심하고 현재와 다른 과거를 보면서 혼란을 맛보게 해야 한다. 이를 위해서는 학생들이 스스로 무언가를 만들었다 허물고, 또 만들 수 있는, 여기저기 채울 수 있는 무대와 자원을 제공해야 한다. 그런데 이는 결코 쉬운 일이 아니다. 그럼에도 그 두 가지를 함께 고려하면서 역사를 가르칠 수 있는 방안을 궁리해야 한다.

4 역사 수업 변화의 필요성: 역사에서 지혜를 얻게 하려면

유 선생님은 학생이 선생님이 들려준 이야기에 보태서 새로운 이야기를 할 수 있기를 기대했다. 유 선생님은 학생이 고정된, 주어진 지식을 그대로 받아들이는 것이 아니라, 자료를 분석하고 논증하고 지식을 구성하는 역사교육으로의 변화 방향을 설정하고 있었다. 그러나 유 선생님이 역사에서 가르쳐야 한다고 생각하는 것이 수업에서 그대로 실현되지 못하는 경우가 많았다. 어떻게 문제를 해결해야 할까? 우선 학생에 대한 이해가 필요하다.

학생들은 조선 시대 한문을 공부하는 의미나 문제를 현재 자신들이 한자를 공부하는 의미나 문제와 같다고 생각한다. 고려 시대 불교 문화를 현재의 불교 문화와 다르지 않다고 생각한다. 현재 우리 주변에서 볼 수 있는 것들이 과거에도 있었다면 그것은 현재와 다르지 않았을 것이라고 생각하는 것이다. 조선 시대 양반과 노비의 구분이 있는 신분제는 잘못된 것이고 양반이 노비를 때리는 행위는 어떤 경우라도 용납할 수 없다고 생각한다. 현재와 다른 가치 체계, 그리고 그 체계 속 과거 사람의 생각이나 행위를 오늘날의 가치 기준으로 평가하면서 비판한다. 이러한 그들의 사고가 왜 문제가 되는가? 사실 현재를 살아가는 데 아무런 문제가 되지 않는다. 그런데 그렇게 생각하면서 편협하지 않게 지혜롭게 살 수 있을까?

'살아 있는 역사', '현재와 관련된 역사'를 강조했던 블로크(2007: 73)는 칼뱅, 로욜라 등 과거 인간을 이해하기 위해서는 "그 시대의 상황으로 돌아가 당시의 정신적인 분위기에 젖어들어 우리 시대와는 다른 의식의 문제에 직면해야만 한다. 이것이 역사가의 첫 번째 의무이다"라고 했다. 유 선생님의 수업에는 '과거'를 과거인의 시선으로 보게 하는 장면들이 있었다. 그런데 학생이 과거를 과거인의 시선으로 보게 하기 위해서는 학생들에게 과거인이 문제를 인식하고 해결했던 사례들을 심층적으로 분석할 기회를 제공해야 한다. 그리하여 과거인이 그 문제를 해결하기 위해 무엇을 고려해야 했는지, 어떤 제약을 넘어야 했는지, 개인의 의지로 해결할 수 있었는지, 아니면 사회구조적이고 문화적인 변화를 통해서 해결했어야 하는 것인지 다각도에서 생각해보면서 통찰력을 키울 수 있게 해야 한다. 이는 왕건이나 이순신처럼 혹은 궁예나 선조처럼 행위하게 하거나 행위하지 않게 하는 것이 아니다. 그들의 행위를 현재의 가치관에 기초하여 선과 악으로 단순하게 구분하게 하는 것도 아니다. 우선 그들이 그렇게 행위를 한 까닭을 그 시기의 사회구조와 문화적 맥락 그리고 그들이 처했던 특수한 상황과 조건에서 여러 자료를 읽으면서 심층적으로 분석해보게 해야 한다. 그리고 그들을 둘러싸고 있던 사회제도나 구조, 문화에 대해 그들은 어떤 통찰력을 보여주고 또 보여주지 못하였는지를 분석하고 평가하면서, 역사적 패턴들을 찾아 문제 해결의 지혜를 얻게 해야 한다. 이 과정에서 학생들이 하나가 아닌 복수의 목소리를 듣고 또 복수의 목소리를 낼 수 있게 해야 한다.

만약 그 행위의 선과 악을 판단하게 하고자 한다면, 그 선과 악이 개인의 성품에서 비롯된 것인지 아니면, 개인을 둘러싼 상황 때문이었는지, 또는 개인이 당연하게 받아들였던 사회구조와 문화의 제약 때문이었는지, 아니면 여러 가지 요인이 복합적으로 작용한 것인지 등을 생각해보게 해야 한다.

학생들이 스스로 역사 지식을 구성하기 위해서는 역사에서 낯선 과거와 만나 자신이 '당연하다'고 알고 있는 인간과 사회에 대한 지식이 당연하지 않을 수 있다는 '혼란'에도 빠져보고, '전형'이고 '보편'이라고 생각했던 것이 어쩌면 '편견'일 수도 있다는 자각을 해볼 수 있어야 한다. 오히려 유 선생님이 이벤트성으로 진행했던 토론식, 드라마식 수업이 아이들에게 매우 강렬한 자극을 주어 그들이 '뭔가'를 심층적으로 생각하면서 배우고 그리하여 '변하게' 하지 않았을까? 그러나 그러한 이벤트성 수업은 현실의 벽에 강하게 부딪힌다. 종래 이벤트성 수업의 정규 프로그램 편성을 위한 부분적인, 타협적인 변화가 아니라 근본적인 혁신이 절실하다.

많은 역사교육자들이 지속적으로 추구해온 '살아 있는 과거를 가르치는 과제'는 학생들이 역사적 문제 해결의 경험을 체계적으로 축적하여 역사 이해의 지평을 확장할 수 있도록 '인내'하고 보조함으로써 해결해야 한다.

제2부

역사교육에서 사고와 지혜

역사를 가르치는 교사의 고민과 지향을 크게 두 가지 군으로 구분해볼 수 있다. 정체성, 교훈, 현재문제 해결, 지혜 등이 하나의 고민군이라면 비판적 사고, 창의적 사고, 문제해결능력 등이 다른 하나의 고민군이다. 그런데 이는 교사만이 아니라, 역사교육에 관계하는 역사가와 역사교육연구자의 고민이기도 하다. 이 두 가지는 분리된 것일까? 특히 한국의 교사들은 역사가 교훈, 현실 문제를 해결할 수 있는 지혜를 주어야 한다는 생각이 강하다. 학교 역사는 어떤 사고와 지혜를 가르쳐야 할까? 또 정체성 문제와 어떻게 관계해야 할까?

2014년 고등학교 근현대사 교과서 논쟁이 심화되면서 『역사비평』은 〈역사교육을 묻는다〉라는 기획을 통해 역사교육의 목적이 '국가(국민) 정체성'인가 '비판적 사고 능력'의 배양인가라는 질문을 11명의 연구자와 교육자에게 던졌다. 〈역사교육을 묻는다〉의 기획자는 "특정 방향의 역사에 대한 긍정적 기억의 창출을 통해 역사가 정치적으로 오용되거나 권력에 의해 악용되는 일"이 흔했는데, "그와 같은 정치적 오용이나 악용을 막기 위해서 그 정체성의 특정 내용과 방향을 문제 삼아야 하는가, 아니면 역사교육은 어떤 정체성 형성에서 벗어나 비판적인 역사의식 함양이나 개방적이고 다원적인 역사상의 형성에 기여해야 하는가?"라고 질문했다(『역사비평』 107, 2014). 이러한 질문 뒤에는 2010년대 근현대사 교과서 논쟁, 2011, 2015년 역사교육과정 개정 과정에서 일어났던 민주주의 논쟁 등이 있다. 그러나 역사교육의 목적이 특정한 방향의 정체성 형성인가 아니면 비판적 사고 능력의 배양인가라는 논쟁은 이전부터 지속되어왔다. 이러한 역사교육의 목적과 내용에 대한 논쟁은 다른 나라들에서도 역시 이루어지고 있다.

심콕스와 윌셔트(Symcox and Wilschut 2009: 5)는 전 세계적으로 일어나고 있는 역사교육과정 논쟁에 대해 역사교육인들이 취하는 입장을 다음과 같이 제시했다.

> 첫째, 시민성과 애국심을 배양하기 위해 과거 역사와 관련된 복잡하지 않은, 단일한 국가/민족 서사를 제공하려는 전통적이고 보수적인 경향
> 둘째, 과거에 대한 다문화주의적 접근의 여지를 제공하고, 지구적 관점에서 다원적 교육과정을 추구하는 '진보적 근대 세계'를 지향하는 경향
> 셋째, 교육과정에 포함되어야 할 사실적 내용에는 관심이 없고, 역사적 사고와 개념들에 중심을 두는 역사학적 접근법의 가치를 강조하는 교육주의적 경향

그들은 첫째와 둘째 경향에 대해 보수적이건 진보적이건 특

정한 정치적 목적을 위해 역사교육이 봉사할 것을 원한다는 점에서 모두 '전통적인' 입장이라고 분류한다(Symcox and Wilschut 2009: 5). 그리고 셋째 경향인 비정치적 교육주의적 입장이 앞으로 교육과정 논쟁에서 중요한 역할을 할 것이라고 본다. 일반적으로 앞의 두 가지 경향을 집합기억 접근법(collective memory approach) 또는 정체성 입장(identity stance)이라고 한다. 마지막 경향은 학문적 접근법(disciplinary approach)과 간학문적 접근법(interdisciplinary approach)이 모두 포함되는데 이 접근법들은 연구 방법과 개념을 가르치고 사고 능력을 함양하는 데 중점을 둔다. 그런데 정체성과 비판적 사고, 이 두 가지는 선택의 문제인가? 그리고 각각은 역사교육을 다른 틀로 정의하게 하는가? 역사교육에서 비판적 사고와 정체성을 함께 추구할 수 있는 방법은 없는가? 제2부에서는 비판적 사고에 초점을 맞추고 제3부에서는 정체성의 문제에 초점을 맞추어 이 질문에 대해 대답을 해보려고 한다. 우선 제2부에서는 비판적 사고에 대해 살펴보겠다.

세계사를 학습한 많은 학생들이 '카노사의 굴욕'을 기억한다. 그러나 그 사건이 어떤 사건이었는지 설명하는 학생은 많지 않다. 간혹 설명을 해도, 그 사건의 의미를 유럽 중세 교회와 정치 권력의 관계 속에서 깊이 있게 해석하거나, 그 사건에 대한 역사적 통찰에 기초하여 권력의 문제에 대해 논하는 학생을 찾기는 쉽지 않다. 역사적 통찰, 유 선생님이 추구한 '지혜'는 어떻게 키울 수 있을까? 우선 그동안 지속적으로 비판되어온, 역사 공부를 지식의 일시적인 암기로 생각하게 하는 역사교육 체제와 문화의 변화가 필요하다. 역사를 암기해야 할 대상이 아니라, 분석과 해석의 과정이자 결과로, 토론 과정으로 생각할 수 있게 가르쳐야 한다. 이를 위해 과거의 문서를 직접 해석하고 토론하는 과정을 통해 역사를 구성해보게 하는 것이 중요하다.

그런데 제2장에서 유 선생님은 과거의 문서를 읽게 하는 수업의 반복은 기능의 연마로 흐를 수 있으며, 학생이 역사를 지루한 과목으로 인식하게 할 수 있고, 나아가 학생의 삶에 어떤 의미도 주지 못할 수 있다고 경계한다. 역사 수업에서 과거 문서를 비판적으로 읽으면서 논쟁하고 역사를 이해하고 쓰게 하며, 교사들이 바라는 현재 문제를 해결하는 지혜를 얻게 할 수는 없을까? 단 하나의 방법으로 해결할 수 있는 문제는 아니다. 다만 이 책에서는 과거의 문서를 읽으면서 역사적으로 사고하는 한편, 인간과 사회의 문제를 해결하는 지혜를 키울 수 있는 방안을 제안해보고자 한다. 이를 위해 제3장에서는 비판적 사고와 역사적 사고에 대한 연구자들의 이론적 논의를 검토한다. 제4장에서는 역사적 문서 읽기에 대한 몇몇 연구자의 이론을 살펴보고 한국 역사가들이 문서를 읽고 해석한 양상을 살펴 역사적 문서 읽기 수업의 기초적인 틀을 제안한다. 그리고 제5장에서는 학생이 과거의 문서를 읽고 해석한 양상을 살펴서 역사적 문서 읽기 수업의 실제적 측면에서 유의해야 할 점을 제시한다.

제4장과 제5장은 역사가와 7학년에서 10학년까지 학생의 문서 읽기 양상을 분석한 연구에 기초한다. 연구는 2013년에 심층 면접을 하는 방식으로 이루어졌다. 연구 대상에게 문서를 제시하고 읽게 한 후 대화를 나누는 방식이다. 연구 대상인 역사가는 두 명이었으며 모두 남성이었고 40대 후반이었다. 역사가 A는 조선

전기 전공자이며, 역사가 B는 조선후기 전공자이다. 역사가 A는 연구에서 사용한 문서가 자신이 대학의 교양 과정에서 다루었던 것이라고 했다. 그는 영웅사관과 민중사관에 대해 강의할 때 세종의 훈민정음 창제를 예시로 들며 자신은 민중사관을 갖고 있다고 말했다. 또한 역사가 A는 자신의 사관이 문서 해석에 크게 작용한다고 말했다. 역사가 B는 이 연구에서 사용한 문서의 존재를 알지만 치밀하게 분석해본 적도 없고, 수업에서 사용해본 적도 없다. 두 연구자가 문서를 접한 경험과 문서에 대한 역사적 지식은 달랐지만, 두 사람이 말하는 조선 시대의 거대한 문화는 동질적이었다.

연구 대상인 학생은 경기도와 서울의 사회경제적 수준이 중간(중중이나 중하) 정도 되는 지역에 있는 학교에서 선발했다. 그 지역에서 교사가 기꺼이 협조해주는 초·중·고등학교 각각 한 학교씩, 총 6개 학교를 찾았다. 초등학교에서는 담임교사에게 학생의 성적을 상, 중, 하로 구분하고 각 3명씩 섭외해 줄 것을, 중·고등학교에서는 역사교사에게 학생들의 역사 성적을 상, 중, 하로 구분하고 각각 3명 정도씩을 섭외해줄 것을 부탁했다. 한 학교의 한 학년당 9명에서 10명 정도를 섭외하여 조용한 방에서 학생과 일대일로 대화하는 방식을 취했다. 면접은 학생, 역사가 A, 역사가 B의 순서로 이루어졌다.

역사가에게는 문서들을 제시하고 해석해달라고 했고, 학생에게는 제시한 문서들을 읽은 후 질문에 대답해달라고 했다. 제시한 문서들은 ① 『훈민정음 해례본』 서문의 일부, ② 최만리 등 집현전 학자들의 훈민정음 반대 상소문을 편집한 글(『세종실록』 중에서),

③ 최만리 등의 상소문에 대한 세종의 대응(『세종실록』 중에서)이다. 연구에서는 역사가와 학생의 과거 읽기 양상을 유형화하는 데 초점을 맞추었다.

제3장

비판적 사고와 역사적 사고

1 역사에서 비판적 사고

역사가들은 역사에서 가르쳐야 할 비판적 사고 능력을 어떻게 설명하는가? 정병욱(2014: 127)은 “비판적 사고 능력이 무슨 대단한 경지를 의미하는 것”이 아니라 “누구나 자기 삶에 비추어 주위를 둘러보면 가질 수 있는 평등한 능력이라고 생각”한다면 “역사교육은 그것이 충분히 발휘되도록 봉사해야 한다”고 주장했다. 비판적 사고 능력을 하나로 정의하기는 어렵다. 많은 연구자는 비판적 사고를 소크라테스의 문답법, 또 토마스 아퀴나스나 로저 베이컨 등의 비판적 사고 이론들과 함께 논한다. 그들의 이론들은 특정 분야에 한정되지 않고 철학, 윤리학, 정치학, 사회학 등에서 학문과 교육을 하는 자세이자 방법으로 원용된다. 인터넷에서 쉽게 접할 수 있는 교육학 사전에서는 ‘비판적인 사고 능력’을 다음과 같이 제시한다.

> 어떤 사태에 처했을 때 감정 또는 편견에 사로잡히거나 권위에 맹종하지 않고 합리적이고 논리적으로 분석·평가·분류하는 사고 과정. 즉, 객관적 증거에 비추어 사태를 비교·검토하고 인과관계를 명

백히 하여 여기서 얻어진 판단에 따라 결론을 맺거나 행동하는 과정을 말한다. (교육학용어사전, 2016. 5. 1. 네이버 검색)

포털 사이트에서 '비판적 사고'를 검색하면, 주로 '교육학'의 용어 해설이 등장한다. 위의 설명 이외에 "…참이라고 주장되는 진술이나 명제에 대해 그러한 진술의 의미를 파악하고 제공된 증거와 추론을 검사하고 사실들에 대해 판정하는 과정"(HRD 용어 사전, 2016. 5. 13. 네이버 검색)이라고 설명하는 사전도 있다. 정병욱 등 역사 연구자들이 말한 비판적 사고가 그와 같은 개념이라면 비판적 사고 능력은 역사과만 키울 수 있는 것이 아니라 인문사회 모든 교과에서 개발하려고 노력하는 것이다. 즉 그러한 사고는 일상생활에서 신문 읽기나 TV를 시청하면서도 필요한 능력이자 태도이다.

나인호(2014: 97)는 미국 및 유럽에서는 비판적 역사 읽기가 주가 되는 수업을 하고, 그 수업에서는 "역사 지식을 만들어내는 역사학자들의 태도를 체험", "즉 하위징아의 '역사란 과거가 우리에게 던져주는 의미를 해석하는 것'이라는 말에 충실한 교육"을 하는 데 반해, 우리의 경우 "역사 연구자로서의 훈련이 부족한, 따라서 연구자로서의 소양과 감수성이 떨어지는 교사들이 역사 지식을 학생들에게 타율적으로 주입하고 더 나아가 암기하게 한다"면서 "과연 이것이 '올바른 역사의식'을 함양하는 역사교육일까?"라고 비판했다. 그리고 그 문제의 원인을 역사교사 양성체제에서 찾았다. 한국에서는 사학과가 아닌 역사교육과가 교사 양성을 독점하면서, 교사들이 역사 연구자로서 훈련이 부족하여 비판적 사고를 가르치지 못한다는 것이다. 나인호(2014)가 '역사가의 태도를 체험'하는 교육을 주장한 것을 보면 그가 생각하는 '역사가의 비판적 사고' 혹은 '비판적 역사 읽기'는 보통사람이 일상적으로 신문을 읽을 때 필요한 '비판적 사고'와는 다른, 역사가만의 독특한 사고를 의미하는 것으로 보인다.

이만열(2014: 41-43)은 역사 연구 과정에서 '역사적 실체를 발견하려고' 사료 비판에서부터 비판적 사고를 적용하면 자연스럽게 비판적 사고 능력을 키워줄 수 있다고 주장했다. 그는 "역사 연구에서 진실을 밝히는 과정 자체가 거듭된 비판적 사고를 통해 수행되는 것"이라고 설명했다. 그리고 "역사교육은 처음부터 역사적 사실을 비판적으로 볼 수 있도록 그 비판적 안목을 배양하는 데 목표를 두어야"한다고 주장했다. 이만열이 말하는 '비판적 사고 능력'은 역사가의 연구 과정 중에, 특히 사료 작업 과정에서 키워 줄 수 있는 능력이다. 최우석(2014: 64-65)도 "연구자가 수행하는 연구 과정을 학생이 직접 경험해보고 학생 나름의 '역사 서술'을 경험하게 해보는 것, 사료를 통해 직접 과거와 마주하고 자신만의 역사상을 구성"하는 경험이 비판적 사고 능력 향상에 중요하다고 주장했다. 역사에서의 비판적 사고는 역사가처럼 직접 사료를 분석하고 역사를 쓰는 과정과 연결되지만 사료 분석에만 국한되지는 않는다. 역사가들이 쓴 역사를 읽을 때도 비판적 사고가 발휘되어야 한다.

앞에서 언급한 역사 연구자들의 비판적 사고 능력에 대한 설명을 사전에서 정의한 비판적 사고의 개념과 연결하여 '역사에서 비판적 사고'를 정의하자면, 사료를 편견이나 감정에 사로잡히지 않고 분석·평가·분류하는 사고 과정으로서 증거에 비추어 사태를 비교·검토하고 인과관계를 명백히 하여 여기서 얻어진 판단에 따라 역사를 쓰는 과정이라고 할 수 있다. 비판적 사고는 의문이나 회의로 시작한다. 사회에 대한 불만이나 비판의식이 회의하게 하고 의문을 갖게 하면서 비판적으로 사고하게 할 수도 있지만, 자신의 지식에 도전하는 새로운 지식이 의문을 갖게 하고 탐구로 안내할 수도 있다. 학교는 주로 후자의 방식으로 학생들에게 비판적 사고를 가르친다. 사람들이 자신의 선행 지식에 도전하는 새로운 지식에 접하면서 보이는 반응은 다양하다. 어떤 사람은 자신의 선행 지식을 폐기하고 새로운 지식을 쉽게 받아들이며 또 어떤 사람은 자신의 선행 지식을 고수하면서 새로운 지식을 거부하거나 반박한다. 그런데 또 다른 사람은 내가 잘못 알았나 생각하면서 질문을 던지고 관련된 자료들을 찾으면서 비판적 사고의 길로 들어선다.

한 초등교사는 신라 말기 6두품 계층이 당에 유학을 간 까닭이 신라의 골품제에 대한 불만 때문이었다고 알고 있었다. 그런데 그 때문이 아니라, 같은 6두품 내에서도 당 유학을 하고 온 사람이 골품 내의 더 높은 직위에 올라갈 수 있다고 여겼던 집단 심성과 관련된다는 새로운 주장을 들었다. 두 해석 사이의 차이는 그 교사에게 자기가 알고 있는 지식에 대해 의문을 갖게 하고, 관련된 자료와 여러 전문가의 의견들을 찾아보게 했다. 이렇게 특정 주장에 대한 의문은 관련된 자료를 수집하고 비교·분석 및 평가하며 타당한 증거를 제시하면서 자신의 지식을 수정하는 데, 혹은 다른 사람의 주장을 반박하는 데까지 이르게 한다.

그런데 역사과와 다른 교과가 정의하는 비판적 사고 능력이 다를까? 제2차 세계대전은 언제 시작되었나? 중·일전쟁이 시작되는 1937년인가? 아니면 독일과 소비에트 사회주의 공화국 연방의 폴란드 침공이 시작된 1939년인가? 혹은 일본의 미국 공격이 시작된 1941년인가? 이 질문에 대해 역사학자와 정치학자가 자료를 비교·분석하고 평가하는 비판적 사고 과정은 다르지 않을 것이다. 비판적 사고를 학문에 따라 다르게 정의할 수도 없고 또 정의할 필요도 없다. 다만 역사를 읽고 연구하고 쓰는 과정에서도 비판적 사고는 필수적이라고 할 수 있을 뿐이다.

그렇다면 역사와 사회과학의 연구 방법상 차이가 없는가? 어떤 역사교육 연구자는 역사가는 역사적 사실의 고유성과 특수성에 관심이 있고 사회과학자는 일반화에 관심이 있다고 구분한다. 그러나 역사가도 개별 사실만이 아니라 시공간을 넘어 반복되는 현상을 찾고 역사적 패턴에 주목하여 인간 사회를 설명한다. 또 혁명, 민족, 국가, 가족, 계급 등과 같은 사회과학에서 온 개념을 활용하여 역사를 설명한다. 영국의 명예혁명, 프랑스의 시민혁명, 미국의 독립혁명 등을 개별적으로 연구하지만 혁명이라는 용어를 통해 역사적 패턴을 보여주는 것이다. 카(2007: 98)는 "역사가의 진정한 관심은 특수한 것에 있는 것이 아니라 특수한 것 안에 있는 일반적인 것에 있다"고 했다. 사회사, 경제사, 문화사 등의 연구 방법은 사회학, 경제학, 문화인류학 등의 사회과학과 연결된다. 특히 20세기 초 프랑스의 아날학파, 독일의 사회과학적 역사, 미국의 신역사 등은 사회과학적 연구 방법을 받아들여 역사를 연구했으며, 최근 문화사는 문화인류학이나 해석학 등의 연구 방법과 개념을 차용했다. 이와 반대로 경제학자나 정치학자는 경제나 정치 현상을 역사적으로 설명하면서 개별적인 역사적 사실의 특수성에 주목하기도 한다. 이렇게 보면 역사학과 사회과학을 연구 방법의 측면에서 구분할 수 있는가, 또 사회과학과 역사학에서 말하는 비판적 사고가 서로 다른 것인가라는 의문이 든다. 이렇게 연구 방법을 뚜렷하게 구분하기 어렵다면 역사교육과 사회과교육에서 가르쳐야 할 탐구 방법이나 비판적 사고도 굳이 구분할 필요가 있을까?

그런데 이미 이 책의 '책머리에'에서 지적했듯이 역사가의 역사 연구와 학생의 역사 학습은 다른 조건 속에서 다른 목적으로 이루어진다. 사회과학의 연구와 사회과교육도 마찬가지이다. 이러한 점에 유의하면서 역사교육과 사회과교육에서 비판적 사고의 문제에 접근해야 한다.

2 역사교육계의 '역사적 사고' 논의

2000년대 한국 역사교육계에서 가장 많이 거론된 '역사적 사고' 이론은 김한종과 최상훈의 이론이다. 그런데 학생이 '역사적으로 사고'하게 역사를 가르쳐야 한다는 주장은 이미 1960년대와 1970년대에 이정인(1963), 강우철(1974, 1978b, 1978c), 송춘영(1986) 등의 연구자에 의해 제기되었다. 이정인(1963: 193)은 "역사교육의 목적은 사실(史實)이나 사관(史觀)을 가르치는 것이 아니고 역사적 사고력을 길러 아동이 당면하고 있는 문제를 해결하는 능력을 키워주기 위함"이라고 주장했다. 이정인(1963: 194)이 역사적 사고력을 강조했던 까닭은 당시 역사교육이 국민(초등)학교부터 "입시준비에 열중하는 나머지 史實을 암기시키는 주입식 학습을 통한 역사교육을 면치 못하고 있는 형편"이었고, 따라서 역사적 사고력이 미약한 상태로 중학교에 진학하든지 사회인이 되었기 때문이다. 강우철(1974: 20)은 "역사의식은 사물에 대하여 역사적으로 사고하고 비판하는 능력의 바탕을 이루는 것이고 이는 역사 학습을 통하여 이루어지며 또 부단히 차원을 높여가는 것이다"라고 말했다.[1] 송춘영(1986: 932)은 "역사교육의 본령은 단순한 사실을 암기하거나 이고위감(以古爲鑑)이라는 교훈을 얻는 데 그 목적이 있는 것이 아니라, 바람직한 역사의식을 길러 역사적 사실을 객관적으로 파악하고 역사적 능력과 태도를 기르는 데 있다"고 강조했다.[2]

이정인, 강우철, 송춘영 등은 사회과의 틀에서 역사를 추구했던 연구자들로 듀이의 진보주의 교육관과 브루너의 학문 중심 교육과정 이론에 기초하여 주입식, 암기 위주 역사 수업의 문제를 해결하고자 했다. 1970년대 학문 중심 교육과정 이론이 발달함에 따라 학문적 접근 방법의 하나로 탐구학습을 중요시하게 되었다(송춘영 1986: 933). 탐구 과정을 중시하면서 반성적 사고, 탐구 기능도 강조하였다. 역사교육계는 역사의식을 역사교육의 목적으로 강조하고 학생들의 역사의식을 신장하기 위해서는 학생들의 발달단계에 맞게 교육과정, 교재 그리고 학습방법을 개발해야 한다고 주장했다. 이정인, 강우철, 송춘영 등은 역사가의 사료 작업에 기초하여 '역사적 능력'을 정의했고 역사적 능력 함양을 위해 사료학습을 강조했다. 이러한 역사교육은 이만열이나 나인호 등이 강

1 강우철(1974: 20)은 역사의식을 '자료를 다루는 능력'과 '역사를 이해하는 능력'으로 구분했다. 그 내용은 다음과 같다. "자료를 다루는 능력은 사료의 판단, 사료의 외적 비판, 사료의 내적 비판이라고 하는 역사학적 연구 방법의 학습 지도 방법화의 가능성이다.… 또한 사료에서 그것이 어떤 제한점을 가지고 있느냐를 알아야만 그릇된 역사소설이나 드라마를 보아도 그것을 비판할 수 있는 능력이 생긴다."

2 송춘영(1986: 933)은 역사적 능력을 다음과 같이 정의했다. "역사적 능력이란 학습에 필요한 자료를 수집·분석하고 비판·해석하며, 종합·정리하여 역사적 사실을 객관적으로 바르게 파악하려는 능력이라 하겠다. 그러므로 역사적 능력은 자료의 수집력·비판력·사고력·해석력·독사력(讀史力)·추리력·관련비교력·이해력·적용력 등을 총칭하는 광의의 개념이라 하겠다."

조한, 사료를 비판적으로 검토하여 역사를 쓰는 '역사가의 태도'를 가르치는 역사교육의 방향과 다르지 않다.

학생들이 역사적으로 사고하게 가르쳐야 한다는 주장은 1960년대에 교사의 일방적인 지식 주입과 학생의 무비판적인 지식 암기라는 역사 수업 관행의 문제를 비판하면서 제기되었다. 1980년대에는 국정 역사교과서 체제하에서 역사교육이 정치적 이데올로기 '주입'의 장이 되었던 현실을 비판하면서 역사적 사고력을 강조하였다. 1980년대 말, 1990년대에는 사회과 통합 담론이 거세지면서 역사적 사고력은 역사의 '특수성'을 확인하고 역사과 존립을 정당화하는 근거가 되었다. 김한종(1997: 336-341)은 이정인, 강우철, 송춘영 등의 역사적 사고 능력에 대한 논의를 역사의 영역고유 인지 이론 측면에서 계승·발전시켰다. 그는 역사적 사고력을 역사적 탐구력과 역사적 상상력으로 구분하고 역사적 탐구력은 사회과학과 다르지 않지만, 역사적 상상력은 사회과학과 구별되는 역사의 고유한 인지 영역이라고 주장했다. 특히 영국의 역사교육 이론을 참조하면서 '감정이입'과 콜링우드의 '추체험'을 역사적 상상력의 핵심적 요소로 설정했다. 이후 최상훈(2000; 2005)은 역사적 사고력을 연대기적 사고, 역사적 탐구력, 역사적 상상력, 역사적 판단력으로 세분했지만 김한종과 같은 역사 인식론을 배경으로 하여 감정이입과 추체험을 역사적 상상력의 중요 하위 범주로 제시했다.

감정이입은 영국의 '신역사(new history)' 계열 역사교육에서 강조하는 개념이다. 이병련(2016: 41)은 독일의 역사교육에서 '관점의 수용(관점 취하기)'이 역사 이론에서 '이해'에 해당하는 개념인데, 이 개념이 한국에서는 '감정이입'이라는 개념으로 사용된다고 했다. 그런데 독일의 역사적 사고나 역사의식, 역사적 역량 등에 대한 연구에서 감정이입이나 '관점의 수용'이라는 개념은 찾기 어렵다(Borries 2009). 영국과 독일은 다른 전통에서 역사적 사고와 역사의식을 추구하기 때문이다.

1990년대 한국은 영국 계열의 역사교육 이론을 전유하면서 역사적 사고의 독특한 범주로 감정이입을 강조했다. 영국에서는 학생들에게 역사적 감정이입을 유도하기 위해서는 반드시 사료를 읽게 해야 한다고 주장한다. 그러나 한국의 연구자들은 사료 읽기를 전제하지 않는다. 영국 역사교육계에서는 역사적 감정이입을 일상적 감정이입과 구분한다. 그러나 제2장에 언급된 유 선생님의 설명에서도 알 수 있듯이, 한국의 역사 수업 실천에서는 일상적 감정이입과 역사적 감정이입을 구분하지 않는다. 때로 사회적 문제를 자기 문제로 여기게 하겠다는 사회 실천적 문제의식이 역사에서 일상적 감정이입과 역사적 감정이입을 구별하지 않게 한다. 그러나 일상적 감정이입은 윤리, 사회, 국어 등의 교과에서는 물론 생활지도에서도 역지사지의 개념으로 강조하는 것이다. 오늘날과 근접한 과거를 이해하는 데는 일상적 감정이입과 역사적 감정이입을 구별할 필요가 없다. 그러나 오늘날 우리와 전혀 다른 체제와 문화에 살았던 과거인을 이해하는 데는 일상적 감정이입 이상의 것이 요구된다.

역사교사들의 감정이입을 잘못 이해하고 또 잘못 실행하고 있다는 비판은 영국에서 있었다(Knight 1989; 강선주 2015b: 291-

292).[3] 잘못 이해하는 양상은 한국과 크게 다르지 않았다. 교사와 학생이 과거인에 감정이입하지 못하고, 오히려 과거인을 현재 자신과 같은 문화에 있는 사람으로 착각하여 그들이 자신처럼 생각하고 행위했을 것이라고 시대착오적으로 해석하는 것이다. 여기에 과거인에게 감정이입하는 것이 과연 바람직한가라는 윤리적 문제도 제기되었다(Low-Beer 1989). 역사적으로 비판받는 사람, 예를 들면 히틀러를 이해하기 위해 히틀러에 감정이입을 해야 하는가라는 질문을 하는 것이다. 또 인식론적 차원에서 과거인에게 감정이입한다는 것이 가능한가에 대한 논쟁도 있다(Cairns 1989; Jenkins and Brickley 1989; 조승래 2000; Davis Jr., Yeager, and Foster 2001; 김한종 2009: 197-213).

한국에서 김한종과 최상훈의 '역사적 사고력' 이론은 정립됨과 동시에 그 이론이 어떤 정치적 역학 관계에서 생성되고 확산되었는가 분석되었다. 즉 사회과 통합 논의 속에서 역사과의 독립

---

3 이병련(2016)에 따르면 독일의 보리에스(B. Borries)는 경험적 연구에서 '관점 수용 능력(관점 취하기 혹은 감정이입)'이 역사 수업에서 큰 역할을 하지 못했던 것으로 평가했다. 최근 독일의 여러 역사학자, 역사교육 연구자들은 학생의 '역사적 감정이입' 가능성에 대해 부정적이다. 역사가도 감정이입을 하기 위해서는 매우 많은 사료들을 봐야 한다는 점이나 인식론적으로 가능하지 않다는 점을 지적한다. '감정이입'은 영국의 역사교육 연구자들이 강조하는 개념이다. 그러나 나이트(Knight 1989)는 영국에서도 학생들이 제대로 감정이입을 하지 못한다는 점, 그 개념 자체를 교사들이 혼동하고 있다는 점에 대해서 일찍부터 문제로 지적했다. 최근 리와 쉐밀트(Lee and Shemilt 2011)는 역사교육 현장에서 단순히 여러 종류의 학습자 활동을 통해 감정이입을 할 수 있는 것으로 잘못 알고 있다는 점을 지적하면서, 감정이입은 '사료 읽기'를 전제로 해야 한다는 점을 강조했다. 그러나 한국의 연구자들은 사료 읽기와 관계없이 여러 학습 활동을 통해 역사적으로 감정이입을 할 수 있다고 주장한다. 즉 한국과 영국 역사교육계의 감정이입 논의는 차이가 있다.

을 주장하기 위해 역사의 고유한 사고력을 강조했다고 하면서 그 이론의 정당성을 의심했다(양호환 2003). 이후 역사적 사고력과 관련된 국내 연구는 주로 역사 읽기 및 쓰기와 연결되어 논의되었다. 특히 와인버그(Wineburg 2001; 2007)가 비전문가와 역사전문가의 텍스트 읽기 과정을 비교 관찰하여 비전문가에게서는 보이지 않는 역사가의 독특한 읽기 과정을 범주화하여 제시한 연구가 많이 거론된다. 역사적 사고는 하나로 정의할 수 없다. 또한 역사적 사고력을 함양하는 방법도 매우 다양하게 논의된다. 그런데 강우철(1974), 송춘영(1986), 와인버그(Wineburg 2001; 2007), 반슬레드라이트(VanSledright 2004) 등 역사적 사고력을 정의한 국내외 여러 연구자들은 주로 사료 혹은 텍스트 읽기 과정과 관련시켜 역사적 사고력을 범주화했다.

3 '당시 사람에게 각인된 의미 해석하기'의 중요성

역사적 사고를 과거의 문서 읽기 과정에 국한하여 정의할 수는 없다. 역사적 질문을 던지고, 그러한 질문에 대답하기 위해 가설을 세우고 여러 종류와 층위의 자료를 찾아 읽으면서, 자료들 사이의 관계를 비교·분석하고 가설을 수정하거나 입증하여 역사적 사실을 정립하는 과정, 또는 이미 정립된 역사적 사실을 검토하는 과정, 그리고 그러한 사실들을 엮어 역사적 맥락이나 역사적 패턴을 구성하는 역사의 총제적인 과정에서 역사적으로 사고해야 하기 때문이다. 또한 역사인식론에 따라 역사적 사고도 달리 정의될 수 있다.

이 절에서는 과거의 문서 읽기 과정에 국한하여, 그리고 과거의 문서를 읽어 과거 인간과 사회에 대한 이해를 확장하는 시각의 역사 연구 방법에 기초하여 역사적 사고를 살펴본다. 특히 한국 사회과교육계보다는 역사교육계가 중점적으로 논의하는 문서 읽기를 검토한다.

역사가의 문서 읽기를 모델로 역사적 사고를 정의한, 현재 한국 역사교육계에서 자주 인용되는 연구자는 와인버그이다. 와인버그(Wineburg 2001; 2007)는 역사철학자가 말하는 '사고'나 '이해'가 아닌, '역사가처럼 읽기(reading like a historian)'를 정의했다. 역사적 사고에 대한 그의 설명은 2001년 책(Wineburg 2001), 2007년 논문(Wineburg 2007), 2008년 루카스(Lucas 2008)와 인터뷰, 그리고 2011년 마틴과 몬테-사노와 함께 쓴 책(Wineburg, Martin, and Monte-Sano 2011)에서 볼 수 있다. 이 글들은 역사적 사고를 역사학의 이론에 기초하여 정의한 것이 아니라, 역사가의 읽기 방식을 경험적으로 관찰한 것을 토대로 한 것이다. 그리고 읽기 방식을 관찰한 결과 와인버그(Wineburg 2001)는 역사 전문가의 텍스트 읽기는 서브텍스트(subtext)의 존재를 인식하고 그것을 읽으려고 한다는 점이 일반인의 텍스트 읽기와 다르다고 했다. 필자는 와인버그의 서브텍스트 읽기에 대해 짧게 소개한 적이 있다(강선주 2015b: 288-289). 그러나 이 절의 이해를 돕기 위해 다시 한 번 와인버그의 설명을 인용하면 다음과 같다.

> 역사가는 문자 그대로의 텍스트나 추론된 텍스트뿐 아니라 서브텍스트를 이해한다. 서브텍스트란 텍스트에 표면적으로 드러나지 않은 숨겨진, 잠재된 의미이다. 역사적 문서의 서브텍스트는 두 개의 서로 다른, 그러나 관련된 영역으로 구분된다. 첫 번째 영역은 수사적 인공물(rhetorical artifact)이다. 역사가는 텍스트에서 저자가 글을 쓴 취지, 의도, 목적 등을 재구성하려고 노력한다. 그러나 서브텍스트는 저자의 의도 재구성이나 설득을 위한 언어적 기술로서 언어의 사용을 넘어선다. 많은 서브텍스트는 저자들의 의도와 교차목적적으로 작용하는 요소를 포함하여 저자가 의식하지 못한, 혹은 감

> 추고 싶은 표면 신념들(surface convictions)로 이끈다. 이 모든 국면은 두 번째 영역인 인간적 인공물(human artifact)로 넘어간다. 인간적 인공물은 실제를 틀에 씌우고 저자의 가정, 세계관, 믿음 등에 대한 정보를 드러낸다. 이러한 읽기는 저자가 사용한 단어들을 읽는 것에서 저자의 타입(type)을 이해하는 것으로 도약하는 것이다. 또 텍스트를 세상을 묘사하는 방식으로서가 아니라 세상을 구성하는 방식으로 보는 것이다. (Wineburg 2001: 65-66)

서브텍스트의 범위는 매우 넓다. 이는 문서에 드러나지 않는, 저자가 글을 쓴 목적, 저자의 세계관, 신념 등을 분석하는 것 이상의 의미이다. 역사가는 마치 검사가 문서들을 검토하여 증거를 찾는 것처럼 여러 문서들을 놓고 서로의 차이를 찾고, 문서의 출처를 확인하여 저자가 글을 쓴 의식적이거나 무의식적인 동기를 묻는다(Wineburg 2001: 77). 역사가가 서브텍스트를 읽는 것이 습관화되기까지는 그들의 독특한 학문연구 경험의 축적과 훈련(discipline)이 있다. 또한 한 문서의 서브텍스트를 읽기 위해서는 그 문서 이외에 다른 문서들을 조사하고 수집하여 비교·검토하는 작업이 병행되어야 한다.

이 책의 제3-5장에서 볼 수 있듯이 역사가와 학생 모두 문서에서 표면적으로 해석할 수 있는 의미를 넘어 텍스트를 떠나 저자의 숨겨진 의도나 생각을 읽는다. 그러나 역사가가 여러 자료들을 역사적 맥락에서 교차검토하면서 저자의 타입을 이해하려 하고 그에 기초하여 저자의 숨겨진 의도나 무의식적인 동기에 대해 추론하려고 한다면, 학생은 저자에 대한 그리고 인간 본성에 대한 자신의 상식을 대입하여 저자를 전형화하려는 경향을 보인다. 후술하겠지만 그 상식은 기득권을 지키려는 욕구나 권력욕이다. 이러한 학생에게 과거의 문서를 어떻게 읽게 해야 할까?

와인버그(Wineburg 2001: 69)는 미국 학생들이 텍스트를 글자 그대로 받아들이거나 저자가 글을 쓴 의도와 텍스트에서 이루어지는 논쟁 등을 이해하지 못한다고 주장했다. 그러나 한국 학생들은 앞서 지적했고 후에 자세히 설명하겠지만, 미국 학생과 다른 방식으로 텍스트를 읽었다. 물론 텍스트의 종류에 따라 다르겠지만, 한국 학생에게는 미국 학생들과 다른 처방이 필요할 수 있다.

와인버그(Wineburg 2001; 2007)는 맥락적 사고와 문서의 맥락화도 강조했다. 그는 2001년 책에서는 사건을 역사적 맥락에서 이해해야 한다는 맥락적 사고와 문서를 특정한 시간과 장소에 위치시키는 문서의 맥락화를 각각 다른 장(chapter)에서 설명했다. 2007년 논문에서는 문서의 맥락화에 초점을 맞추어 역사적 사고를 설명했고, 다시 2008년 루카스와 인터뷰에서는 문서를 특정한 시간과 장소의 맥락에서 탐구하는 것(맥락화)과 사건을 맥락에서 이해하는 것(맥락적 사고) 두 가지 모두 설명했다.

2001년 책(Wineburg 2001: 110)에서 와인버그는 맥락적 사고도 강조했다. 그는 사람들이 자신이 가지고 있는 고유한 개념적 장치를 이용하여 다른 사람들을 이해하기 때문에, 그리고 그 개념적 장치는 현재라는 틀에서 만들어진 것이기 때문에 과거인의 사고나 행위를 과거의 맥락에서 이해하기 어렵다고 지적했다. 그는 대학에서 역사를 전공했다고 해도 맥락적으로 사고(contextualized thinking, think contextually)하는 것은 어렵다고 주장했다(Wineburg

2001: 110). 나아가 그는 대학의 전공과 역사적 맥락을 생성할 수 있는 능력 사이에는 명확한 상관관계가 없다는 잠정적인 결론을 내렸다. 그가 제시한 해결책은 현재 자신이 가지고 있는 개념적 장치가 과거를 이해하는 데 부적절하다는 것을 인식하면서 과거에 대해 생각하려는 성향을 기르게 하는 것이다. 그는 맥락적 사고가 다른 사람을 이해하는 능력을 발달시키는 데 핵심적이라고 주장했다. 그렇다면 맥락적 사고는 감정이입과 어떻게 다른가? 이 문제는 후에 다시 논의하겠다.

와인버그(Wineburg 2007: 6-11)는 2007년 글에서는 '알지 못하는 지식의 상세화'를 강조했다. 그는 "맥락적 사고는 독자가 그 사료가 어떻게 그리고 왜 독자 앞에 존재하게 되었는가에 대해 묻는 것을 전제 조건으로 요구한다"고 주장했다(Wineburg 2007: 9). 문서가 어떤 맥락에서 만들어졌고, 어떻게 오늘날에 이르게 되었는가에 대해 탐구해야 한다는 것이다. 와인버그(Wineburg 2007: 9)에 따르면 새로운 문서를 읽을 때 역사가의 목적은 단순히 그 문서가 어떤 것인가 판단하는 것만이 아니라, 그 문서를 이용하여 새로운 질문들을 던지고 그 문서를 완전히 이해하는 데 방해가 되는 지식들의 간극(gaps)을 확인하는 것까지 포함한다.

그런데 와인버그(Wineburg 2007: 8-9)도 지적했듯이 보통 학생은 역사가와 달리 맥락적인 지식이 없는 상태에서 특정한 역사적 문서를 읽고, 그 내용에 대해 어떤 의문도 제기하지 않으며, 순간적으로 결론에 이른다. 학생들의 이러한 문서 읽기 경향은 이 책의 제4장과 제5장에서 확인할 수 있다. 그러므로 과거의 문서 읽기에서는 문서에 대해 알고 있는 지식, 기억하는 사실들만을 즉

각적으로 동원해서 의견을 말하거나 판단을 내릴 것이 아니라 그 문서에 대해 자신이 알지 못하는 것을 상세화하여 그 문서를 완전히 이해하게 하는 것이 중요하다.

그러나 문서가 어떻게 오늘날에 이르게 되었는가라는 질문이 매 문서 읽기 수업에서 반드시 이루어져야 하는 절차는 아니다. 문서 읽기 수업에서 가르치고자 하는 것에 따라, 또 읽는 문서에 따라 해야 할 질문은 달라진다. 이는 와인버그 등이 발간한 『역사가처럼 읽기(*Reading Like a Historian*)』에서도 알 수 있다(Wineburg, Martin, and Monte-Sano 2011).

와인버그 등은 주제별로 수업의 시나리오를 제시하고, 그 시나리오대로 수업을 할 때 학생이 각각의 사료들을 읽으면서 '학습해야 할 사고 기술(targeted list of skills)'을 제시했다. 예를 들면 시나리오 1(1-2시간 수업)에서 "포카혼타스는 존 스미스를 구했는가? 다음 사료와 도구를 이용해서 학생들에게 복수의 설명을 읽고 분석하게 하여 증거에 기초하여 주장을 펼치게 하라"라는 요구로 시작한다(Wineburg, Martin, and Monte-Sano 2011: 5). 그리고 교사가 수업을 어떻게 할 수 있는지 구체적으로 설명한 후, 이 시나리오에서 학생이 학습해야 할 사고 기술을 제시한다. 그 가운데는 '증거에 기초하여 사고하고 주장하기', '출처 질문하기', '복수의 설명을 종합하기' 등이 있다. 학생들은 사료를 읽고 토론한 후 주어진 질문에 대답하는 주장 글을 써야 하는데, 이때 자신의 주장을 뒷받침하는 증거를 사료에서 찾아 제시해야 한다.

시나리오 2(2-3시간 수업)에서는 시나리오 1에서와 같은 사료를 읽게 하고 "그래서 역사란 무엇인가? 학생들에게 사료와 도구를 사용하여 학생이 역사적 탐구의 핵심적 특징, 자료, 용어들을 명확히 할 수 있게" 한다(Wineburg, Martin, and Monte-Sano 2011: 6). 시나리오 2에서 학습해야 할 기술은 '증거에 기초하여 사고하고 주장하기', '출처 질문하기', '복수의 설명을 종합하기', '역사라는 학문에 적합한 용어 사용하기', '역사적 지식이 어떻게 생산되는지에 대해 확인하기' 등이다. 시나리오 3(1시간 수업)에서는 '신화와 역사 구별하기', '비망록(memorials)과 대중 역사(public history)를 치밀하게 분석하기' 등이 학습해야 할 기술이다. 다른 주제들에서는 '사료를 맥락화하기', '사료들을 확증하기', '사료의 신뢰성 평가하기', '내러티브 설명에 의문 갖기' 등도 있다.

와인버그 등은 주제나 질문에 따라 학생이 경험해야 할, 또 익혀야 할 기술을 달리 설정한다. 모든 문서에 대해 항상 같은 질문을 하면서 읽어야 하는 것은 아니며, 또 같은 문서를 읽을 때도 다른 질문들로, 다른 방법론으로 접근하여 읽을 수 있다.

와인버그 등이 제시한 문서 읽기는 한두 개의 문서가 아니라 여러 개, 여러 종류의 문서들을 읽고 비교·분석하며, 또 때로는 문서나 저자에 대한 탐구를 병행할 것을 전제로 한다. 그리고 수업의 목표가 역사 내러티브를 구성하는 것일 때도 있지만 역사 탐구 방법이나 역사 내러티브의 본질을 이해하는 것일 때도 있다. 와인버그 등의 책은 역사가처럼 문서 읽기를 가르치는 방법에 초점을 맞춘 것이다. 이 책만 보면 와인버그 등은 역사교육을 역사가처럼 읽는 것, 역사가의 기술을 익히는 것으로 정의한다고 이해하게 된다.

그런데 앞서 서술했듯이, 역사학 내에서도 인식론의 차이나 연구 방법의 차이는 주제, 문서, 질문의 선정 방식을 다르게 하며 역사적 사고의 개념조차 달리 정의하게 한다. 예를 들면 콜링우드, 카, 진즈브르그, 젠킨스(Keith Jenkins) 등이 주장하는 역사인식론과 연구 방법에 기초하여 역사를 연구한다고 할 때 각각이 관심을 갖는 주제, 던지는 질문, 수집하는 자료, 그리고 자료를 읽는 방법은 조금씩 혹은 많이 다를 것이다. 와인버그(Wineburg 2001: 10-11)도 서술했듯이 고전적 역사주의 시각의 콜링우드는 역사가가 과거인의 생각을 추체험하면 과거인의 생각을 알 수 있다고 믿었지만, 단턴(Danton 1984: 5)은 만약 과거인이 생각했던 방식을 이해하고자 하면 먼저 과거인과 현재인 사이의 거리와 다름을 인정해야 한다고 주장했다. 와인버그(Wineburg 2001)는 가다머의 해석학적 시각, 단턴의 인류학적 역사 서술, 문화사적 시각에서 역사적 텍스트 읽기에 접근한다.

해석학적 역사인식이란 무엇일까? 송석랑(2011: 7)의 설명을 인용하자면, "해석학적 현상학에서 역사인식은 무엇보다도 전통 역사주의의 역사인식, 이를테면 '역사의 특이하고 고유한 성질과 어울릴 수 없는 고유의 추상성, 무시간성, 고정불변의 타당성 등을 갖는 절대의 가치들에 집착하며 감정이입과 직관을 통한 추체험으로 대상을 '공감/이해'하는 역사인식'에 함축된 동일성 원리를 따르지 않는다". 감정이입이나 추체험, 공감 등에 의한 역사 이해를 이론적으로 받아들이지 않는 것이다. 가다머의 해석학에서는 텍스트에 질문을 하고 텍스트와 대화하여 과거를 역사의 과정 속에 데려올 것을 주장한다(송석랑 2011: 7). 서울대학교 철학사상연구소(2017. 5. 26. 네이버 검색)의 해석학 설명을 보면 "텍스트에 대한 질문에 확정적이고 절대적인 정답은 없으므로 텍스트는 항상 토론에 개방적이다. 해석적 탐구는 텍스트의 저자가 염두에 둔 것, 의도한 것을 넘어설 것을 요구한다. 왜냐하면 저자가 염두에 둔 것을 철저히 생각하면 해석자는 저자가 당연하게 여긴 것에 대해 의문을 갖기 어렵기 때문이다". 이렇게 보면 텍스트 읽기는 독자가 텍스트에서 저자가 글을 쓴 의도나 하려고 한 말을 분석 혹은 이해하는 과정이 아니라 텍스트에서 관심이 가는 부분을 중심으로 텍스트와 대화하여 과거를 역사로 만드는 과정이다. 문화인류학적 역사의 읽기 전략을 사용하는 단턴은 다음과 같이 말했다.

> 우리는 우리 문화가 제공하는 틀 내에서 생각함으로써 감각을 분류하고 사물을 이해하는 법을 배운다. 그러므로 역사가는 낯선 정신세계로 통하는 길을 명확하게 할 때까지 생각의 사회적 차원을 발견하고 텍스트와 콘텍스트를 오고가면서 문서와 문서를 둘러싼 의미의 세계를 관련시킴으로써 문서로부터 중요한 의미를 따질 수 있어야 한다. (Danton 1984: 6)

우리가 오늘날 말하는 관습을 문화적으로 공유하듯이 과거인도 문화적 제약 속에서 생각했고 말했으며 행위했다는 점을 염두에 두면서, "문화가 어떻게 사람들이 사고하는 방법을 형성했는지 볼 수 있어야 한다"는 것이다(Danton 1984: 6). 이는 과거의 낯선 정신세계와 만나기 위해 문서에서 동시대인이 생각하는 방식을 틀 지웠던 문화를 읽고 그 시대인에게 각인된 문화의 의미를 해석할 것을 요구하는 것으로, 이러한 관점에서는 과거의 문서는 과거인의 낯선 정신세계와 만나서 대화를 나누는 장이다. 단턴의 해석

전략에 대해 헌트(2000: 32)는 "문화적 역사의 중심적인 과제는 설명을 위한 인과관계의 법칙을 도출해내는 것이 아니라 의미를 해독하는 것으로 간주되며 그것은 바로 기어츠가 생각한 문화인류학의 중심적 과제"라고 주장했다. 인류학적 역사에서는 저자의 의도를 탐구하는 읽기보다는 저자의 의도를 거스르고 넘어서는, 우회적 읽기를 강조한다.

한편 어떤 연구자는 텍스트에서 사람들이 부여한 동시대의 문화적 의미를 해석하는 데 집중하지만 또 다른 연구자는 그 텍스트가 어떤 정치적 역학 관계 속에서 어떤 정치적인 목적으로 만들어지고 어떻게 작용했는가, 즉 그 텍스트가 생산된 역학 관계를 분석하려고 한다. 전자가 해석이라면 후자는 해체이다. 헌트(2000: 37)는 문화의 역사가는 "의미와 작용 사이에서, 해석과 해체 사이에서 선택을 할 필요가 없고 선택을 할 수도 없다"고 주장한다. 역사가들은 "한편으로는 의미를 캐내는 것에 바탕을 두는 해석적 전략과 다른 한편으로는 텍스트가 생산 양식을 드러내는 것에 바탕을 두는 해체적 전략 사이에서 결정적으로 선택을 하여서는 안된다"는 것이다. 많은 역사 연구에서 해석의 과정은 해체의 과정을 동반한다. 그러나 때로 해체를 주 목적으로 하면 해석은 생략되기도 한다. 헌트의 주장은 초·중·고등학생의 역사교육이 아니라 역사가들의 연구 작업을 염두에 둔 주장이다. 역사가를 위한 역사 이론과 초·중·고등학생을 위한 학교 역사를 구분하면서 문서 읽기를 구안해야 한다.

학교 역사가 가르쳐야 할 문서 읽기 방법도 인식론적인 측면에서 하나로 정의할 수는 없다. 오히려 학교 역사에서는 역사가의 그것과는 다른, 학교에서 가르치고 학생의 경험을 풍부하게 하고 인지적 틀을 확장한다는 관점에서 복수의 문서 읽기 방식을 상정할 필요가 있다. 그렇다고 이렇게 역사학 내의 여러 연구 방법들, 문서 읽기 방법들을 모두 학교 역사에서 가르칠 수는 없다. 그렇다면 학교에서 문서를 읽으면서 무엇을 하게 해야 할까? 이 질문에 대답하기 위해서는 실제 학생들이 어떻게 문서를 읽는지 그 양상을 살펴보는 것도 필요하다.

제4장과 제5장에서 살펴보겠지만, 학생들이 과거의 문서를 읽는 지배적인 방식 중 하나가 정치적 역학 관계 분석이다. 글에 있는 사람의 행위나 글 자체의 생산을 역학 관계의 결과물로 해석하여 모든 역사적 사건을 똑같은 것으로 만드는 경향을 보이는 것이다. 이러한 경향을 보이는 학생의 문서 읽기에는 해석은 없고 해체만 있다. 이러한 점을 고려한다면 해석의 방법을 먼저 가르칠 수 있게 문서 읽기 수업을 구안할 필요가 있다.

또한 제4장과 제5장 등을 비롯하여 필자가 수행한 연구와 국내외의 다른 연구들은 학생들이 과거를 탈시간적으로 이해하고 인간의 행위를 그들이 이해하는 인간 본성으로 설명하는 경향이 있다고 보고했다. 학생에게 오늘날의 그들에게 익숙한 틀을 넘어 사고하고, 오늘날의 사회적·문화적 관행에서 탈피해서 인간과 사회에 대해 생각해보게 하여 그들을 둘러싸고 있는 사회적·문화적 관행에 대해 성찰해볼 기회를 주고자 한다면 과거가 오늘날과 다르다는 점을 읽게 해야 한다. 또한 인간의 행위와 사고가 특정한 역사적 맥락과의 상호작용 속에서 일어난다는 점도 이해하게 해야 한다. 이를 위해서는 문서를 읽으면서 문서에서 그 시대 사람에게 각인된 문화의 의미를 해석하게 할 필요가 있다. 그 문서에서 읽을 수 있는 동시대인에게 각인된 문화의 의미는 어떤 것인가라는 질문을 하는 것이다. 문서에서 동시대인에게 각인된 문화를 읽는 것은 우리가 익숙한 일상적인 사고방식을 탈피하여 과거를 과거의 맥락에서 해석하는 데 도움이 된다.

4 사회과학에서 읽기와 역사에서 읽기

역사에서 문서 읽기는 사회과, 혹은 다른 교과에서 문서를 읽는 방법과 다른가? 바턴(Barton 2017: 451-467)은 역사와 사회과학에 공유하는 원칙(shared principles)이 있다고 하면서, 역사적 사고를 영역고유 인지 이론의 시각에서 구분하는 것을 비판했다. 그리고 역사와 사회과학이 '관점(perspective, empathy, worldview, culture, habitus, values, norms or wants)', '인과(causation)', '행위 의지와 능력(바람직한 결과를 추구하는 사람들의 능력, agency-the ability of people to bring about the desired results)', '증거(evidence)', '개념(concepts)' 등의 원칙을 공통적으로 적용한다고 주장했다. 즉 과거만이 아니라 현재를 탐구하고 학습할 때도 다음과 같은 네 가지 원칙을 적용한다는 것이다. 첫째, 그 사회의 독특한 문화나 가치를 고려한다. 둘째, 인과적으로 사고해서 문제를 해결한다. 셋째 인간이 사회구조, 제도, 태도 등에 의해 영향을 받으면서 여러 선택지들 가운데 하나를 선택한다는 점, 또 인간의 행위는 구조나 권력과의 긴장 관계 속에서 이루어진다는 점을 이해해야 하며, 여러 사회 집단들, 다양한 행위 주체들에 대해 이해하려고 한다. 넷째, 증거에 기초하여 결론을 끌어낸다.

또한 바턴(Barton 2017: 458)은 때로 역사적 사고의 특징을 사료 분석(source analysis)과 동일시하는 경향이 있는데, 사료 분석이 역사가만의 고유한 작업은 아니며, 사료를 제시하고 분석하게 하는 것이 역사가의 작업을 경험하게 하는 것이라는 주장은 부정확하다(inaccurate)고 비판했다. 질문하고 증거를 찾아 결론을 끌어내는 과정은 모든 학문에서 통용되는 탐구의 과정이고, 그 과정은 학생들이 어떤 주제를 탐구하든 배워야 한다는 것이다. 그런데 와인버그(Wineburg 2001: 83)도 이미 텍스트를 보는 관점, 특히 출처 해석과 관련된 읽기가 역사에만 국한되지 않는다고 말했다. 와인버그는 언어라는 것이 마음을 움직이고 의견을 변화시키는 등의 역할을 한다면서, 이러한 언어의 본질을 이해하면서 신문을 읽고 라디오를 듣고 선거공약을 평가하고 회사들이 제시한 상품에 대한 연구 결과를 판단하여 선택해야 한다고 주장한다.

최근 학문들은 서로의 장벽을 유지하려고 하기보다는 서로의 방법론들을 차용하고 복합적으로 활용해서 연구를 하는 경향이 있다. 따라서 바턴이 주장한 역사와 사회과학이 공유하는 원칙에 대해 굳이 반박할 필요는 없다. 그런데 바턴이 이렇게 역사와 사회과학이 공유하는 원칙을 애써 강조하는 까닭이 학문융합적 시각을 추구하기 때문은 아니다. 즉 바턴이 그러한 주장을 하는 사회문화적 맥락을 분석하면 역사과 독립과 사회과 통합 사이의 역학 관계를 볼 수 있다. 그는 오래전부터 '사회과로서 역사'의 시각을 견지하면서 역사를 독립적으로 가르치는 것에 반대해왔다. 그러나 그러한 주장이 나온 사회적 맥락, 역학 관계를 분석하여 모든 것을 허무한 권력 싸움으로 간주하는 것은 학문이나 교육 발전에 도움이 되지는 않는다.

오히려 바턴의 주장을 역사 연구의 측면과 학교 교육의 측면에서 비판적으로 검토해볼 필요가 있다. 첫째, 연구 방법의 차원에서 검토해본다면 바턴은 역사와 사회과학의 공유된 원칙을 검토했지만, 이러한 원칙은 역사와 사회과학의 연구 방법들을 복수로 상정하지 않는다. 앞서 살펴보았듯이 연구 방법에 따라 핵심적인 사고 과정은 다르다. 둘째, 역사와 사회과학의 '원칙'이 공유된다고 해서 실제 학교 역사와 사회과에서 그 원칙만을 가르치는 것이 학생의 경험과 인지적 틀을 확장하는 데 도움이 되지는 않는다. 공유하는 원칙을 강조하면서 역사, 사회과학, 과학, 국어 등을 같은 방식으로 읽게 하거나, 역사가 아닌 사회과학만 가르치면 그 원칙 이외에 역사, 사회과학 각각이 줄 수 있는 많은 것들을 축소하게 된다.

셋째, 실제 학교에서 그 원칙을 공유하고 견지하면서 사회과를 가르치지는 않는다. 특히 와인버그, 레브스틱, 반슬레드라이트 등 미국의 여러 연구자들이 수행한 학생의 역사적 문서 읽기 양상에 대한 경험적 연구는 바턴이 내걸었던 역사와 사회과학이 공유하는 원칙이 사회과 수업에서 실행으로 옮겨지고 있지 않다는 점을 방증한다. 실제 미국의 학교들이 그러한 원칙을 견지하면서 사회과를 가르치는지도 의문이지만, 미국과 한국을 비롯한 세계 여러 나라의 사회과 과목 구성의 차이와 그러한 과목을 가르치는 역사문화적 상황(history-cultural situation) 및 교육 문화의 차이를 사상하고, 각 나라의 교육적 현실과 당면 과제를 무시한 채 원칙만을 강조할 수는 없다. 여러 글에서 바턴이나 필자도 이미 지적했듯이 한국의 역사교육 문화와 상황을 고려해서 역사교육을 기획하고 실행해야 한다. 영국, 미국, 인도의 역사교육을 한국에 그대로 '이식'할 수 없는 까닭은 역사교육의 토양과 문화, 그리고 문제의식이 다르기 때문이다.

한국 사회과교육 연구자 중에 한국의 역사는 미국과 달리 매우 길어서 미국처럼 사회과를 가르칠 수 없다고 강조하는 사람도 많다. 미국과 다름을 주장하는 것이다. 실제 한국 사회과의 학습 내용이나 사회과에서 강조하는 비판적 사고와 읽기는 바턴이 주장한 원칙과 전혀 다른 측면에서 추구된다. 한국 사회과의 비판적 사고는 앞서 백과사전적 정의에서 크게 벗어나지 않는다. 또한 사회과학적 '읽기 방법'과 관련하여 차경수(1996: 271-277)가 소개한 마후드 등(Mahood, Biemer, and Lowe 1991: 237-242)의 '독서 3수준 지도'를 보면, 바턴이 말한 '관점', '증거', '행위 의지와 능력' 등이 명확하게 드러나지 않는다.

마후드 등(Mahood, Biemer, and Lowe 1991)에 따르면 독서 1수준은 '직접적으로 사실에 관한 정보를 학습하는 수준'으로서 자료의 명시적인 내용을 그대로 이해하는 것이다. 2수준은 '더 많은 의미를 음미하기 위하여 읽은 것을 해석하는 수준'으로서 자료의 묵시적인 내용을 이해하는 것이다. 3수준은 '학생들이 직접 겪은 비슷한 경우의 경험을 읽은 것과 관련시켜 의미를 서술하게 하는 수준'으로서 응용, 분석, 종합, 평가 등 창조적이고 비판적인 고급 사고력을 발휘하는 단계이다. 마후드는 읽기의 대상인 자료가 과거의 것인지 혹은 현재의 것인지를 구분하지 않았다.

최근 발간된 국어, 사회 등의 읽기를 비교·검토한 보고서에서는 사회과의 읽기가 국어과의 읽기와 다르다고 주장했다. "사회과 학습 읽기 과정은 주어진 정보를 읽는 데 그치는 것이 아니라정보원이 무엇인지 (탐구하고) 각 정보들을 연계하여 사회과 개념이나 원리를 형성할 수 있어야 한다"는 것이다(박진용, 이미경, 임수연, 최정순 2015: 181). 즉 사회과에서는 특수한 상황을 탐구하기보다는 개념화, 일반화를 추구한다. 이 보고서는 여러 학자들의 탐구이론에 기초하여 정보 수집, 분류, 원인 추론과 결론 도출 등을 강조했지만, 바턴이 설명한 '관점', '행위 의지와 능력' 등을 본격적으로 적용하여 사회과 문해력을 정의하지는 않았다.

그런데 가톨릭대학교 교양교육원이 학문 융합적 시각에서 제시한 '읽기' 방법을 도입한다면 어떨까? 가톨릭대학교 교양교육원(2005: 102-162)은 읽기를 '축어적 읽기', '추론적 읽기', '평가적 읽기', '창의적 읽기'로 제시했다. '축어적 읽기'는 명시적으로 드러나는 내용을 사실 그대로 어휘 자체의 의미에 충실하게 읽는 것이다. '추론적 읽기'는 문서에 명시되어 있지 않은 내용을 추론하면서 읽는 것이며 저자의 의도, 감추어져 있는 주장이나 의미(함축), 저자의 관점, 문서가 생산된 시대를 지배했던 정치, 문화, 역사, 규범, 관습 등의 맥락을 파악하는 것이다. '평가적 읽기'란 글의 내용, 표현, 저자의 관점, 태도, 글의 가치 등에 대해 평가하면서 읽는 방법이다. 저자의 관점을 평가하는 것과 글의 가치를 평가하는 것은 다르다, 또한 글의 가치를 평가한다고 할 때 글의 증거로서의 가치를 평가할 수도 있지만, 글의 수준이나 질을 평가할 수도 있다. 즉 평가적 읽기는 매우 큰 개념이다. '평가적 읽기'가 그 글의 의미나 가치를 평가하는 데 초점이 있다면, '창의적 읽기'는 평가의 결과를 새로운 상황에 적용하거나 확장하는 읽기로, 평가적 읽기 결과에 대한 활용 과정이다(가톨릭대학교 교양교육원 2005: 129-132).

가톨릭대학교 교양교육원에서 제시한 추론적 읽기는 기본적으로 문서가 만들어진 시기나 문서를 만든 저자, 당시의 역사적 맥락과 구체적인 정황에 대해 조사하라고 한다. 이는 또한 문서 자체에 대한 읽기를 넘어서 학생들이 현실에서 경험할 수 없는, 문서가 만들어진 시기의 오늘날과 다른 문화, 관습, 사상, 가치관 등에 대한 탐구까지 포함한다. 추론적 읽기는 와인버그가 말한 서브텍스트 읽기 및 문서의 맥락화와 연결된다. 가톨릭대학교 교양교육원이 제시한 창의적 읽기도 '신문화사'로 총칭되는 역사 연구에서 문서를 읽는 다양한 방법들을 생각한다면 역사가의 읽기와 다르다고 단정하기는 어렵다. 그럼에도 문학이나 다른 사회과학의 과목에서 평가적 읽기와 창의적 읽기는 때로 남아 있는 증거를 무시한 질문과 대답으로 연결되기도 한다. 이러한 예는 한국의 고전이나 역사를 창의적으로 읽어 드라마나 영화로 만들었던 사례들에서 볼 수 있다. 즉 역사와 다른 문학적 관심에서 창의적 읽기를 수행할 수도 있다.

넷째, 초·중·고등학교와 대학교 그리고 역사 전문가 양성 프로그램을 하나로 보면서 역사교육 연구의 문제를 분석할 수는 없다. 바턴도 지적했듯이 탐구는 질문하고 자료를 수집하고 증거에 기초해서 결론에 도달하는 것이다. 그러나 학생에게 주어진 사료를 읽게 하는 활동이 부적절하다는 그의 주장에는 동의할 수 없다. 학생의 역사적 탐구 선경험을 고려하지 않고 학생에게 처음부터 질문을 하고 관련된 사료를 수집하여 그 사료를 증거로 삼아 결론을 끌어내라고 할 수는 없기 때문이다. 영국에서도 논의된 것처럼 학생이 독립적으로 역사적 탐구 질문을 던져서 관련된 자료를 수집하고 결론에 이르는 독립 학습(independent study)은 탐구 경험이 축적된 고학년 학생에게서 기대할 수 있다. 학생들에게 과거 문서를 제시하고 읽게 하는 역사 수업의 정당성은 탐구 경험의 순차적 교수라는 측면에서 찾을 수 있다. 또한 한국 역사교육의 현실을 고려한다면 교과서에 주어진 또는 교사가 선정한 사료를 읽게 하는 방식은 여전히 필요하다. 중요한 것은 그렇게 주어진 사료가 누군가에 의해 선정됐다는 점, 발췌됐다는 점을 의식하면서 읽게 하는 것이다.

5 과거와 현재의 거리 인식하며 과거인에게 지혜 배우기: 문서 선택의 원칙

학교 역사에서는 어떤 점에 중점을 두어 역사 문서 읽기를 가르쳐야 할까? 사회과학과 역사의 문서를 읽고 쓰는 과정에서 요구되는 방법과 사고가 원칙적으로 '동일'하더라도, 실제 학교 역사에 적용할 때 중점을 두는 부분이 다르다는 점을 인정해야 한다. 그리고 오히려 다르게 가르칠 때 '융합'도 여러 각도에서 풍성하게 추구할 수 있다. 즉 사회과의 일반사회와 지리에서 축소된, 그러나 역사과에서는 강조하는 측면을 중점적으로 고려하여 역사 문서 읽기 및 역사 쓰기를 구안할 필요가 있다.

사회과의 일반사회가 주로 현대의 문서에 집중한다면, 역사는 과거의 문서에 중심축을 둘 수 있다. "문서를 읽어 과거를 역사적 과정으로 끌어들이는 방식"으로 읽는 것이다. 사회과는 자료들을 비교·분석하여 사회 현상을 일반화하여 설명하는 태도와 능력을 강조한다. 역사에서는 같은 문화와 구조 속에서 여러 개별 사건들을 살펴서 인간과 사회의 다면적 특징을 해석하게 하는 한편, 과거와 오늘날의 문화적 거리를 통찰하게 할 수 있다.

또한 역사 문서 읽기는 역사의 해석적 성격에 대한 이해를 추구한다. 많은 사람들이 역사적 사실이라고 믿는 것이 사실 증거에 기초한 해석의 결과이며 논쟁의 여지가 있다는 점을 이해하는 것이다. 그런데 역사의 해석적 성격을 이해하기 위해 역사가와 똑같은 방식으로 훈련을 받아야 하는 것은 아니다. 학교에서 학생이 역사가처럼 역사적으로 사고하는 것을 목적으로 삼으면 역사 수업은 역사 문서 읽기 기술 연마 이상이 될 수 없다. 그러한 수업은 앞서 제2장에서 유 선생님이 비판했듯이 학생에게 재미를 주지 못할 뿐 아니라 의미도 없다.

와인버그 등 여러 역사교육 연구자들이 제시한 '역사가처럼 읽기'가 사고를 '기능'화하고 역사교육을 사고 기술 개발로 등치시킨다는 비판을 받는 까닭은 그러한 읽기가 학생들의 실제 삶과 연결되지 않는다는 점 때문이다. 한국의 역사교육은 역사에서 '교훈' 혹은 '지혜'를 추구해왔다. 그런데 현재 과거 문서 읽기 모델은 그러한 기대를 충족하지 못한다. 역사를 읽으면서, 작게는 과거의 문서를 읽으면서 학생들에게 어떻게 현재를 살아가는 지혜를 얻게 할 것인가?

역사 문서 읽기 수업을 학생의 실제 삶과 연결하는 방법은 그들의 역사 지식과 역사의식을 성찰해볼 기회를 주는 것이다. 역사 문서 읽기 수업의 의미를 이렇게 설정하면 학생들에게 읽게 하는 문서의 선택이 중요해진다. 즉 정체성이나 지혜의 문제는 문서의 '내용 선정'과 연결된다. 어떤 방향에서 문서를 선정할 것인가? 교과서 내용을 보완할 수 있게, 학생이 역사를 좀 더 넓은 시각에서 생각해볼 수 있고 '지혜'를 얻을 수 있는 방향에서 다음과 같은 선정 기준을 고려해볼 수 있다.

첫째, 역사적 선택과 결정을 둘러싼 당시인의 논쟁을 살펴볼 수 있는 글을 선택할 수 있다. 예를 들면 조선의 개창, 훈민정음 창제, 임진왜란, 병자호란, 19세기 외국과의 조약 체결 등과 같은 정치적 사건에 대해 여러 사람들의 서로 다른 생각이나 문제 해결 방식을 살펴볼 수 있는 문서들이다. 당시 사람들이 제시한 사건이나 문제를 해결하는 복수의 의견들을 읽고, 우선 당시 사람들이 중요하게 여긴 정치적·사회적 문제와 그들이 추구한 문제 해결 방향이나 방법 등에 대해 해석해보게 한다. 서로 추구하는 방향이 어떻게, 왜 달랐는지, 무엇에 중요한 가치를 두고 그러한 사고와 행위 방향을 선택했는지 해석해보게 할 수 있다.

특정한 사건에서 과거인의 선택과 결정 과정을 통해 '지혜'를 얻게 하려면 우선 쟁점들을 정리해보게 한다. 예를 들면 훈민정음과 관련된 논쟁에서 세종과 학자들이 고려한 것들을 '중국과의 관계', '문명과 오랑캐', '정치의 발달과 백성의 교화', '학문의 발달' 등으로 크게 추출할 수 있다. 이렇게 쟁점을 요약하면서 당시 사람들이 각각의 측면을 왜 고려했는지 생각해보게 할 수 있다. 그리고 사람들이 문제를 해결하기 위해 고려한 것과 고려하지 못한 것, 중점적으로 생각한 것과 가볍게 생각한 것들을 쟁점별로, 논쟁의 주체별로 요약하게 한다. 그리고 선택과 결정, 문제를 해결하기 위해 고려했어야 할, 중점을 두었어야 할 점들을 통합적으로 모두, 여러 각도에서 복합적으로 제시해보게 한다. 이는 복합적 사고를 통한 문제 해결 능력을 키우는 데 도움을 줄 수 있다.

세부적으로 논쟁을 벌였던 문제들도 목록으로 만들 수 있다. 여러 쟁점들을 분석하게 하고 이러한 쟁점들에서 세종과 신하들이 각각 중요하다고 생각한 것들에 대해 토론해보게 한다. 예를 들면 백성이 문자를 알면 억울한 일을 당하지 않을 수 있는가에 대해 세종과 신하가 논쟁을 했다. 이는 '훈민정음으로 사회 정의를 실현할 수 있는가'의 문제라고도 할 수 있다. 이러한 쟁점들에 대해 학생들도 토론해보게 할 수 있다. 현재 문자 교육은 사회 정의 실현에 문제가 되지 않는다. 그렇다면 오늘날 사회 정의 실현을 위해 어떤 문제가 해결되어야 하는가에 대해 확장된 토론을 할 수 있다. 또한 사회적으로 의견이 갈리는 문제를 해결하는 과정에서 어떤 난관에 부딪혔고, 그 난관을 어떻게 극복했는지에 대해서도 탐구해보게 할 수 있다. 이러한 과정에서 사회 문제를 해결하는 방법을 배울 수 있으며 자신의 역사의식, 그리고 정체성을 성찰해볼 수 있다.

둘째, 같은 시기 같은 거대 문화에서 살았던 사람들의 서로 다른 문화 해석을 읽을 수 있는 글을 선택할 수 있다. 조선 정부가 초기부터 강조했던 충, 효, 열의 '삼강'을 살펴볼 수 있는 문서자료들이다. 열의 문화가 여성 개인을 혹은 여성 집단을 어떻게 억압했는지, 어떤 사회 문제를 만들었는지를 보여주는 개인의 글이나 정부 문서를 활용할 수도 있다. 또 20세기 초나 1960-70년대처럼 새로운 문화가 소개되던 시기에 사람들이 겪었던 갈등이나 저항, 변화 등을 살펴볼 수 있는 글들을 제시할 수도 있다. 이러한 글들을 읽고 해석하면서 학생들이 자신을 둘러싼 문화, 그리고 그 문화 속의 자신을 돌아보게 할 수 있다. 거대 문화가 개인의 사고나 행위를 어떻게 통제 혹은 제약하는지, 또 개인은 그러한 문화 속에서 어떻게 의식적으로 때로는 무의식적으로 자율성을 발휘하여 새로운 도전을 하고 크고 작은 문화를 만드는지, 또 그 과정에서 사람들은 무엇을 제약이라고 생각하는지, 어떤 딜레마를 겪는지, 또 그 딜레마를 어떤 방식으로 해결했는지 등에 대해 여러 사람들의 서로 다른 생각들을 해석하고 감상해보게 할 수 있다.

현재 학생들과 연결한다면, 학생들에게 현재 그들을 둘러싸고 있는 거대 문화는 어떤 것이고, 그러한 거대 문화에 대해 어떻게 생각하는지 어떤 방향으로 변화시켜야 하는지 등에 대해 토론해보게 할 수 있다. 또 사람들이 서로 다른 문화들을 접하면서 어떤 갈등을 겪는지, 어떻게 융합 혹은 변형하여 새로운 문화를 만드는지, 그 과정에서 부딪힐 수 있는 난관과 그 극복 방법에 대해서도 사례를 찾아 설명하게 할 수 있다. 역사에서 자신을 둘러싼 문화에 대한 성찰의 필요성과 문화 창조의 지혜를 배우는 것이다.

셋째, 과거 사회에서 구조(제도)와 집단, 인간 개인이 관계하는 방식에 대해 생각해볼 수 있는 글을 선택할 수 있다. 새로운 체제를 만들고 완성하고자 했던 사람, 체제를 적극적으로 유지하고자 했던 사람, 체제에 순응하고 사는 사람, 체제가 변질한 것에 대해 비판하면서 본래의 가치를 회복시키고자 했던 사람, 기존 체제에 대한 불만을 말하거나 비판한 사람, 적극적 혹은 소극적으로 저항하는 사람, 또 구조를 재해석하여 점진적인 변형을 꾀했던 사람 등 여러 사람들의 글들을 제공할 수 있다.

이러한 글들을 분석하면서 사례별로 개인이 사회구조와 관계했던 방식을 당시의 맥락을 고려하여 토론해보게 할 수 있다. 사례별로 특정 시기 사람들이 당면했던 문제 해결을 위해 구조의 문제를 비판하고 구조를 변화시켰어야 한다고 생각했는지, 아니면 구조 내에서 개인의 문제를 지적하고 개인을 변화시켜야 한다고 생각했는지 분석해보게 할 수 있다. 이러한 분석을 위해서는 당시 사회의 맥락을 필수적으로 고려해야 한다. 모든 것을 구조의 문제로 보면서 구조만 비판하는 방식으로는 문제를 해결하는 다양한 방법과 관련된 지혜를 얻기 어렵기 때문이다. 당시 사람들이 구조와 관계했던 여러 방식들에 대해 생각해보게 하는 것은 중요하며, 이러한 과정에서 개인은 구조와 어떻게 관계해야 할지에 대한 지혜를 얻을 수 있다.

넷째, 사회와 윤리적 규범의 관계, 사회 속 개인의 윤리적 딜레마를 분석해볼 수 있는 글을 선택할 수 있다. 예를 들어 사회 유지나 변혁을 위해 윤리적 규범을 만들거나 비판했던 글들이다. 각 시대가 중요시했던 윤리적 규범에 대해 생각해보게 하고, 우선 그러한 윤리적 규범은 사회 정의를 어떻게 정의했는지, 사회 문제를 어떤 방향에서 해결하려고 했는지, 그러한 윤리적 규범은 다른 관점에서 보면 어떤 억압을 만들었는지 분석하고 해석해보게 할 수 있다.

여러 윤리적 규범서나 사회적으로 활용된 종교적 규범, 윤리적 규범에 대한 논쟁 등을 보여주는 글들도 읽게 할 수 있다. 그것을 만들거나 비판한 사람들의 문제의식을 해석해보게 하면서, 윤리적 규범이 사회 유지나 변화에 어떻게 영향을 미치는지도 생각해보게 하는 것이다. 또 각 사회가 추구했던 윤리적 규범 혹은 종교적 신념 등을 개인은 어떻게 해석했고 실행했는지 해석해볼 수 있는 개인 문서들을 제공할 수도 있다.

학생들이 윤리적 측면에서 좀 더 직접적으로 고민을 해보게 하려면 개인을 윤리적으로 갈등하게 만들었던 상황, 그 상황에 대한 개인의 해석과 선택을 분석해볼 수 있는 글들을 읽게 할 수 있다. 광해군 시기 관료들이 벌였던 논쟁인 의리를 추구했어야 했나 실리를 추구했어야 했나? 남편을 잃은 여자가 인격의 윤리적 완성을 위해 수절했어야 했나 행복을 위해 도망하여 재혼했어야 했나? 법과 규칙을 어기면서, 반역을 하면서 적의 생명을 구했어야 했나 아니면 법을 지키고 또 국가에 충성하기 위해 적을 고발했어야 했나? 공명첩이나 조세, 역 등과 관련된 부정한 요구를 들어주고 감내하면서 집안을 유지했어야 했나 아니면 집안의 몰락을 감수하고라도 저항하고 비판했어야 했나? 관리로서 비윤리적인 사회적 관행에 따라 백성에게 조세를 걷으면서 개인적인 이익과 안정을 취했어야 했나 아니면 그 관행을 외롭게 비판하고 비웃음을 사면서 윤리적인 완결성을 추구했어야 했나? 20세기 초 여성의 이혼을 비판하는 관습적 윤리에 순응하면서 불행한 결혼 생활을 유지했어야 했나 아니면 사회적인 지탄을 받더라도 개인의 행복을 추구했어야 했나? 전쟁 과정에서 불합리한 명령이라도 따르면서 민간인 포로를 죽였어야 했나 아니면 명령에 저항했어야 했나?

이러한 딜레마에 빠져 고민하면서 선택을 해야 했던 과거 많은 사람들의 사례들이 있다. 과거인들이 직접 쓴 글은 아니더라도, 그러한 상황과 관련된 글들을 읽게 하고 이러한 윤리적 딜레마를 당시의 맥락에서 생각해보게 할 수 있다.

이러한 역사에서 윤리적 문제를 다룰 때는 그러한 딜레마 상황에서 선택이 결코 쉽지 않다는 것을 생각해볼 수 있도록 당시 개인이 처했던 딜레마적 상황을 좀 더 실감나게 또 두껍게 이해할 수 있게 글들을 제공해야 한다. 학생들은 보통 너무 쉽게 오늘날의 관점에서 판단을 하기 때문이다.

다섯째, 과거인의 정체성을 여러 측면에서 복합적으로 해석해볼 수 있는 글을 선택할 수 있다. 글을 쓴 사람이나 글 속의 사람이 어떤 정체성들을 가지고 있었을지 혹은 추구했을지 해석해보게 하면서, 정체성이 형성되는 과정, 정체성에 영향을 미치는 요소들에 대해 생각해보게 할 수 있다.

국가, 종족, 신분, 계급, 성별, 지역, 종교, 사상, 재능 등 여러 측면에서 복합정체성을 생각해보게 할 수 있다. 제국 내의 다양한 민족들, 여러 나라를 오고가며 활동을 했던 상인이나 외교관, 몽골이나 명의 황실로 결혼해갔던 여성, 강제적 혹은 자발적 이주자들, 서얼, 여성, 지방 양반, 성리학이나 불교가 만들었던 정체성, 문학적·예술적 재능 등 여러 측면에서 정체성 문제를 생각해보게 함으로써 학생이 자신의 정체성에 대해, 정체성이 형성되는 과정에 대해 성찰해볼 기회를 줄 수 있다.

여섯째, 과거인의 감정을 해석해볼 수 있는 글을 제공할 수도 있다. 질투, 분노, 슬픔, 한, 기쁨, 희열, 사랑, 우정, 좌절, 실망, 절망 등의 감정이 담겨 있는 글들이 있다. 과거인은 어떤 국면에서 그러한 감정을 느꼈는지 해석해보면서 감정이 문화적으로 훈련된 것인지, 아니면 본성인지 생각해볼 수도 있다. 그러한 가운데 나와 같은 인간, 나와 다른 인간을 만날 수 있다. 우리가 위대하다고 생각하는 사람도 질투하고, 슬픔에 빠지고, 절망에서 헤어 나오기 어려웠던 적이 있었음을 보는 것의 의미는 크다. 그들의 감정을 읽으면서 학생들은 인간에 대한 자기 이해의 폭을 넓히기도 하고,

또 인간됨이란 어떤 것인지 생각해볼 수 있다.

이 외에도 다양한 종류의 글들을 선정할 수 있다. 그 글에서 해석할 수 있는 것은 매우 다양하다. 특정 사건과 관계된 글이라고 해서 그 사건에만 집중해 읽게 할 필요는 없다. 또한 무엇을 해석하게 할 것인가 생각하면서 글을 선정하고 그 글을 읽는 방식을 결정해야 한다. 학생에게 때로 저자의 저술할 당시의 고민, 감정 등을 따라가면서 읽게 할 수도 있고, 저자의 저술 의도를 비판적으로 분석하면서 읽게 할 수도 있으며, 또 저자의 저술 의도를 거슬러, 의도와 상관없이 글을 해석하게 할 수도 있다.

요컨대 역사 문서 읽기 과정에서 지혜를 키우기 위해서는 우선적으로 문서의 선택이 중요하다. 인간과 사회에 대해 어떤 통찰력을 키울 것인가? 이 질문을 하면서 가르칠 역사 지식이나 읽게 할 역사 문서를 선택해야 한다. 문서 읽기 방식은 가르치고자 하는 것에 따라 달라질 수 있다. 그런데 어떤 방식으로 문서를 읽는가의 지혜찾기에서 전제되어야 할 것은 과거와 현재의 문화적 거리 인식이다.

제4장

과거 문서 읽기 교수 방안

1 두 역사가의 '『훈민정음 해례본』 서문'과 '최만리 등의 상소문' 읽기: 주장하고 논쟁하는 글들 읽기

한국의 역사가는 주어진 과거의 문서를 어떻게 역사적으로 읽을까? 특히 〈부록 1〉에 있는 '『훈민정음 해례본』 서문'(자료 1-1)과 '최만리 등의 상소문' 일부(자료 1-2), '최만리 등의 상소문에 대한 세종의 대응'(자료 1-3)을 어떻게 읽을까?[1] 두 명의 역사가에게 이 자료들을 읽고 떠오르는 생각에 대해 말해달라고 했다. 결론부터 말하자면 두 역사가의 자료에 대한 선행 연구 지식, 그 자료와 관련된 전문적 지식, 역사관, 그들이 구성하는 역사적 패턴, 그리고 자신에게 익숙한 자료 읽기 방식이 문서를 읽는 데 지대한 영향을 미쳤다. 두 역사가는 직접적으로 말로 표현하지 않았지만, 그 문서가 무엇에 대한 것인가? 누가 쓴 것이고 그 필자는 어떤 사람인가 등에 대해 생각하면서 읽었다.

1 이하 이 책에서 언급하는 〈자료 1-1〉-〈자료 1-3〉의 내용에 대해서는 이 책 〈부록 1〉 참조.

〈역사가 A의 읽기〉

역사가 A가 그리는 역사적 패턴(여말선초 사회)과 관계 속에서 문서를 해석함.

문서를 쓴 사람이 해석한 역사적 상황과 문제의식을 해석함,

역사관, 역사 지식으로 문서를 역사적 맥락에 위치시킴.

문서의 내용을 무시하고 저자의 저술의도를 거슬러 읽음.

역사가 A는 〈자료 1-1〉 '『훈민정음 해례본』 서문'을 보고 떠오르는 생각에 대해 다음과 같이 말했다.

역사가 A: …이 글은 외형적으로 드러나는 내용만 가지고 읽으면 세종의 애민사상의 전형적인 자료이고 위대한 군주, 성군으로서 세종의 모습을 보여주는 대표적인 자료이지만 역사가라면 이 자료만 보지 않는다는 거죠. 역사가들이 이 자료를 봤을 때 그럼 왜 세종은 이런 생각을 했을까, 왜 세종만 이런 생각을 하게 됐을까, 그 이전의 군주들은 왜 하지 않았을까, 그럼 세종이 직면했던 시대와 상황이 그 이전과 다르지 않느냐라는 생각을 당연히 하는 거고. 그런 생각 속에서 고려 중기 이래 무신 정변 또는 몽골과의 항쟁 과정에서 거듭돼왔던 백성들의 의식세계 성장 과정이 조선왕조의 개창을 거치면서 지배층의 입장에서 그 백성들에게 베풀어야 될, 확인시켜 주어야 될 유교적 명분, 민본의 명분이 정치제도나 사회구조의 전환으로 이어지는 거죠. 그런 정비가 어느 정도 일단락 지어진 세종대에 백성들의 문자나 의사소통까지도 배려하는 것으로 나타났던 것입니다. 더 나아가서 이러한 측면은 동시에 지배 체제, 특히 유교 중심의 국가 체계를 합리화하고 영속화하기 위해 본인들[지배층]의 입장에서도 매우 필요했다고 하는 측면에서 이 자료를 볼 수도 있다고 학계는 보는 거죠. 그러니까 역사학자는 이 자료를 두 가지 측면으로 읽는 거예요.…

필자: 그러면 백성들이 달라지고 있고, 백성들이 일종의 추동력이 되었다고 말씀하시는 건데…

역사가 A: 그렇죠. 이 변화의 근원적인 출발점은 백성들이, 시대와 역사가 바뀌고 있다는 거죠.

필자: 그러면 그렇게 해석을 할 수가 있는 자료들이 있다고 보시는 거죠?… 그런데 예를 들면, 세종이 백성의 변화를 읽어낸 매우 직접적인 자료들이 있다든가 그런 건 아니고요?

역사가 A: 그건 맥락적으로 보는 거죠.

역사가 A는 우선 외형(표면)에 드러나는 내용을 설명했다. 그러나 그 내용을 그대로 받아들이지 않고, '왜 세종은'이라는 질문을 던진다고 했다. 그리고 그 시기의 역사적 상황이나 당시 지배층의 문제의식에 대한 자신의 지식과 이 문서의 내용을 결합해서 문서를 해석했다. 그러한 해석은 문서에서 하나의 사건을 해석하여 역사적 사실을 정립하는 수준에 그치지 않았다. 즉 자신이 혹은 다른 역사가가 이 시기의 여러 문서들에서 해석한 개별 사건들로 구성한 역사적 패턴과 관계 속에서 주어진 문서를 해석했다.

이러한 과정에서 그는 훈민정음 창제의 추동력을, 즉 세종이 훈민정음을 창제한 의도를 문서를 넘어 해석했다. 역사가 A는 『훈민정음 해례본』의 서문을 쓴 의도와 훈민정음 창제 의도를 뚜렷하게 구분하면서 설명하지 않았다. 서문이 생산된 정치적 맥락과 훈민정음이 창제된 정치적 맥락을 구분하지 않았다. 적어도 『훈민정음 해례본』의 서문을 읽을 때는 와인버그가 말한 사건의 맥락적 이해와 문서 자체의 맥락화가 구분되어 관찰되지 않았다.

이는 뒤에 보게 될 역사가 B의 해석도 마찬가지이다. 역사가들이 자료에서 중요하게 읽는 것은 그 문서들이 어떤 정치적 맥락에서 만들어졌는가보다는 오히려 훈민정음을 만들 당시 세종이 해석했던 정치적·문화적 맥락과 최만리가 해석했던 맥락, 그들 각각이 백성을 보았던 시각 등이었다. 당시 사람들은 훈민정음에 대해 어떻게 해석했는가를 이해하는 것이다.

역사가 A는 훈민정음을 둘러싼 논쟁의 맥락을 『훈민정음 혜례본』 서문과 최만리 등의 상소문의 저작 상황, 저작 맥락으로 보았다. 요컨대 역사가 A는 **문서를 쓴 사람의 의도나 저작의 정치적 역학 관계를 분석하기보다는 그 시기 사람들에게 훈민정음은 어떤 의미였는지, 세종은 어떻게 훈민정음을 만들게 되었고, 신하들은 왜 반대했는지에 대해 해석했다**.

역사가 A는 훈민정음이 창제된 데에는 민중의 의식세계 성장과 지배층의 유교적 국가체제 합리화 의도가 복합적으로 작용했다고 해석했다. 그는 문서에서 세종이 훈민정음을 창제한 '의도'보다는 세종이 그렇게 하도록 만들었던 '동기'를 문서 밖에서 추론했다.

역사가 A는 그와 같은 자신의 문서 해석에 강만길의 글(1977)[2]이 영향을 미쳤다고 말했다. 역사가 A는 문서에서 "세종으로부터

2 강만길(1977), 「한글 창제의 역사적 의미」, 『창작과비평』 12(2), 713-723.

비롯된 애민사상을 읽는 것은 일종의 영웅사관"인데, 자신은 "민중사의 시각에서 고려 말과 조선 초를 거치면서 백성의 의식이 성장했고, 그러한 백성의 성장 속에서 세종이 백성들의 삶을 개선하기 위해 여러 일을 할 수 밖에 없었다"고 이해했다고 설명했다. 역사가 A는 "세종이 직면했던 백성들이 이전의 백성들과 달랐기 때문에 세종이 이런 발상을 했다"고 주장하면서 민중의 역동성이 세종으로 하여금 훈민정음을 창제하게 만든 동기가 되었다고 해석했다.

역사가 A는 문서에 표면적으로 드러나는 세종의 '의도'와 역사가가 해석하는 세종의 훈민정음 창제 '동기'가 서로 다르다는 점을 지적했다. 그는 문서를 읽을 때와 문서를 넘어 의도나 동기를 추론하는 방식이 다르며, 역사가는 후자의 방식으로 의도나 동기를 추론한다는 점을 강조했다. **역사가 A는 훈민정음 창제라는 사건을 역사적 맥락에 배치하고 그 시기 다른 역사적 사건들과 관련지어서, 그리고 그 사건에 대한 자신의 선행 연구 지식과 사관에 기초하여 세종의 훈민정음 창제 동기를 설명하고 사건의 의미를 해석했다**.

와인버그(Wineburg 2001: 66)가 역사가의 역사 문서 읽기 관찰에서 확인했던 것과 같은 **서브텍스트 읽기 양상을 역사가 A에게서도 관찰할 수 있었다**. 역사가 A는 세종이나 상소를 올린 신하들의 통치 이념, 세계관, 가정이나 전제, 신념 등에 대한 정보들을 드러내고 저자(화자)가 의식하지 못했던, 혹은 적어도 저자가 문서에 드러내지 않았던 신념이나 의도, 동기 등을 추론하는 모습을 보였다. 그런데 그가 읽은 서브텍스트는 사실 역사가 A의 선행 연구에 대한 해석이다. 즉 그의 선행 연구 지식이 곧 서브텍스트 읽기로 연결되었다. 역사가 A의 해석에는 훈민정음 창제에 대한 선행 연구 지식이 작용한 것이다.

역사가 A는 〈자료 1-2〉 '최만리 등의 상소문'을 읽은 후 문서에서 표면적으로 드러나는 대립 구조는 우리가 상식으로 알고 있는 '자주'와 '사대'이지만, 그 이면에는 문명 수용이 지체되는 것에 대한 신하들의 우려가 있다고 해석했다. 상소문에서 학자들이 문명 수용 통로인 한자를 사용하지 않게 되면서 발생할 수 있는 문제를 지적했다는 것이다.

> 역사가 A: 최만리 상소의 핵심은 두 가지 측면입니다. 한 가지는 중국에 없는 것을 왜 만드느냐 하는 측면이에요. 많은 사람들이 보통 이것을 단편적으로 해석을 하여 자주적인 세종과 사대적인 신하들 이런 대립 구조를 만들죠. 그래서 세종은 굉장히 자주적이고 주체적인 민본의 군주로 설정을 해요. 하지만 중국에 사신을 가장 많이 보낸 군주가 세종이에요. 우리의 문자, 특히 백성이 소통할 수 있는 문자를 강조하는 세종과 중국과 다른 문자, 그러니까 오랑캐들이나 만드는 문자를 왜 우리가 만드는가라고 하는 신하들의 반대구조처럼 보이는데, 하지만 그 이면에는 이 자료를 정밀하게 읽어보면… <u>신하들이 반대하는 그 중요한 내용의 근거는 한자로 만들어지는 문명을 쉬운 한글을 만들었을 때 과연 우리가 과거처럼 수용해낼 수 있을 것인가에 대한 문제제기를 하고 있어요.</u>… 그건 현실의 질서에서 사대를 전제로 한 개념이기도 하지만 동시에 문명사적 관점에서 놓고 본다면 선진문명을 수용할 수 있는 통로가 한자, 문자와 같다고 하는 것인데…

필자: 이 자료만 가지고는 그렇게 해석할 수 없잖아요? 그렇게 해석하려면 다른 자료가 있어야 하는 것 아닌가요?

역사가 A: 그렇죠. 역사학자들은 다른 자료 속에서 세종 대가 어떤 시대라는 것을 이해하고 있죠. 그걸 바탕으로 이걸 보기 때문에 이 자료만을 얘기하는 것과 이 자료를 전체 속에서 볼 때 달리 봐야 할 측면들을 같이 보는 거죠.

역사가 A는 이 문서를 해석할 때, 다른 자료들에 기초해서 세종 대가 어떤 시대라는 것을 이미 이해하고 있다고 강조했다. 여러 문서를 비교하며 읽어서 그 시대의 맥락을 짜고 이해한다는 것이다. 역사가 A는 이미 다른 역사가들이 해석한 맥락에 대한 이해를 바탕으로 주어진 자료에서 훈민정음에 대한 반대가 문명 지체라는 역사적 맥락에서 나온 문제제기라고 해석했다. **역사가 A는 주어진 문서를 읽어 세종 시기에 그 문서가 만들어진, 혹은 훈민정음이 창제된 맥락의 얼개를 구성했다거나, 그 시기의 역사적 맥락을 해석한 것이 아니다. 이미 자신이 알고 있는, 다른 역사가가 말한 그 시기의 정치적·문화적 맥락 속에 문서를 위치시키고 문서의 내용을 해석했다**. 그 시기에 대한 이해, 문서의 내용과 관련된 선행 연구 지식을 맥락으로 깔고 문서를 그 맥락에 얹은 것이다.

〈역사가 B의 읽기〉

문서의 증거로서 불완전성을 비판함.

문서를 쓴 사람이 인식한 역사적 상황과 문제의식을 해석함.

자신의 상식을 성찰하고 문서 자체에서 저자의 생각을 해석함.

역사적 패턴(조선 성리학적 질서)에 대해 의식하며 읽음.

역사가 B는 전공이 조선 후기 문화사와 지성사이다. 훈민정음과 관련된 선행 연구에 대한 지식은 거의 없다. 또한 주어진 자료들에 대한 지식도 부족하다. 이러한 상황에서 그는 **주어진 문서를 조용히 그러나 그가 사료를 읽는 습관으로 치밀하게 읽고 난 후, 문서로 알 수 있는 내용에 한해서 말하려고 했다**.

역사가 B는 〈자료 1-2〉 '최만리 등의 상소문'을 통해 문명 수용과 관련된 그 시대 지배층에게 각인된 문제의식을 읽었다. 그는 문명 수용의 문제를 다음과 같이 해석했다.

역사가 B: 지금 서하, 여진 이런 오랑캐들도 자기 고유의 문자가 있지만 조선은 지금 중국 문명을 흡수해서 오랑캐로부터 벗어나려고 하고 있는데… 오랑캐로부터 벗어나는 것이 조선 건국의 목표였는데 왜 다시 오랑캐가 되려고 하느냐, 그런 얘기거든요. 그러면 이제 다시 물어야죠, 이때 오랑캐와 오랑캐가 아닌 것은 무엇인가? 그것을 오늘날 주체성[이라고 하는 것]과 이것과는 전혀 다르다는 것을 알 수 있는 거죠.… 이것만 읽어보면요. 한글을 쓰면 오랑캐가 되는 거고 그러면 성현의 뜻을 배우지 못하게 되고 성리학을 몰라서 사리의 옳고 그름, 일의 시비를 모르는 거예요. 결국 정치가 엉망이 되죠.… 한자는 언어의 문제에 국한되지 않고 한자를 통해서 수용되고 있는 성리학적 가치, 성리학적 가치는 결국 뭐냐면 옳고 그름을 결정하는 정의란 말이에요. 정의론을 결국 모르게 되고, 그러면 정치를 자기네들끼리 하거나 원칙이 없어지거나 이렇게 돼서 정치가 엉망이 되는 거다. 이런 엄청난 문제와 연결이 돼서 결국 그렇게 된다면 오랑캐가 되는 것이다. 그러면 한문을 배움으로써만 그런 성현의 뜻을 통해서 지금 보편적인, 정말 문명국가가 될 수 있는 유일한 길인데요. 그것을 지금 저버리고 다시 오랑캐가 되자고 하는 것은 저희로서는 수용할 수 없습니다. 그 얘기죠.

역사가 B는 당시 사람들에게 오랑캐와 오랑캐가 아닌 것은 무엇인가를 그 시기 사람들에게 각인된 의미로 읽어야 한다고 강조하면서 문맥에서 오랑캐의 숨겨진 의미를 해석했다. 최만리 등이 훈민정음을 반대한 상소를 올린 의도에 대한 역사가 A와 역사가 B의 해석은 비슷했다. 다만 이렇게 문서를 해석하기 위해 역사가 A는 다른 자료를 더 읽어야 하며 맥락에 대한 이해가 있어야 할 것이라고 대답한 반면, 역사가 B는 주어진 문서를 치밀하게 읽으면 가능하다고 했다. 그러나 역사가 B가 그 시기에 대한 어떤 지식도 없이, 역사가로서의 읽기 습관으로 치밀하게 읽었기 때문에, 오랑캐에 대해 질문을 하고, 또 문명 수용의 문제의식을 읽었다고 할 수 있을까? 오히려 그가 알고 있는 조선 시대, 조선 전기에 대한 이해가 최만리 등의 상소문에서 제기하는 문제를 문서에서 읽게 한 것은 아닐까?

역사가 B는 〈자료 1-2〉 '최만리 등의 상소문'의 문서 전체를 읽은 후, 가장 먼저 〈자료 1-2〉가 완벽하게 '원문' 그대로가 아니라 '편집'되었다는 점이 불만스럽다고 했다.

역사가 B: 처음 든 느낌은 자료[자료 1-2를 말함]가 이게 중간에 이렇게 정리가, 편집이 된 상태로 보게 되니까 약간 사료가 왜곡이 될 수 있겠구나… 완전한 원래 모습을 보고서 이야기를 하는 게 낫지 않을까…

또 역사가 B는 이 자료만 가지고는 도저히 세종의 훈민정음 창제와 관련된 사건에 대해 이해할 수 없기 때문에 "역사학자는 기본적으로 더 많은 자료를 일단 확보하려고 하겠죠.… 아, 없구나, 이렇게 주어진 세 개의 자료가 전부라고 여겨지면 그때부터 문서 해석을 할 것"이라고 말했다. **역사가 B는 자신이 이 자료와 관련해서 모르는 사항을 찾았다. 그리고 자료를 수집해서 모르는 것을 해결해야 한다고 말했다. '모르는 것에 대해 질문하고, 그 질문에 대답하기 위해 자료를 찾는 과정'이 중요하다는 점을 보여주었다.**

또한 여러 연구자들이 이미 지적하였듯이 역사가는 확증을 위하여 관련된 자료들을 계속 수집하여 교차검토를 한다. 역사가 B도 그렇게 사고하고 있다는 것을 보여주었다. 역사가 B에게 주어진 자료가 부족함을 인정하면서 이 문서 내에서 가능한 해석을 해달라고 요구했다. **역사가 B는 우선 이 문서에 대한 자신의 '상식'이 다음과 같다고 말했다.**

역사가 B: 한글을 만드는 것은 매우 주체적인 방식인 데 비해서 한자를 쓰는 사람들은 매우 사대주의적인 사람이라는 것이 일반상식이죠. 저는 역사적으로 그런 상식을 가지고 있진 않아요. [저는]…기본적으로 한글을 만들려고 하는 것은 중국하고 다른 특수성이 있기 때문에 조선이 [중국의] 문명을 받아들인다 하더라도 우리가 중국

> 사람이 아닌 이상 옷도, 먹는 것도 다 다르기 때문에 문자도 당연히 달라야 한다. 그래서 우리 고유의 특수한 상황을 고려해가면서 수용해야 한다. 이것이 세종이 한 말이다. 이렇게 알고 있습니다.

역사가 B는 세종이 우리 문화는 중국과 다르기 때문에 문자도 달라야 한다고 여기고 문자를 만든 것으로 이해하고 있다고 해석했다. 자신의 상식을 설명할 때 역사가 B는 분명 문서에 드러나지 않는, 세종의 훈민정음 창제 의도에 대해 설명했다. **그러나 〈자료 1-1〉 '『훈민정음 해례본』 서문'을 읽고 난 후에는 자신의 '상식'과 다르게 주어진 문서에 기초하여 세종의 훈민정음 창제 의도를 추론했다. 즉 우선 자신의 상식에 대해 '성찰'하고, 문서를 읽을 때는 자신의 '상식'을 배제 혹은 축소하면서 문서 자체를 읽으려고 했다**.

> 역사가 B: 지금 이 내용만[자료 1-2를 말함] 보면 어리석은 백성이 간혹 언문으로 되어 있으면 그러지 않을 텐데 한문으로만 되어 있으니까 무슨 말인지 몰라서 억울한 일을 당하기도 한다. 그러면 [목표는] 글자를 모르는 백성들에게 얘기할 때 좀 뭔가 더 쉽게 되도록 할 수 있는 것, 그런 거잖아요?… 교화를 하든, 아니면 처벌을 하든, 뭔가를 알리든 국민들한테 뭔가 얘기를 하려고 하는데, 한문을 아는 사람들에게는 쉬운데 한문을 모르는 사람들에게는 어려우니까 그렇게 하자…

역사가 B는 세종이 백성과의 소통을 편리하게 하고 백성의 소통을 돕기 위해 훈민정음을 창제했고, 또 〈자료 1-1〉을 쓴 것이라고 해석했다. 〈자료 1-1〉과 〈자료 1-2〉를 복합적으로 읽고 세종이 훈민정음을 창제한 의도와 해례본을 만든 의도를 추론한 것이다. 여기에 역사가 B가 문서를 교차검토한 과정이 드러난다. 역사가 B도 문서가 탄생한 정치적 맥락과 훈민정음 창제라는 사건이 발생한 맥락을 구별하여 설명하지는 않았다.

필자가 "그런데 왜 하필이면 세종이 훈민정음을 만들었냐는 것이죠. 다른 왕들은 그런 생각을 안 했는데"라고 질문했다. 앞서 역사가 A는 훈민정음 창제를 세종의 교화 '의도'로 설명하는 것은 세종을 행위의 중심으로 놓는 영웅사관이라고 해석했다. 그렇지만 훈민정음이 "백성의 의식세계와 삶의 반경을 넓히는 쪽으로도 활용됐지만 동시에 국왕의 입장에서 유교적 정치이념을 널리 선전하고 유교적 국가를 만드는 데도 활용"되었다고 보았다. 즉 훈민정음을 창제하고 해례본을 쓴 의도를 유교적 정치이념을 선전하기 위한 것이라고 해석한 것이다.

역사가 B는 세종이 교화의 의도로 훈민정음을 창제하고 해례본을 만든 것이 아닌가라는 해석에 대해 "그렇다면 최만리가 반대할 이유가 없다. 그것이 바로 최만리가 원하는 세상 아니냐"라고 반론을 제기했다. 즉 세종과 최만리가 같은 유교적인 정치적·사상적 입장을 가지고 있으며 같은 문화와 심성을 가지고 있다고 해석한 것이다. 세종은 중국과 다른 우리의 특수한 상황을 고려하며 선진 문명을 수용해야 한다고 했지만, 최만리 등은 훈민정음이 선진 문명 수용을 지체시킨다고 본 것이라고 해석했다. 역사가 B가 이렇게 해석할 수 있었던 것은 최만리가 집현전 학자라는 정보를 읽었고, 그 정보에 기초하여, 또 세종과 최만리 등의 학자들이 유교 문화, 유교적 정치이념을 공유했다는 지식이 있었기 때문이다.

필자도 역사가 B와 같은 반문을 역사가 A에게 했다. 역사가 A는 세종과 신하들이 추구한 '유교적 이상 국가'는 동질적인 것이라고 보았다. 그럼에도 훈민정음에 대한 입장을 달리했던 것은 '백성'을 보는 관점이 달랐기 때문이라고 설명했다. 신하들은 백성을 여전히 교화의 대상으로 보았으나, 세종은 백성의 변화 요구를 읽었다는 것이다. 이 주제에 매우 익숙한 역사가 A는 자신의 사관을 명확하게 제시하고 그 시기의 전체적인 맥락을 자신이 구상하고 있던 조선 전기 사회의 역사적 패턴으로 설명하면서, 문서를 넘어 저작의 의도나 동기를 찾는 방식을 취했다. 그것을 입증할 자료가 있는가라고 물었을 때, 그것을 입증할 수 있는 명시적인 자료는 없지만 여러 정황으로 알 수 있다고 했다.

반면 **역사가 B는 이 주제에 대해 심층적으로 고민해본 적이 없는 상태에서, 또 확증할 수 있는 자료들이 부족한 상태에서 우선적으로 주어진 문서를 읽고, 주어진 문서에 서술된 하나의 역사적 사건을 이해하고 그것을 역사적 사실로 정립하는 것에 충실하려 했다. 그는 문서에서 벗어나 다른 지식과 정보를 상식으로 연결하는 것을 경계했다. 역사가 B는 주어진 문서를 읽을 때 문서를 넘어서 행위의 동기나 저작의 의도를 추론하는 것에 강하게 반발했다**.

역사가 B: 그것은 말할 수 없어요. 역사에서 알 수 없는 것들이 그런 거죠.

필자: 그러면 이 문서만 본다면… 백성을 굉장히 사랑해서 만들었

다. 그렇게밖에 못 보는 거잖아요.

역사가 B: 그렇죠, 그게 다인 거죠, 여기서 알 수 있는 건.

필자: 그런데 그렇게만 해석할 수는 없잖아요.

역사가 B: 그렇게 해석하는 게 지금 여기서 우리가 알 수 있는 것의 모든 것이라고 한정을 짓는 거예요.

필자: 세종에 대해서 우리가 알고 있는 여러 가지 정보, 세종이 한 일 등을 고려하면서 훈민정음을 만든 의도를 해석할 수 있지 않을까요?

역사가 B: 그런데 잘못 해석할 수도 있고, 훼손할 수 있어요.… 만들어진 어떤 선입관이잖아요. 그걸 가지고 다시 여기에 대입하면 텍스트가 왜곡이 돼요.

필자: 그러면 왜 이시기에 세종이 훈민정음을 만들었느냐 이런 질문은 하지 말아야 된다?

역사가 B: 아니, 질문을 바꿔야죠.

필자: 어떻게 바꿔요?

역사가 B: 이 텍스트에서는 읽을 수 있는 게 뭐가 있는지… 항상 제가 학생들한테 주문하는 건 텍스트를 이렇게 넘는 것을 자제하라… 편견과 상식을 들고 와서 너희가 알고 있는 검증되지 않은 텍스트를 자꾸 끌어와서 해석을 하면 오해가 자꾸 불어나니까. 그것이 해석이 풍부해지게 하는 것으로 보여도… 전혀 다른 쪽으로 엉뚱하게 해석될 수 있으니까 일차적으로… 텍스트 자체만 보라는 거죠.

필자: …한편으로는 통치를 조금 더 원활하게 하고 싶은 그런 방책은 아니었을까라고 생각해본다면, 예를 들면 지금 성리학적인 질서 속에서 국가를 운영해나가려고 하고 이 시기에… 세종이 했던 일들

을 보면 삼강행실도 제작과 같은 것이 있잖아요. 백성들에게 유교적인 덕목을 더 쉽게 가르치기 위해서 훈민정음을 만든 것은 아니냐, 교화의 수단으로.

역사가 B: 어떤 근거가 있어요? 여기에는 그런 근거가 없어요.

역사가 B는 강의에서 학부생들에게 과거 문서(사료)를 읽게 한다. 그 과정에서 학생들이 편견과 상식으로 텍스트를 해석하는 사례를 자주 목격했고, 그로 인한 문제를 알고 있었기 때문에 선입견이 텍스트를 오염시키는 것을 매우 경계했다.

역사가 B는 '이 시기에 왜 세종이 그러한 생각을 했는가?'라는 질문은 적어도 주어진 문서만으로는 대답할 수 없다고 주장했다. 그 질문에 대답할 수 있는 문서, 증거 자료가 없는 상태에서 그러한 질문을 하고 또 대답하려고 하는 시도를 강하게 비판했다. 역사가 B는 세종이 훈민정음을 창제한 까닭을 문서에서 벗어나 상식을 끌어다 해석하는 것은 물론, 이 시기 다른 사건에 대한 상식에 기초하여 문서에 있는 사건이 어떤 사건이었는지 추론하는 것도 매우 경계했다. 그런데 〈자료 1-3〉 '최만리 등의 상소문에 대한 세종의 대응'에는 생략되었지만, 『세종실록』에는 최만리 등이 상소를 올린 후에 세종이 한 말을 다음과 같이 적고 있다.

정창손은 말하기를, "『삼강행실』을 반포한 후에 충신·효자·열녀의 무리가 나옴을 볼 수 없는 것은 사람이 행하고 행하지 않는 것이 사람의 자질 여하에 있기 때문입니다. 어찌 꼭 언문으로 번역한 후에야 사람이 모두 본받을 것입니까" 하였으니, 이따위 말이 어찌 선비의 이치를 아는 말이겠느냐. 아무짝에도 쓸데없는 용속한 선비이다.
(『세종실록』 103권, 세종 26년 2월 20일 경자 첫 번째 기사)

이 글을 보면 세종은 『삼강행실』을 훈민정음으로 번역하면 백성들을 좀 더 쉽게 '교화'할 수 있다고 생각한 것으로 보인다. 『훈민정음 해례본』 서문의 독자는 백성과 신하이고, 위의 『세종실록』 기사는 신하와의 대화이기 때문에 다른 말을 했을 가능성이 있다. 그런데 『세종실록』은 세종이 죽은 후, 후대 사람들을 독자로 생각하면서 쓴 것이다. 이러한 점들을 모두 검토하여 자료의 증거로서의 신뢰성을 평가한 후, 세종이 훈민정음을 만들고, 또 그 서문을 쓴 의도를 해석해야 한다. 즉 역사가들은 『조선왕조실록』에 대한 여러 논란들, 그 가운데 『세종실록』 103권이 만들어진 저작 상황, 더 나아가 세종 26년 2월 20일 기사를 쓴 사초, 그리고 관련된 다른 자료까지 꼼꼼히 검토할 것이다.

그러한 과정을 생략하고, 그 기사를 그대로 받아들여 세종이 훈민정음을 창제한 까닭을 언문으로 번역하여 사람들이 충신, 효자, 열녀를 본받게 하려던 것이었다고 할 수 있을까? 보통 세종이 『삼강행실』을 반포했다는 사실을 훈민정음과 상상적으로 관련시켜, 또 조선 전기에 고려 말의 유제를 청산하고 성리학적 통치 질서를 확립하고자 했던 역사적 맥락에 비추어 세종의 '의도'를 추론한다. 그러나 역사가 B의 말대로 서문과 상소문으로는 그러한 정황을 알 수 없다. 또한 치밀한 조사 없이 단순하게 상식으로 『삼강행실』을 훈민정음과 연결하는 것도 경계할 필요가 있다. 특히 학생들이 그러한 상식조차 없다는 점을 전제로, 또 그 상식을 철저하게 다시 검토해보도록 해야 한다면 역사가 B처럼 주어진 문서 내에서 말할 수 있는 것만을 찾도록 할 필요가 있다. **역사가 B는 특정한 역사적 질문을 하고 그에 대답하기 위해서는 증거에 기초하여 대답해야 하며, 그 증거들을 교차검토하여 확증하는 것의 중요성을 보여주었다.**

역사가 A는 『훈민정음 해례본』 서문에 표면적으로 드러나는 내용만 읽지 않고, 훈민정음을 만든 세종의 의도, 즉 행위 의도와 그러한 행위를 하게 만든 동력, 시대적 요구와 상황적 맥락에 대해 질문하면서 문서가 만들어진 상황을 설명했다. 문서에서 드러나지 않는 세종이나 학자들의 주장이나 문제의식까지 당시의 역사적 맥락에서 하나의 역사적 패턴을 만들면서 설명했다. 그런데 그러한 설명은 여말선초에 대한 역사가 A의 역사적 지식과 선행 연구에 대한 지식, 그리고 그의 독특한 역사관에 기초했다. 역사가 A는 주어진 문서를 넘어 설명했다. 예를 들면 백성이 변했다든가, 신하들과 세종이 백성을 보는 시각이 달랐다든가와 같은 주장이다. 이러한 주장은 그 시기에 만들어진 여러 문서들뿐 아니라, 관련된 여러 선행 연구들을 교차검토하면서 할 수 있는 주장이다.

반면 역사가 B는 이 주제에 대해 심층적으로 고민해본 적도 없고 또 선행 연구 지식이나 확증할 수 있는 자료들도 부족한 상태에서 우선적으로 문서 자체를 읽는 것에 충실했다. 역사가 B는 문서를 전체적으로 읽은 후, 주어진 자료가 불완전하다는 점을 먼저 지적했다. 그리고 더 많은 자료를 수집해야 한다는 점도 지적했다. 이는 '모르는 것을 상세화'하고 새롭게 질문하는 과정이었으며 문서를 읽어 당시의 역사적 맥락의 얼개를 만드는 과정이었다. 이러한 그의 문서 읽기에는 그가 문서를 읽는 습관, 그리고 그가 학생들에게 문서 읽기를 가르치면서 가졌던 문제의식이 강하게 작용했다.

2 과거 문서 읽기 수업 방안

이론적으로 역사가는 문서의 신뢰도를 평가하고 내용을 분석하여 그 시기에 어떤 일이 있었는가라는 질문을 하고, 문서를 증거로 역사를 구성한다. 그런데 실제 두 역사가의 『훈민정음 해례본』 서문과 최만리 등의 상소문 읽기 과정을 보면 문서의 증거로서의 신뢰성 평가 과정은 생략되어 있다. 그들에게 익숙한 과정이기 때문에 굳이 단계를 구분하여 거치지 않고 복합적으로 사고하여 결론에 이르는 것이다. 그리고 그들의 관심은 그 문서들을 증거로 활용하여 그 시기에 어떤 일이 있었는가, 그 글을 쓴 사람들이 어떤 문제의식에서 그러한 주장을 펼쳤는가에 대해 이야기하는 데 있었다.

역사가에게 문서를 치밀하게 읽는 것은 습관화되어 있다. 또한 문서를 오늘날의 시각이 아니라 과거의 맥락에서 읽는 것도 당연하다. 그러나 학생은 그렇게 읽고 분석하는 방식에 익숙하지 않다. 또 주제와 관련된 역사 지식이 충분하지 않고 선행 연구 지식도 거의 없다. 이러한 점을 전제한다면, 역사가 A보다는 B의 읽기 방식을 기초로 하여 역사적 문서 읽기 교수 방안을 구안해야 한다.

글을 읽을 때는 도대체 '누가, 무엇을, 왜, 누구에게, 어떤 상황에서' 이야기했는가라는 질문을 던지면서 읽을 필요가 있다. 여기에 더하여 이 문서가 어떻게 남게 되었는가라는 질문도 해야 한다. 이 질문들은 문서의 신뢰도, 혹은 증거 능력이나 증거 범위를 평가하는 것이다. 그러나 모든 글을 읽으면서 '왜', '누구에게', '어떤 상황에서'라는 질문을 해야 하는 것이 규칙은 아니다. 연구 질문에 따라 세부 질문의 내용과 시각이 달라진다.

그 문서를 어떤 면에서, 어느 정도 신뢰할 수 있는지, 그 문서가 어떤 증거 능력이 있는지 살피기 위해 저자가 글을 쓴 의도, 그 글이 나오게 된 독특한 상황을 분석할 수 있다. 저자가 글을 쓴 의도에 어떻게 접근할 것인가? 스키너(2012)는 크게 두 가지 방법으로 구분했다. 첫째는 텍스트를 쓴 동기와 의도보다는 텍스트 그 자체를 다루는 방법이다. 저자가 텍스트를 쓴 동기와 의도를 텍스트 밖에서 찾지 말아야 한다는 주장이 있다. 그렇게 주장하는 이유에 대해 스키너(2012: 154-159)가 설명한 내용 가운데 일부를 소개하면 다음과 같다. 어떤 논자는 저자에 대한 전기적인 정보가 그의 작품에 대한 우리의 반응을 조건짓거나 오염시키게 해서는 결코 안 된다고 주장한다. 또 어떤 논자는 저자의 동기와 의도가 그들의 텍스트와 분리되어 있지 않으므로 텍스트 내부에서 발견되어야 하고 별도의 고려가 필요하지 않다고 주장한다. 또 다른 사람은 저자의 동기와 의도가 저자의 작품 바깥에 있고 따라서 작품 구조의 일부가 아니기 때문에 텍스트의 의미를 밝힐 때 그런 동기와 의도에 주목하지 말아야 한다고 주장하기도 한다. 즉 저자가 텍스트를 쓴 의도를 텍스트에서 찾아야 한다는 주장이 있는가 하면, 의도 자체에 주목하지 말아야 한다는 주장도 있다.

둘째는 저자가 특정한 방식으로 글을 쓰면서 의도한 것을 별도의 연구를 통해 복원하는 방법이다(스키너 2012: 164). 저자가 자신의 글쓰기에서 하고 있는 것이 무엇이든 해석과 관련될 수밖에 없고 따라서 해석자의 임무에는 그 글쓰기에 있는 저자의 의도를 복원하는 일이 포함된다는 것이다. 이 입장에서는 저자가 텍스트에 밝힌 의도를 이해하는 데도 관심을 기울여야 하지만, 때로 자신이 하고 있는 것에 대한 저자의 설명을 무시하는 것도 적절할 수 있다고 본다(스키너 2012: 164). 텍스트에 있는 저자의 설명을 무시하고, 저자에 대한 정보와 당시의 맥락이나 구체적 상황 등을 복합적으로 고려하여 저자의 의도를 추론하는 것이다. 그런데 그러한 맥락이나 상황도 결국 여러 텍스트의 복합적 해석의 결과이다.

문서 읽기에 대한 다른 주장을 살펴보자. 어떤 외부적 요인을 배제하고 문서를 읽어야 한다고 주장한 역사가 중 역사 연구의 '객관성'을 강조했던 엘턴(G. Elton)이 있다. 그는 역사가는 모든 편견과 선입견을 버리고 완전히 열린 마음으로 문서에 접근해야 한다고 주장했다. 그리고 사료를 그 사료를 만들어낸 시대의 맥락에서 읽을 것을 당부했다. 엘턴은 "이념이 스며 있는 이론은 역사가의 작업을 위협한다. 역사가를 미리 결정된 설명 체계에 집어넣고서, 이른바 밖에서 부과한 패러다임에 맞게끔 그가 그의 증거들을 재단하도록 하는 것이다"라고 비판했다(에번스 1999: 112).

그런데 에드워드 H. 카는 사료를 읽기 전에 저자에 대해 관심을 가져야 한다고 했다. 그의 텍스트 읽기는 스키너가 설명한

두 번째 방법에 가깝다. 카는 역사가가 문서 작성자의 의식적인 동기나 사상을 고려하지만 그것이 문서를 사용하는 역사가의 목적과는 별로 관련이 없을지도 모른다고 했다. 그런데 그는 또 우리는 과거에 대해 문서 작성자가 말한 것 이상을 알 수는 없다고 주장하기도 했다.

연구자의 서로 다른 관심과 연구 방법은 텍스트 읽기도 다르게 만든다. 최근 여러 역사 이론들은 저자의 저술 의도를 무시한, 의도를 거스른 읽기를 강조한다. 예를 들면 일상생활사의 독특한 연구 성과는 바로 저자의 의도를 무시한, 거슬러 읽기로 가능한 것이었다. 최근 일상생활사, 문화사, 지성사, 생활사 등 여러 연구 방법 혹은 분야에서는 역사적 패턴을 구성하는 것에 집중하면서 '의도와 다르게 읽기' 방법을 사용한다. 에번스(1999: 120-121)는 20세기 아프리카 농촌 사회 연구에서 개발된 인류학 이론 덕에 사료를 새롭고도 독창적인 방식으로 읽을 수 있었고, 이 때문에 17세기 유럽에서 마법의 역사 연구가 비약적으로 발전할 수 있었다고 평가했다. 이 외에도 에번스(1999: 111-132)는 문서를 저자의 의도와 다르게 읽어야 한다고 주장했던 여러 이론가들의 주장을 소개했다.

모든 역사가가 같은 방식으로 주어진 문서를 읽는 것은 아니다. 그들이 그 문서를 읽으면서 해명하고자 한 것이 무엇인가에 따라 문서에서 주목하는 부분도 달라진다. 오늘날 역사가는 어떤 역사 텍스트도 저자가 부여한, 고정된 의미를 지녔다고 생각하지 않는다. 오히려 텍스트에는 복수의 의미가 있다고 생각하고, 어떤 의미를 읽을 것인가는 독자의 선택이라고 생각한다, 독자의 텍스트 읽기는 저자의 의도와 상관없는 자율적인 활동이기 때문이다. 따라서 독자가 무엇을 읽으려고 하는가에 따라 텍스트 읽기 방식이나 읽는 내용은 달라진다. 저자의 의도를 텍스트 내에서 찾을 것인가? 혹은 텍스트 밖에서 별도로 탐구할 것인가? 이 질문에 대한 대답도 텍스트를 읽는 목적이나 텍스트의 종류 등에 따라 달라져야 한다.

그런데 우리의 관심은 역사가가 아니라 학생이다. 그들에게는 문서를 어떻게 읽게 할 것인가? 우선 역사가의 읽기를 모델로 과거 문서 읽기 수업 방안을 구안해볼 수 있다. 그리고 실제 학생들에게 그 방안에 따라 문서 읽기를 가르칠 때 어떤 점에 유의해야 하는지에 대해서는 학생이 과거의 문서를 읽는 양상을 분석하여 좀 더 구체적으로 대답할 필요가 있다. 『훈민정음 해례본』의 서문과 최만리 등의 상소문과 같은 종류의 글을 학생들에게 어떻게 읽게 할 것인가? 우선 역사가 B의 읽기를 모델로 과거 문서 읽기 수업 방안을 제안해보면 다음과 같다.

특히 학교에서 과거 문서 읽기를 통해 오늘날과 과거의 거리를 확인한다는 측면에서, 학생들에게 비판, 주장, 제안 등이 담긴 글을 제시했을 경우 그 글들을 어떻게 읽게 할 것인지 그 방향을 제안해보고자 한다. 여기서 과거 문서 읽기 지도 방안을 크게 **'역사적 맥락에서 읽고 저자의 관점 살피기'**와 **'의심하며 읽고 확증할 증거 찾기'**로 구분해서 제안해보겠다.

'역사적 맥락에서 읽고 저자의 관점 살피기'를 살펴보자. 역사가는 저자가 누구인지부터 확인하고 텍스트를 읽기 시작한다. 그러나 보통 학생들은 저자가 누구인가라는 질문을 하기보다는 먼저 문서에서 저자가 들려주는 사건의 전말, 혹은 주장이나 의견 등을 읽고 이해하려고 한다. 이는 '무엇'에 대한 이야기인가를 파악하는 것이다. 이는 마후드가 말한 '사실에 관한 정보를 학습하는 수준(독서 1수준)'이나 가톨릭대학교 교양교육원이 제시한 '축어적 읽기' 단계에 부합한다.

그러나 '역사적 맥락에서 이해하며 읽기'는 문서의 내용을 단순히 요약하는 축어적 읽기 수준을 넘어 문서 내용의 이해를 추구한다. 문서를 읽으면서 문서에 등장하는 사람이 또는 문서를 쓴 사람이 왜 그러한 일을 했는지, 왜 그러한 주장을 했는지, 그러한 일이나 주장이 당시에는 어떻게 받아들여졌는지, 어떤 의미였는지 질문하거나 해석하면서 읽는 것이다. 그러한 해석을 위해서는 저자가 말하는 시기의 사람들이 오늘날 이 사회의 사람들과 같은 방식으로 생각했을지, 아니면 다른 문화적 틀에서 생각하고 살았을지 생각해봐야 한다. 이는 그 당시 사람들의 주장이나 행위의 배경이 되는 문화, 규범, 구조가 어떻게 다른지에 대해 생각하면서 문서를 읽는 것이다.

'저자의 관점 살피며 읽기'는 저자가 문서에서 이야기하는 사건, 인물, 현상 등을 어떤 관점에서 보는지, 어떤 가치관, 신념 등에 기초하여 평가하는지 질문하게 하는 것이다. 이 과정에서 표면적으로 드러나는 내용과 숨겨진 주장, 신념, 관점 등에 대해서 함께 질문할 수 있어야 한다. 문서의 종류와 성격, 저자, 독자 등에 대한 기본적인 정보는 이러한 읽기에 도움이 된다. 예를 들어 최승로나 최치원이 왕에게 바친 시무책이라는 정보를 알고 읽는 것과 그 정보를 모르고 읽는 것의 차이는 클 수 있다. 또한 최승로가 어떤 시기에 살았던, 어떤 사람인지 등에 대한 정보를 알면 최승로가 어떤 역사적 맥락에서, 어떤 고민에서 그 글을 썼는지 좀 더 깊이 이해할 수 있다.

'의심하며 읽고 확증할 증거 찾기'는 저자가 글을 쓴 의도와 글에서 주장하는 내용을 읽으면서, 저자가 왜 그렇게 말했을까, 누구에게 말한 것일까? 표면적으로 드러나지 않는 글을 쓴 의도나 글을 쓰게 된 동기나 글의 독자가 있을까? 그의 말이 사실일까? 등 의심하면서 질문을 하고, 그 질문에 기초하여 다른 자료들을 조사하고 상호 비교·검토하여 결론을 끌어내는 것이다.

저자가 그 사건과 관련해서 다른 문서에서 다르게 말한 것이 있는가? 또 다른 사람들이 그 사건과 관련하여 다르게 증언하거나 주장한 자료가 있는가? 또 저자나 그 글에 대해 다른 사람들이 말한 자료가 있는가? 등의 질문을 하면서 자료를 찾아야 한다. 그리고 그러한 문서들을 비교·검토하면서 사건이 어떻게 왜 일어났는가? 또는 저자가 어떤 문제의식에서, 어떤 상황에서, 무엇을 목적으로 그러한 주장을 했는가? 저자가 글을 쓴 의도나 그러한 주장을 한 까닭을 다르게 해석할 여지가 있는가? 등의 질문에 대답하기 위해 글을 복합적으로 해석해야 한다. 이 과정은 가톨릭대학교 교양교육원에서 제시한 추론적 읽기, 평가적 읽기가 복합적으로 적용된다.

역사가라면 저자가 드러내지 않은, 의도적으로 숨기고자 한 문제의식과 독자, 그리고 저자가 그 문서가 작용하기를 바랐던 범위까지 깊이 탐구한다. 예를 들면 상소문이 왕에게 바치는 글이지만, 특정 상소문을 올리면서 왕만을 독자로 설정하지 않았을 가능성, 즉 의도한 다른 독자가 있는가라는 질문을 하고 대답하는 것까지 포함한다. 이는 그 문서에 직접적으로 드러나지 않는, 그 문서가 나오는 데 작용한 권력 관계 등에 대해 질문하고 대답하는 것이다. 그러나 이러한 질문들을 모든 문서에 기계적으로 할 수는 없고, 할 필요도 없다. 특히 기본적인 정보와 다른 자료들을 수집하고 해석하는 탐구를 병행하지 않고 질문에 대답하게 하는 것은 섣부른 일반화의 오류를 가져오기 쉽다. 학생들에게 숨겨진 저작 의도, 숨겨진 독자를 찾게 하면, 음모론으로 빠지기 쉽기 때문이다. 예를 들면 모든 사람이 부정직하고, 이기적이며, 권력지향적이라는 일반화에 이르기 쉽다. 역사가 B는 문서 밖에서 의도를 찾는다는 것은 모든 사람이 "꼼수"(역사가 B의 표현 그대로)를 쓴다는 전제에서 출발하는 것이라고 하면서, 그렇게 보면 세종이든 신하들이든 모든 사람을 '꼼수'로 취급하는 것이라고 주장하기도 했다. 저자가 거짓말을 할 수도 있다. 문제는 저자가 거짓말을 하는 것인지, 아니면 다른 이유에서 말을 안 한 것인지 등에 대해서 증거를 찾아 확인해야 한다. 그런데 학생이 스스로 여러 문서들에서 증거를 찾는 일은 결코 쉬운 일이 아니다. 그러므로 역사가 B처럼 철저하게 선입견이나 상식을 경계하려는 태도, 문서의 증거 능력을 한계지으려는 태도가 중요하다. 학생들에게 우선 자신이 알고 있는 지식을 성찰하게 하고, 문서를 증거로, 또 역사가에 의한 선행 연구 결과를 논거로 대답하게 유도해야 한다. 이를 위해서는 심층적인 탐구가 선행되어야 한다.

앞에서 크게 두 가지 방안을 제시했지만, 학생의 사고 과정은 두 가지 방안의 경계를 넘나들면서 이루어질 가능성이 크다. 또한 문서의 종류나 문서 읽기에서 추구하는 통찰에 따라 읽기 방식을 재구성할 수 있다. 이 점에 유의하여 수업 과정을 융통성 있게 조직하고 운영해야 한다. 각각의 방안을 좀 더 구체적으로 살펴보자.

1) 역사적 맥락에서 읽고 저자의 관점 살피기

이는 사건이나 주장의 전말을 이해하며 읽고 저자(화자)의 관점을 살피는 방안이다.

❶ 글의 요지 파악하기

글이 주어졌을 경우, 우선 글에 명시적으로 드러나 있는 내용을 어휘 자체의 의미에 충실하게 파악하게 한다. 글에 등장하는 인물이 누구이며, 인물이 어떤 행위나 생각을 했고, 왜 그렇게 했는가? 또는 그 글이 어떤 사건 혹은 어떤 제도(관습, 풍습 등)에 대한 것인가? 등을 파악하게 한다. 학생들은 글을 꼼꼼하게 읽지 않고 자신이 알고 있는 지식을 동원하여 주어진 글을 이해하고 평가하는 경향이 있기 때문에 이 과정이 중요하다.

주어진 문서에서 저자가 말하는 사건의 선후 발생 과정, 인물의 행위와 행위의 이유를 해석하게 한다. 때로 글에 행위나 사건의 묘사가 있을 뿐, 인과성이 드러나지 않을 수도 있다. 예를 들면 비문이나 행장 같은 종류의 글이다. 그 글에서 묘사한 행위를 행위자가 왜 했을까? 사건이 어떻게 일어나게 되었을까? 등의 질문을 해보게 하는 것이 중요하다.

그러나 한두 개 정도의 문서를 읽어 사건의 전말을 이해하고 사건의 원인과 결과, 인물의 행위나 생각의 이유를 단정적으로 말하는 것은 경계하게 해야 한다. 역사가는 사건의 원인이나 결과를 단순하게 설명하지 않는다. 여러 요인들이 상호작용하거나 우연적 요소도 작용하여 사건이 발생할 수 있기 때문이다. 그러한 점을 학생들에게 주지시킬 필요가 있다.

글의 종류나 내용에 따라 과거에 대해 해석할 수 있는 것이 달라질 수 있다는 점에 유의해야 한다. 글을 읽은 후, 어떤 종류의 글인지 분류하게 한다. 주어진 정보가 있다면 정보에 기초해서 글의 종류를 파악하게 한다. 그 글이 편지, 주장, 해설, 영수증, 일기, 보고문 등 어떤 종류인지 생각해보고 글에 있는 내용을 읽다 보면, 글에서 어떤 정보를 알 수 있는지, 어떤 정보를 더 찾아야 하는지, 어떤 점을 의심하고, 또 어떤 자료를 더 찾아야 하는지 판단하는 데 도움이 된다. 글의 내용을 요약하면서 그 글에서 알 수 있는 것들을 생각해보게 한다.

❷ 문서에서 다루는 사람들이 당연히 여겼을 문화 해석하기

글에는 글을 쓴 사람이 당연하게 받아들였던 문화가 반영되어 있다. 현재와 다른 사회구조와 문화 속에서 살았던 사람이 남긴 글을 읽고 과거에 접근하려 할 때는 그 시기 사람이 현재와는 다른 신념체계나 세계관을 가지고, 오늘날과 다른 정치·경제·사회적 제도와 제약 속에서 살았다는 것을 인식하는 것이 중요하다. 즉 과거인은 현재인과 다른 방식으로 생각하며 판단했고, 느끼고 행동했을 것이라는 가정에서 출발해야 한다. 과거인이 살았던 세계와 오늘날 우리가 살고 있는 이 세계의 문화적 거리를 확인하게 하는 것이다.

저자가 당연시하는, 오늘날과 다른 신념체계, 세계관, 규범, 심성, 문화에 대해 생각해보게 한다. 예를 들면 오늘날 자본주의 사회가 자연스러운 것처럼 신분제 사회에서 신분은 당시 사람이 불만스럽더라도 당연하게 받아들였을 구조 또는 제도이다. 특정 시기 특정 사회에서 여성의 자유로운 사회 참여는 문화적 혹은 제도적·구조적으로 금지되었고, 여성은 그것을 거부하기 어려웠거나, 오히려 당연하게 받아들였을 가능성을 인식하게 해야 한다. 또 특정 시기, 특정 사회에서 형제 간, 인척 간 결혼이 권력을 유지하는 중요한 관습이자 제도였고, 전장에서 잔인한 방식으로 포로를 죽이는 것은 용맹의 상징이거나 심리전의 방법이기도 했다는 점을 전제하고 그 시기의 행위나 사고를 해석하게 해야 한다. 역사가 A나 역사가 B는 그 시기의 중국과의 사대 관계, 성리학적 사회관 등을 맥락으로 전제하고 글을 해석했다. 오늘날과 다른 세계관, 사회관, 인간관 등을 상정하면서 오늘날과의 문화적 거리를 인식했다. 구조적 측면에서의 문화적 거리를 인식한 것이다.

그러나 역사 지식이 부족한 상태에서 하나의 글을 읽고 저자가 당연시하는 문화를 해석하는 것이 쉽지는 않다. 역사 지식이 조금이라도 있는 경우에는 오히려 그러한 지식을 틀로 삼고 그 틀에 글의 내용을 끼워 넣을 수도 있다.

몇 가지 구체적인 질문으로 학생들에게 당시 사람들이 당연시한 가치, 규범, 심성 등에 대해 해석해보게 할 수도 있다. 예를 들면 최만리는 중국을 따르고 큰 나라로 섬기는 것에 대해서는 어떻게 생각하는가? 훈민정음을 보는 시각은 어떠한가? 그러한 생각에 대해 당시의 많은 사람들은 어떻게 생각했는가? 오늘날과 어떻게 다른가? 등의 구체적인 질문을 할 수 있다.

과거인의 행위를 현재의 가치관이나 규범에 비추어 직접적으로 '평가'하기보다는 당시 사람에게 그런 행위가 어떻게 받아들여졌을지 생각해보게 한다. 이를 위해서는 글에서 보이는 오늘날과 다른 문화나 사상, 종교, 관습, 제도, 행위를 오늘날 우리는 어떻게 평가하는지, 그리고 과거인은 어떻게 생각했을지 비교하면서 해석하게 한다.

사람들이 사회 전체를 규율하는 것으로 생각했을 가치, 관습, 문화, 심성 등을 해석하는 것과 그 문화와 제도에 대해 당시 개인들이 어떻게 평가했을지를 해석하는 것은 다르다. 그 문화에 대한 사람들의 생각이 달랐을 가능성을 생각하게 한다. 즉 때로 그 시기의 가치관이나 관습, 문화를 싫어하고, 버거워하고, 그리하여 소극적·적극적으로 저항했던 사람들이 있었으며, 또 그 관습을 다양하게 해석하여 실행했을 가능성을 생각해보게 하는 것이다.

❸ 글을 쓰게 된 상황, 동기나 의도 읽기

저자가 글을 쓰게 된 문제의식, 상황 등을 해석하는 것이다. 이를 위해서는 글에서 당시 사람들이 당연시했을 문화, 구조, 제도 등을 해석하고, 그러한 당시의 문화, 제도, 구조 등을 전제로 내용을 해석해야 한다. 구체적인 역사적 상황을 해석하기 위해서는 글을 넘어 다른 자료들을 찾고 비교하면서 그 상황을 구성해야 한다. 그 전에 우선 저자가 글을 쓰게 된 동기나 문제의식을 글에서 해석해보게 해야 한다. 예를 들어 『내훈』의 서문에 따르면 이 책은 왕실의 부녀자에게 특정한 규범을 가르치기 위해 만들어졌음을 읽을 수 있다. 그리고 탐구로 연결된다면, 저자가 말한 의도 외에 다른 의도는 없을까 질문하게 할 수 있다.

❹ 저자(화자)의 관점 해석하기, 당시 독자들의 관점 생각해보기

저자가 문서에 기록한 상황이나 사건, 인물에 대해 어떻게 평가하는가, 좋아하는가 불만을 느끼는가 등의 질문을 해보고 판단해보게 할 수 있다. 예를 들면 최만리 등의 중국에 대한 관점, 훈민정음에 대한 관점 등을 해석해보게 할 수 있다. 이러한 관점은 문서에 있는 표현에 기초해서 해석할 수 있다.

『내훈』에서는 저자인 소혜왕후가 본 바람직한 여성과 바람직하지 못한 여성의 행실, 소혜왕후가 생각한 왕실 부녀자가 지켜야 할 '당위적'·'규범적' 문화 등에 대한 관점을 해석할 수 있다. 그러나 이 책에서 당시 왕실 여인들이 이 책에 대해 어떻게 생각했는지, 양반 사대부가 여인이나 평민이 『내훈』에서 강조하는 규범을 따랐는지 등에 대해서 알 수 있는 것은 아니다. 다른 예를 보자. 이황이 아들 준에게 쓴 편지에 다음과 같은 내용이 있다.

> 극비라는 여자종은 어리석고 고집이 세서 일을 맡길 수가 없구나. 그러나 갓금이를 이미 데리고 와버려 집 짓는 일과 제사 일 등을 해 나가는 데 마땅하게 맡길 사람이 없으니 부득불 이 여자종에게 맡겨야 할는지? 그러나 그녀가 오고감에 삼가지 않는 점이 너무 심하니, 나는 그 죄를 다스린 다음에 붙잡아서 너에게 주고 여러 가지 일을

시키려 하는데 어떻겠느냐? (이황 2011: 95)

이 글에서 당시에 종을 부리는 문화를 읽을 수 있다. 그리고 종이 말을 안 들으면 때리는(죄를 다스리는) 것도 알 수 있다. 종을 부리고 때리는 것이 당시 보편적이었던 제도 혹은 관행이었는지 알기 위해서는 다른 자료들을 더 찾아 확증해야 한다.

한국 학생은 대부분 여러 매체를 통해 조선 시대 종을 부리는 문화가 있었다는 점을 안다. 그러나 종의 주인들이 종을 부리는 방식이 같지 않았을 가능성을 가정해야 한다. 종의 주인이나 종의 관계, 각각의 성품이 다르기 때문이다. 위의 글에서 이황이 극비와 갓금이를 어떻게 평가하는지도 해석해볼 수 있다, 즉 그가 극비에게 일을 시키는 것을 얼마나 어려워했는지, 또 갓금이는 얼마나 신뢰했는지 해석할 수 있다. 즉 이황의 편지로 당시 사람들, 특히 사대부가 당연하게 여겼던 제도나 문화도 알 수 있지만, 더 좁게 해석하면 그러한 제도나 문화, 그리고 사람에 대한 이황의 해석, 이황의 관점도 알 수 있다.

이 글에서 이황이 생각하는 극비나 갓금이에 대해서는 알 수 있다. 그러나 극비나 갓금이가 이황의 종으로 일하면서 어떤 생각을 했을지에 대해서는 직접적으로 드러나지 않는다. 만약 갓금이나 극비가 이황의 편지를 읽는다면 어떻게 생각했을까? 문서에 직접적으로 드러나지 않는, 문서에 서술된 사람의 관점을 해석할 수 있을까?

종들이 남긴 글은 없는데, 그들이 이황에 대해, 더 나아가 자신들의 종 생활에 대해 어떻게 생각했는지 알기는 어렵다. 다만

종이 겪었을 만한 경험에 대해서는 여러 양반들이나 관청에서 종에 대해 남긴 기록들을 읽어 이야기할 수 있다. 역사가들은 '우회적'으로 읽어서 해석하라고 한다. 그런데 우회적으로 읽는다는 것이 무슨 말일까?

직접 기록을 남길 수 없었던 사람의 경험과 인식세계, 태도, 열망 등을 추측하고 이해하기 위해 그들의 생활이나, 인식 세계가 암시되었을 가능성을 염두에 두면서 남아 있는 기록을 다르게 읽을 필요가 있다. 그러나 구조, 제도, 당시 당연시하던 문화를 크게 벗어나지 않는 범위에서 생각해보게 해야 한다.

문자 사용자(소유자)와 문자 비사용자(비소유자) 사이에 의식 차이가 있을 가능성이 있다. 그렇다고 이분법적으로 구분하여 그 두 집단 내 사람들의 생각이 동일했을 것이라고 생각하지 않게 해야 한다. 집단 내에서도 다른 생각을 하는 사람들이 있기 때문이다. 구조와 제도 자체와 구조와 제도 내에서 생각하고 살아가는 사람의 구조나 제도에 대한 해석을 구분해서 이해하게 해야 한다. 제도와 구조의 문제를 개인의 성품 문제로 치환하여 그 사람의 행위를 평가하지 않도록 주의하게 해야 한다. 학생들은 때로 그것을 구별하지 못하기 때문이다. 구조와 제도 속의 이황은 종을 때리는 행위를 정당하게 생각한다. 같은 구조와 제도에서 살고 있던 극비나 갓금이는 그러한 구조나 제도에 대해 어떻게 생각했을까? 또 이황의 행위를 보면서 무엇을 당연하게 여겼고 또 무엇을 불만으로 생각했을까를 구분해보게 할 필요가 있다.

2) 저자의 주장을 의심하며 읽고 확증할 증거 찾기

❶ 문서의 상태에 대해 질문하고 관련 자료 찾기

발췌된 문서를 사용할 경우, 원문서는 어떤 것인지, 그 문서의 앞뒤 내용은 무엇인지, 혹시 생략된 부분이 있는지, 또 그 글과 관련된 다른 자료는 있는지 등에 대해 질문을 해보게 한다. 글의 전체를 보는 것과 부분을 발췌해서 보는 것의 차이가 무엇일지 생각해보게 한다. 필요하다면 어떤 자료를 더 찾아야 하는지 생각해보게 하고, 더 찾을 수 있는 기회를 준다. 그러나 주어진 글만을 읽어야 할 경우, 그 글 내에서 알 수 있는 점에만 초점을 맞추게 한다.

❷ 저자가 글을 쓴 의도나 저작 상황 탐구하기

질문을 해결하기 위해 주어진 글 이외에 다른 여러 자료들을 찾고, 그러한 문서들을 교차비교하면서 읽는다. 그리고 저자가 밝힌 글을 쓴 의도나 동기를 믿을 수 있는지 아니면 다른 의도나 동기가 있었던 것인지 증거에 기초하여 추론한다.

글을 쓴 의도나 동기를 탐구할 때, 저자가 글을 쓴 현실적인 문제의식이나 당시의 맥락을 탐구하는 데 중점을 둘 것인지, 그가 처해 있던 정치적·역학적 관계를 분석하는 데 집중할 것인지, 혹은 담론 질서의 지형을 분석할 것인지 생각해볼 필요가 있다. 최근 지식 담론적 권력 관계를 분석하는 글들이 많이 나오기 때문이다. 담론 질서의 지형을 분석하는 것은 해체에 가깝다. 역사가는 자신이 역사를 쓰는 목적을 생각하면서 저자의 의도와 저작의 맥락을 분석하는 방법을 택한다. 그렇다면 학생들은 어떤 방식으로 저자의 의도와 저작의 맥락에 접근하게 할 것인가? 다음의 예들이 선택에 도움이 될 수 있다.

–여러 증거를 복합적으로 검토하여 저자가 글을 쓴 문제의식 해석하기

최만리의 상소문에 그 글을 쓴 까닭이 직접적으로 언급되지는 않았지만, 읽어보면 훈민정음 사용을 반대하기 위해서 쓴 글이라는 것을 알 수 있다. 역사가 B는 상소문에서 그 시기의 문명 지체에 대한 최만리 등의 문제의식을 그들이 훈민정음을 반대하고 또 반대하는 상소문을 올린 의도와 구체적 상황으로 추론했다. 그러나 문서에 '문명 지체'라는 표현은 없다. 다만 몇 가지 단서들이 있을 뿐이다. 예를 들면 다음과 같다.

> …중국에서는 우리나라를… 중국에 견줄 만하다고 하였는데, 이제 오랑캐처럼 언문을 지어서 중국을 버리니 이야말로 눈앞의 이익을 탐내어 뒷날에 병이 생길 수 있음을 생각하지 못하는 것입니다.…
>
> …한자를 알아야만 이두의 뜻을 알 수 있기 때문에… 학문이 발달하는 데 도움이 됩니다.
>
> …비록 언문으로 관공서의 일을 할 수 있다고 해도 한자를 모르면 성현의 뜻을 배우지 못하는 것과 같아서, 사리의 옳고 그름을 가리는 데 어두울 것입니다.… 학문에 손해됨이 있고 정치에 이익이 없는 것인바, 아무리 생각해봐도 언문을 사용하는 것은 옳지 않습니다.

역사가 B는 이러한 단서들을 엮어서 최만리 등이 상소문을 올린 그들의 문제의식을 글을 쓴 맥락으로 해석했다. 와인버그(Wineburg 2001: 17-22)의 표현을 빌려본다면 "문서를 읽어 맥락을 짠(weaving of context)" 것이다. 와인버그는 역사가들이 치밀하게 읽고 모르는 것을 상세화하고, 여러 사항들을 상호텍스트적으로 읽어서 맥락을 짠다고(intertextual weave) 보았다. 그러면서 역사가에게 "맥락은 발견되는 것도 또 위치시키는 것도 아니고 단어들을 맥락에 넣는 것도 아니다. 맥락짜기는 여러 가지를 하나의 패턴에 넣고 짜는 역동적 과정에 참여하는 것"이라고 주장했다(Wineburg 2001: 21). 그리고 그렇게 역사가가 맥락을 짜는 데는 퍼즐을 맞추어가는 전문성, 기법(technique), 기능(skill), 그리고 노하우(know-how), 성숙한 역사적 인지(mature historical cognition) 등이 요구되며, 여기에 더해서 맥락을 짜려는 마음이 필요하다고 했다(Wineburg 2001: 21-22).

학생은 그러한 전문적인 기법을 모르고 노하우도 없다. 게다가 현재주의를 벗어나 문서를 읽는 것이 익숙하지 않다. 여기에 당시 사람들의 세계관, 당시 사람들이 중국과의 관계를 어떻게 보았는지 등에 대한 정보가 없는 상태에서, 당시의 한자 문화와 성리학적 사회관이나 정치관에 대한 이해가 부족한 상태에서 학생이 역사가 B처럼 상소문을 올리게 된 맥락을 짜거나 해석하기는 어렵다. 특히 "중국에 견줄 만하다", "뒷날에 병이 생길 수 있다"는 비유가 문화와 관련된 것인지, 또 '오랑캐', '성현' 등의 용어가 당시에 어떤 의미로 이해되었는지 잘 모를 수 있다. 이러한 조건에서 학생이 아무런 조사나 탐구도 없이 역사가 B처럼 상소문을 읽어 그것이 나온 구체적인 맥락을 해석하기는 어렵다. 이러한 해석을 위해서는 조선 전기, 훈민정음과 관련된 다른 문서들에 대한 탐구가 필요하다.

글을 쓴 저자의 문제의식, 글을 쓴 구체적 맥락을 글에서 파악하기 위해 저자가 누구이고 언제, 왜 썼는가라는 질문을 해야 한다. 저자가 무엇을 당시 해결해야 할 문제라고 여겼는지, 글로 알 수 있는 그 시기 정치적·사회적, 혹은 경제적 상황이나 문제는 무엇인지 등에 대해 질문할 수 있게 해야 한다.

저자에 대한 정보를 좀 더 상세하게 수집하면 그 글을 좀 더 잘 이해할 수 있다. 예를 들면 최만리 등의 상소문이 나온 시기에 어떤 사람이 어떻게 집현전 학자가 되었고 집현전에서 무엇을 했나? 또 최만리 등 상소문을 올린 신하들은 어떤 자세와 시각으로 연구하고 또 정치에 참여했나? 그들이 쓴 다른 글들에서 알 수 있는 그들의 국제 관계에 대한 생각은 어떠한가? 등의 정보는 주어진 상소문을 글을 깊이 있게 해석하는 데 도움이 된다.

–저자가 글을 쓰게 된 헤게모니적 이해 관계(담론적 권력 관계) 분석하기

저자가 글을 쓴 맥락을 글을 넘어, 때로 저자가 글에 쓴 내용을 무시하고 분석하기 위해서는 저자가 의도적이든 의도적이지 않든 드러내지 않은 저작 의도와 독자가 있을 것이라는 가정을 해야 한다. 그리고 그 글을 쓰게 된 어떤 정치적인 목적이 있는지도 살펴봐야 한다. 즉 그 글이 어떤 권력 관계 속에서 나온 것은 아닌가 의심해야 한다.

보통 글의 종류나 출처에 대한 정보를 조사하여 저자가 소통하고자 하는 대상을 추측해볼 수 있다. 그 글이 언제 누구를 대상으로 쓴 것인지 알 때 그 글이 어떤 사건이나 현상을 이해하는 데 증거로 사용할 수 있는지 판단할 수 있다. 상소문이면 적어도 그 글을 쓴 사람이 왕을 독자로 생각했다고 해석할 수 있다. 그런데 그 이상의 숨겨진 독자가 있는가라는 질문을 하기 위해서는 앞서 와인버그가 말한 것과 같은 '전문성'이나 '노하우'가 필요하다.

다음과 같은 질문을 해야 한다. 저자가 글의 종류나 내용에서 추론할 수 있는 독자 이외에 다른 독자를 생각하고 쓴 것은 아닌가? 그 글과 관련된 특별한 권력 관계가 있는가? 저자는 그 글이 권력 관계에 어떻게 작용하기를 바랐는가? 여러 문서들에 있는 내용을 무시하거나 거짓이라고 생각하면서 저작 의도와 저작의 역사적 상황을 추론해야 한다.

예를 들면 왕이 상소문을 읽지만 그 상소문을 쓴 사람이 왕 이외에 특정 독자를 생각하면서 그들을 칭찬하거나 비판하거나 무언가 요구할 수 있다. 최만리 등이 세종에게 상소문을 올렸지만, 훈민정음을 반대한 사람, 그리고 찬성하는 사람 모두가 상소문의 독자가 되어 그 상소문과 관련된 논쟁에 참여하게 된다. 다른 말로 하면, 상소문에서 훈민정음과 관계된 사람들 사이의 권력 관계를 특정한 방향에서 조정하거나, 훈민정음과 관련된 사람들이 특정한 방향에서 생각하거나 행위하기를 바라는 숨은 의도가 있을 가능성까지 분석하는 것이다. 그러한 숨은 의도와 감춘 독자, 정치적 목적을 분석하기 위해서는 여러 자료를 비교하고 탐구하여 정치적인 정황의 맥락을 짜야 한다. 역사가는 연구 의도나 방법에 따라서 때로 글을 완전히 무시하고 글의 정치적 맥락을 찾

아 맥락화한다. 즉 저술을 권력 행위로 보면서 그 권력 행위를 하게 된 권력 관계를 분석하는 것이다,

–학생에게 저술 의도를 어떻게 분석하게 할 것인가

그렇다면 역사적 연구 방법에 대한 전문적인 지식이 부족한 학생에게 요구할 수 있는 문서의 맥락화는 어떤 범위여야 할까? 여러 글들을 교차비교해서 저자의 저술 의도를 분석하는 것과 글이 탄생하게 된 정치적 맥락, 저술과 관계된 담론적 권력 관계를 분석하는 것은 어떤 차이를 보일까? 『내훈』에 대한 두 명의 역사가들의 분석을 예로 살펴보자. 아래에서 김훈식이 첫째 방법으로 의도를 설명했다면 이숙인은 둘째 방법으로 의도를 설명했다.

김훈식(2011)은 『내훈』의 내용과 『조선왕조실록』 등 당시의 여러 자료들을 증거로 편찬의 의도와 책에서 상정한 독자를 분석했다. 그는 당시 여성 교육서들, 특히 『여계』의 문제를 살펴보면서 조선 전기 『소학』, 『삼강행실도』 등 당시에 특히 강조해야 했던 덕성론과 절의론을 담은 왕실 부녀자(비빈)를 위한 여훈서가 필요했던 상황을 여러 문서를 교차검토하며 추론했다. 그리고 김훈식은 『내훈』의 독자는 주로 왕실 여성이었으나, 책에 소혜왕후가 썼던 글을 증거로 『내훈발(內訓跋)』이 왕실 부녀자뿐 아니라 신분고하를 막론한 여성 전체를 대상으로 했다고 추론했다.

이와 다른 각도에서 이숙인(2014: 285-289)은 『내훈』 저술을 권력 행위로 보면서 『내훈』의 저술 동기를 분석했다. 이숙인은 소혜왕후가 서문에 왕실 여성을 독자로 한다고 했지만, 실제 아들인 성종과 왕실 관료들, 그리고 새로 뽑게 될 며느리를 소혜왕후가

의도했던 독자, 즉 드러내지 않은 숨겨진 독자라고 주장했다. 소혜왕후는 『내훈』을 쓸 당시 어려서 왕이 되었던 성종 뒤에서 정치에 개입하고 있었다. 이러한 권력 관계 속에서 그러한 자신의 정치적 개입을 합리화할 필요가 있었던 상황, 그리고 자신이 권력을 유지하기 위해서는 순종적이고 시집에 헌신하는 며느리를 선발해야 했던 그녀의 정치적 욕망이 『내훈』을 집필한 의도라는 것이다. 이숙인은 이렇게 정치적 권력 관계와 맥락을 분석하여 소혜왕후의 『내훈』 집필의 숨겨진 의도를 "권력의지의 발화"(이숙인 2014: 289)로 해석했다. 이숙인(2014)은 소혜왕후의 개인적인 전기와 저작 당시 권력 관계 등을 조사한 후 그에 기초해서 문서 저작의 맥락을 '지식 담론적 질서', 권력 관계의 측면에서 분석했다. 그런데 이러한 분석을 위해 이숙인은 소혜왕후가 쓴, 혹은 『내훈』과 같은, 여성 교육서에 대한 당시 다른 여러 저자들의 글을 증거로 활용하지는 않았다. 다만 소혜왕후의 전기와 그 당시의 정치적 상황에 대한 역사적 지식을 활용하여 정황적으로 분석했다.

김훈식과 이숙인 두 연구자의 분석 방법이나 자료 활용 방법은 매우 다르다. 그에 따라 저술 의도나 상정한 독자를 분석한 방식도 다르며 연구 결과도 다르다. 김훈식의 서술은 소혜왕후를 당시의 문화적 변화를 적극적으로 추구한 여성 지식인으로 해석한다면, 이숙인은 권력욕의 화신으로 해석한다. 무엇을 읽게 할 것인가, 이는 역사의식의 문제이기도 하다.

이숙인식으로 글 탄생의 정치적 맥락과 담론적 권력 관계를 분석하면 거의 모든 저술은 권력 행위이다. 많은 저자의 저술 의도는 저자의 정치적·지식 담론적 권력에 대한 욕망으로 귀결될 수 있다. 아마 훈민정음 반대 상소문도 당시의 지식 담론적 권력 관계를 분석하면 같은 방식으로 권력에 대한 욕망을 확인할 수 있을 것이다. 최치원의 시무 10조, 최승로의 시무 28조, 이성계가 위화도에서 회군할 때 주장한 4불가론, 조선 전기 정도전이나 18세기 소위 실학자들의 여러 저서 등을 어떻게 읽고 그 저술 의도를 어떻게 분석하게 할 것인가?

행위자의 개인적인 정치적 욕망이나, 권력 관계, 정치적 목적에만 집중하는 식의 분석에 익숙해지면, 글에 있는 역사적 행위자의 사회적·시대적 문제의식은 권력을 위한 위선에 불과한 것으로 귀결된다. 그리고 그러한 방식에 익숙해지면 모든 저술 행위는 권력 투쟁이라는 일반화에 도달하게 되면서, 문서를 읽기도 전에 권력 관계를 생각하게 된다.

이는 최근 우리 사회에서 이데올로기 투쟁, 특히 역사에서 이데올로기 논쟁이 심화되면서 역사 읽기에서 자주 관찰되는 역사 읽기 방식이기도 하다. 사람들이 일상생활에서 정치가, 언론인 등 공적인 토론에 참여하는 사람들의 글이나 말을 분석할 때도 자주 관찰된다. 예를 들면 어떤 사람이 신문에 정부의 교육 정책을 비판하는 글을 실었다. 그 글을 읽으면서 그 사람의 주장에 동의하는지 생각하는 데 그치는 경우도 많다. 그러나 그 글을 쓴 사람이 어떤 이데올로기 진영에 속해 있는지에 대한 정보에 기초하여 그 글을 읽기도 전에 그의 주장을 판단하는 경우도 있다. 그리고 그가 관계하는 담론 질서, 그가 가진 권력욕을 비판한다.

최근 한국 근대사 논쟁은 한국 근대사 책을 읽을 때 저자가 누구인지 확인하고, 그 책을 읽기도 전에 저자의 권력욕을 먼저 비판하게 만들었다. 고구려, 백제, 신라에 대한 역사 연구도 저자가 어떤 논증의 과정을 거쳐 특정한 역사 해석에 도달했는가에 대한 그 과정에 대한 논쟁 이전에 저자의 이데올로기, 저자의 지식 담론적 권력욕의 측면에서 그 저술 의도를 예단하는 경우를 종종 본다. 저자의 사상, 이데올로기, 전기에 대한 지식으로 저자의 글을 읽지 않고도 저자가 저술을 한 정치적 의도를 분석하여 글 읽기의 의미를 축소시키는 것이다.

특히 이데올로기 대립이 뚜렷한 주제와 관련된 글, 주장하는 글들을 읽을 때 우리에게 익숙한 방식은 바로 숨겨진 정치적 의도를 찾는 것이다. 이러한 방식이 너무 익숙해서 때로 내용을 읽지도 않고 저자의 정치적 욕망을 미루어 짐작하기도 한다. 이러한 방식의 문서 맥락화는 어른 세계에서만이 아니라 때로 아이들의 세계에서도 관찰할 수 있다. 친구가 한 말의 정치적 의도나 목적을 살피는 것은 아이들에게 일상화되어 있다.

전문 역사가와 전문적인 소양이 부족한 학생의 역사적 문서 읽기를 어떻게, 무엇부터 가르쳐야 할까? 방법 선택을 위해서 교사는 자신이 가르치고자 하는 것이 무엇인가를 숙고할 필요가 있다. 즉 교수 목적, 교수 내용을 고민해야 한다. 또한 학생이 과거의 문서를 다루고, 역사를 읽고 쓰는 양상도 고려할 필요가 있다.

❸ 상식을 성찰하고 확증할 증거를 찾아 추론하기

와인버그 등(Wineburg, Martin, and Monte-Sano 2011)도 증거에 기초하여 주장을 펼치게 할 것을 주문했다. 또 쿠퍼(Cooper 1994: 3-7)도 '증거(evidence)에 기초한 추론'을 강조했다. 이는 증거를 통해 자신의 주장을 입증하는 것이다. 증거에 기초한 추론은 역사만의 고유한 사고도 아니고, 비판적 사고에서 강조하는 원칙이다.

증거에 기초하여 주장하게 하려면 우선 학생이 자신의 상식을 비판적으로 검토하여, 자신의 상식이 문서를 오염시키지 않게 해야 한다. 역사가 B는 주어진 문서에 접하면서 먼저 세종이 훈민정음을 왜 창제했는가에 대해 자신이 알고 있는 '상식'을 검토했다. 그는 먼저 자신이 알고 있는 상식은 세종은 우리말이 중국과 다르니 우리말에 적합한 문자를 만들어야 한다는 의도에서 훈민정음을 만들었다는 것이라고 설명했다. 그러나 최만리 등의 상소문을 읽으면서 자신의 상식을 의심했다. 세종이 다른 의도로 훈민정음을 만들었을 가능성에 대해 생각하게 된 것이다. 그러나 자신의 생각을 즉각적으로 바꾸지는 않았다. 상소문에서 말하는 세종이 훈민정음을 창제한 의도를 확증할 수 있는 증거를 요구했고, 그러한 증거가 없는 상태에서는 주어진 문서에만 충실해야 한다고 주장했다. 철저한 증거주의를 주장한 것이다,

역사가 A는 세종과 신하가 백성을 보는 눈이 달랐다고 했다. 그러나 그것을 증거할 수 있는 자료는 주어지지 않았다. 역사가 A가 그와 같은 대답을 할 수 있었던 것은 다른 자료들이나 다른 역사가들의 연구 논문에 대한 심층적인 지식이 있었기 때문이다. 그러나 학교 수업이라는 제한된 공간과 시간, 그리고 주어진 자료의 한계와 학생들의 선지식을 고려한다면 학생들에게 역사가 A와 같은 추론을 기대하기는 어렵다.

역사가 B는 오늘날에도 사용되는 용어가 그 시기에 어떻게 사용되었는가라는 질문을 하면서 자신이 모르는 것을 확인했고,

문서를 치밀하게 읽어서 서브텍스트를 해석했다. 그가 읽은 서브텍스트는 단순한 상상이나 추측과는 달랐다. 문서가 관련된 사건의 역사적 정황과 관련지어 질문을 하고 또 개연성 있게 추론하는 것이었다.

역사가 B가 지적했듯이 학생이 증거가 없이 '상식'을 동원하여 문서를 오염시킬 수 있다. 학생에게 주장을 펼 때에는 '증거'나 '근거'를 제시하게 해야 한다. 학생이 문서에서 벗어난 주장을 한다면 그것을 '가설'로 설정하게 한 후 그 가설을 입증할 수 있는 증거를 찾게 해야 한다. 확증할 수 있는 증거는 하나가 아니라 여러 개여야 한다는 점도 주지시켜야 한다. 또한 역으로 가설이 잘못되었다는 것을 보여주는 증거는 없는지도 찾아보게 한다. 그리고 서로 배치되는 주장을 하고 있는 문서들을 어떻게 해석할 것인가에 대해서도 생각해보게 해야 한다.

그리하여 주어진 문서와 여러 자료를 비교·검토한 결과 과거에 대해 무엇을 알 수 있는가?, 즉 그 글에서 무엇을 해석할 수 있는가라는 질문에 대답하게 해야 한다.

❹ 질문하고 논쟁하면서 '지혜' 키우기

많은 교사들은 과거인이 쓴 글을 읽고 과거에 대해 아는 데 그치는 것에 아쉬움을 표한다. 학생이 역사 문서를 읽고 해석해서 역사를 생생하게 이해할 수 있다. 그러나 역사를 생생하게 이해하는 데 그친다는 것은 결국 역사가가 제공하는 해석을 수동적으로 받아들인다는 것이며 문서 읽기 기능 연마 이상의 의미를 가질 수 없다고 보는 것이다. 교사들은 역사가 학생들이 살고 있는 현재 사회 그리고 당면하고 있는 오늘날의 사회 문제나 또 학생 개인의 문제와 관련성이 떨어질 경우 학생이 역사에서 의미를 찾는 것이 어렵다고 강조한다. 그리고 현재와 관련짓기 위해 노력한다.

앞서 유 선생님이 여러 종류의 수업을 시도한 까닭은 학생에게 다양한 방식으로 역사에 접근하여 역사를 재미있어 하고, 그러면서 '지혜'를 키우기 바랐기 때문이다. 제1장에서 여러 선생님들이 학생에게 역사에서 정체성이나 인간의 위대함, 교훈을 가르치려고 했던, 그리고 현재 문제 해결의 본보기를 찾게 하려고 했던 것도 역사가 학생에게 오늘날을 살아가는 어떤 지혜나 통찰을 주기를 바랐기 때문이다. 즉 역사에서 역사가적인 기능 연마 이상의 의미를 찾는 것이다.

필자는 역사 문서 읽기에서 학생들에게 역사의 해석적 성격을 이해시키는 것을 넘어 '지혜'를 얻게 하려면 우선 읽게 할 문서 선정이 중요하다고 강조했다. 그리고 그러한 문서를 읽으면서 학생이 인간이나 사회, 혹은 자신의 역사 지식이나 역사의식에 대해 통찰할 기회를 가지게 하는 것이 중요하다.

그러나 인간과 사회에 대한 통찰력은 단시간 내에, 한두 개의 과거 문서를 읽어서 키워질 수 있는 것은 아니다. 하나의 문서 읽기에서 학생이 인간 사회에서 무엇이 변했고, 무엇이 계속되는지, 무엇이 어떻게 변화를 가져왔는지 혹은 변화를 제약했는지, 인간은 무엇을 할 수 있는지 또 무엇을 해야 하는지 등과 같은 거대한 질문을 하는 것까지 기대하기는 어렵다.

통찰은 역사 속의 여러 인간들, 인간 행위들, 사건들, 제도들 사이의 관계를 유추하거나 비교, 일반화하면서 키울 수 있다. 유추, 비교, 일반화는 역사에서 지혜를 얻는 방법이다. 그러나 학생은 인간 행위에서 비슷한 점을 찾아 일반화하는 데 너무 익숙하고 그것이 습관화되어 있다. 그렇기 때문에 국어, 사회, 과학 등에서 강조하는 일반화의 사고방식, 그 방식을 상대화하는 틀을 역사가 제공해야 한다. 우선 과거와 '비슷한 점'이나 '근접성'보다는 '거리'와 '차이'를 확인하게 하자. 글에 있는 과거 사회와 사람이 오늘날과 어떻게 다른지 생각하게 하면서 글을 읽게 하는 것이다. 제도, 문화, 관습, 행위, 윤리적 관점 등에서 오늘날과의 다름을 찾게 해야 한다. 이때 비교의 관점이 투영된다. 그런데 이때 비교는 '다음'을 확인하는 수준을 넘어 그 다름을 맥락적으로 이해하는 데까지 가야 한다. 그러나 학생의 경험이나 지식을 크게 벗어나거나 정보가 부족한 상태에서 매우 피상적으로 비교하게 하는 것은 경계할 필요가 있다.

역사를 당시의 문화적 맥락에서 이해해야 한다. 그러나 문화상대주의로 빠지는 것은 경계해야 한다. 사회구조의 문제를 비판적으로 생각해보게 해야 한다. 그러나 구조의 제약 속에서도 인간의 행위와 사고는 단일하지 않다. 오히려 여러 층위와 각도의 구조 해석이 나타난다. 그러한 구조와 제도의 제약 속에 살았던 사람들을 존중하면서도, 그들에게 캐묻고 그들과 논쟁할 수 있게 해야 한다. 그 시기에 다른 생각이나 다른 행위를 할 수 있었던 여지는 없었을까? 다른 문제 해결 방법은 없었을까? 등에 대해 질문하고 과거인과 논쟁하게 하자. 당시의 맥락에서 다른 문제 의식, 문제 해결 방식, 해석이나 주장, 행위가 가능했다면 어떤 것이었을까를 생각해보게 하고 토론해보게 하는 것이다.

제5장

학생의 과거 문서 읽기 양상과 교수학습 전략

1 학생의 '『훈민정음 혜례본』 서문'과 '최만리 등의 상소문' 읽기

1) 읽기 양상의 분석 관점: 역사적 맥락에서 읽고 저자의 시각 평가하기

7학년에서 10학년 학생들에게 '『훈민정음 해례본』 서문'(자료 1-1)과 '최만리 등의 상소문'(자료 1-2) 일부를 읽게 했다. 이 글들은 기본적으로 주장이 담긴 글이고, 논쟁하는 글이다. 이 글들을 학생들에게 읽게 하고 다음과 같은 질문을 했다.

- 〈자료 1-1〉은 누가 쓴 것입니까?
- 무엇에 대한 것입니까?
- 세종이 왜 훈민정음을 창제했다고 합니까?
- 학생은 세종이 훈민정음을 왜 창제했다고 생각합니까?

학생이 세종이 백성을 사랑해서 문자를 만들었을 것이라고 대답한 경우에는 "그럼 다른 왕들은 백성을 사랑하지 않았을까? 왜 하필 이 시기에 세종이 문자를 만들려고 하였을까?"라는 추가 질문을 하였다. 당시 사회문화적 맥락이나 관련된 사건들을 좀 더 떠올려보게 하기 위해 "세종 때 어떤 일이 있었는지 아는가?"라는 질문을 하기도 하였다.

- 〈자료 1-2〉는 누가 쓴 것입니까?
- 무엇에 대한 것입니까?
- 최만리 등은 왜 훈민정음 사용을 반대합니까?
- 학생은 최만리 등이 왜 훈민정음 사용을 반대했다고 생각합니까?
- 세종과 상소를 올린 최만리 등의 중국을 대하는 태도가 다릅니까?
- 세종과 상소를 올린 최만리 등의 백성들을 보는 관점이나 태도가 다릅니까?
- 〈자료 1-3〉에는 어떤 내용이 있습니까?
- 이 당시에 살았던 사람들은 훈민정음 창제에 대해 어떻게 생각했을 것 같습니까?
- 이 자료들을 통해서 알 수 있는 이 시기 사람들의 사고 방식이나 문화에 대해서 말해주십시오.
- 세종은 어떤 사람이라고 생각합니까?

이러한 질문에 대한 대답을 종합하여 첫째, 학생들이 표면에 드러나는 내용을 요약할 수 있는지, 둘째, 학생들이 세종이 훈민정음을 창제한 의도와 상소를 올려 훈민정음을 반대한 의도를 어떻게 해석하는지, 셋째, 당시 사람들이 당연하게 받아들이는 문화를 어떻게 해석하는지 또 역사적 맥락에서 글을 읽고 해석하는지를 살펴보았다.

2) 읽기 양상

❶ 표면적 내용 요약

학생들에게 '『훈민정음 해례본』 서문'(자료 1-1)을 읽고 그 내용을 요약해달라고 했다. 학생들은 글을 읽고 세종이 훈민정음을 만든 이유에 대해 쓴 것이며, 이는 '어리석은 백성들을 위한 것'이라고 말했다. 학생들에게는 매우 익숙한 자료이기 때문에 그것이 세종이 쓴 『훈민정음 해례본』의 서문이라는 정보를 읽지 않고도 세종이 쓴 글이라는 점을 알았다. 서문에서 "나라말이 중국과 달라서 문자로는 서로 통하지 않는데"라는 구절은 상당히 함축적인 표현으로서 당시 조선이 중국 문자인 한자를 사용하고 있었고, 중국 한문의 어법이 조선의 어법과 달랐다는 점을 알고 있을 때 그 의미를 이해할 수 있다. 학생들은 당시의 상황과 조건에 대한 배경지식에 기초하여 이 부분을 정확하게 이해했다.

학생들에게 '최만리 등의 상소문'(자료 1-2)을 읽고 여기서 알 수 있는 당시의 문화, 사고방식 등에 대해 말해달라고 했다. 학생들은 이 시기에 중국과 사대 관계—학생들의 표현에는 사대주의도 있었다—에 있었다는 점, 성리학이 중요한 학문이자 통치 이념의 바탕이 되었다는 점, 이두를 사용했다는 점 등을 알 수 있다고 했다. 학생들은 사대주의, 성리학, 이두 문자의 구조, 조선의 왕과 신하 사이의 상하관계, 상소문에 대한 지식을 활용하여 상소문의 내용을 파악했다.

상소문의 내용을 전체적으로 파악하지 못했다고 평가할 수 있는 학생은 한수(10)[1] 한 명이었다. 한수는 최만리 등이 반대한 첫째 이유를 〈자료 1-2〉의 ①에서 "중국 문자를 베껴서 안 좋다고 생각했다"로 요약했다. 다른 문서 내용은 부분적으로 요약하거나 잘 모르겠다고 대답했다. 한수는 학업성취도가 떨어지기도 하지만 교사의 설명에 의하면 학업에 대한 관심이 없는 학생이다. 면접 당시 열심히 읽으려고 노력하기는 하였으나, 자료를 읽는 것 자체를 어려워하거나 싫어했다. 한수 외의 대부분 학생들은 다섯 가지 이유를 자신의 말로 요약했다.

구체적인 요약 내용을 살펴보면 다음과 같다. 상소문의 첫 번째 단락 ①에 대해 학생들은 당시 "중국 사람 가운데 언문을 만드는 것을 옳지 못하다고 하는 사람이 있으면 중국을 따르는 나라로서 부끄러울 것이다", "우리나라만의 문자를 쓴다는 것은 잘못된 것이다. 사대에 어긋난다"고 요약했다. '사대'라는 역사적 용어를 사용하는 학생이 많았다. 즉 많은 학생이 〈자료 1-2〉의 ①에서 신하들의 국제질서관을 '사대'로 해석했다.

②에 대해서는 대체로 "자기 문자를 가지고 있는 것은 오랑캐들이나 하는 일이라고 생각하고 오랑캐가 아닌데 왜 문자를 만드냐고" 요약했다. 그런데 여기서 자기 문자를 가지고 있는 민족을 왜 오랑캐라고 부르는지에 대해 이해하지는 못했다.

③과 ④에 제시된 세 번째 이유에 대해서는 "훈민정음을 만

1 이하 학생 이름 옆의 숫자는 학년을 의미한다.

들면 한자 공부를 하지 않을 것이므로 학문 발달이 어렵다고 생각했다"고 읽었다. "한자를 공부하면 성현의 뜻을 배우는 것인데 그냥 오로지 스물여덟 자만 공부해서 출세할 수 있게 되면 한글보다 한자를 익힐 사람이 적어진다는 것에서 사리의 옳고 그름을 가리는 데 어려울 것이고", "성리학을 배우는 데 이두를 알면 되지만 새로운 문자로 된 책은 아직 없을 것이기 때문에 한글은 학문 발달에 도움이 안 되고", "한자는 학문에 도움이 되고 성리학을 배우기 위해 필요하다" 등으로 요약했다.

⑤의 네 번째 이유도 백성이 글을 몰라 억울하게 벌을 받을 수 있기 때문에 세종이 그것을 방지하기 위해 훈민정음을 만들었다고 하였는데, 신하들은 중국 예에 빗대어 글을 몰라서 억울한 일을 당하는 것은 아니라는 점을 지적했다고 읽었다. "죄를 받을 때 글을 몰라서 억울하게 당하는 게 아니라, 그 글과 상관없이 매를 이기지 못해서 억울하게 당하는 것이라고 했어요"와 같은 대답을 했다.

⑥에 제시된 다섯 번째 이유에 대해서도 어려움 없이 읽었다. "풍속을 바꾸는 일, 중국을 거스르는 일이기 때문에 후세에 옳다고 할 때 사용해야 한다. 아직 이르다", "글을 바꾸는 일은 매우 큰일이어서 재상과 상의해야 하는데 다른 사람들의 의견을 듣지 않고 밀어붙인다는 것은 안 되고", "세종이 상의도 안 하고 너무 성급하게 훈민정음을 만들려고 해서 더 생각을 해야 한다고" 등으로 요약했다.

표면적으로 드러나는 내용을 하나하나 짚으며 요약해달라고 할 때는 학생들이 자신의 특정한 관점이나 편견을 강하게 반영하면서 읽지는 않았다. 대체로 저자나 화자가 말하는 것을 따라가면서 그들의 시각에서 당시의 맥락을 파악하고 문서 내용을 설명했다.

〈자료 1-3〉에서 학생들은 세종과 신하들이 논쟁을 하고 있다는 점을 파악했다. 학생들은 세종은 훈민정음의 취지와 이두의 취지가 모두 백성을 위한 것이라고 주장했고, 신하들은 이두는 중국 글자와 비슷하지만 훈민정음은 다르다는 점을 들어 반대했다고 논쟁을 요약했다. 여기서 학생들은 '애민적 세종과 중국 중심 사고(중화사상)의 신하들'의 논쟁 구조를 읽었다.

> 황현(10): 세종은 왜 한글을 만들면 안 되냐고 하고 있어요. 이두도 백성을 위해 쓰는 것인데, 백성을 위해 한글을 만드는데 한글은 왜 안 되냐 그렇게. 최만리는 이두는 중국 글자와 비슷하지만 한글은 중국 글자와 달라서 안 된다.…

> 김은(10): 음, 세종은 한자를 사용하지 않고 한글을 사용하자는 이유가 백성들이 편리하게 사용할 수 있는 문자를 만든 것인데 신하들이 백성들의 편리를 생각하지 않는다고 생각을 해서, 최만리는 한문이 중국에서 나온 문자니깐 이게 한글은 중국의 글과 다른 글자라고 반대하는 거죠.

대체로 황현처럼 요약하였으나, 간혹 김은처럼 〈자료 1-3〉에서 표면적으로 드러나지 않는 내용, 또는 〈자료 1-1〉에 나오는 내용을 보태서 〈자료 1-3〉의 내용을 요약한 학생도 있다.

❷ 더 많은 자료의 필요성에 대한 인식

면접 과정에서 학생들이 질문에 대답하기 위해서 주어진 문서 내용만으로는 불충분하여 다른 정보나 다른 문서가 더 필요하다고 하는지, 그 문서가 편집됐다는 점을 지적하는지 관찰했다. 주어진 자료의 증거로서의 한계를 인식하는가 등을 확인하려 한 것이다. 자료가 어떻게 남았는지, 그 상소문을 신하들이 다 같이 모여 쓴 것인지, 아니면 개별적으로 쓴 것을 연구자가 모아 편집한 것인지에 대해 질문하거나, 『세종실록』의 사료로서의 가치나 한계 등에 대해 학생들이 언급하는가에 대해서도 관찰했다. 그러나 상소문의 출처에 대해 묻거나, 『조선왕조실록』, 『세종실록』이라는 자료가 어떤 자료인지, 그 자료에 있는 내용을 신뢰할 수 있는지 등에 대해 묻는 학생은 없었다. 또한 주어진 자료가 편집된 것을 의식하거나 주어진 자료 이외에 다른 자료들을 볼 필요가 있다는 반응을 보인 학생도 없었다.

❸ 세종의 훈민정음 창제 의도와 신하들의 반대 의도에 대한 맥락 해석 유형

문서에서 학생들은 세종이 훈민정음을 창제한 의도와 신하들이 훈민정음에 반대한 의도를 어떻게 해석하는가? 세종과 신하들은 글의 저자이기도 하지만, 사건의 행위자이기도 하다. 글에는 자신들이 왜 그런 행위를 했는가 혹은 그런 주장을 하는가에 대해 써 있다. 세종과 신하들이 행위하고 주장한 의도를 그들 각각이 쓴 글을 그대로 믿으며 해석하는가 아니면 그 글들을 의심하면서 비판적으로 보려고 하는가?

학생들이 세종과 신하들의 행위 및 주장 의도를 해석하는 방식은 크게 다섯 가지로 구분해볼 수 있었으며, 이 유형들을 자세히 살펴보면 다음과 같다. 그런데 여기서 언급하는 유형은 발달 단계나 사고 수준 혹은 단계를 의미하지는 않는다.

〈유형 1〉 문서에서 화자 의도 요약: 문서의 내용을 그대로 받아들여 주장 의도를 해석한 유형

많은 학생이 〈자료 1-1〉에 집중하여 '애민적 세종'을 읽었다. 〈자료 1-1〉을 읽을 때는 문서의 내용을 단순하게 반복하는 학생들이 매우 많았다. 예를 들면 '백성의 편리함을 위해서', '백성을 돕고 싶어서', '백성을 사랑해서' 등과 같은 것이다.

그리고 세종이 훈민정음을 창제한 의도를 세종의 글에서만이 아니라, 신하들의 상소문(자료 1-2)에서도 세종이 했다는 말을 찾아 확증한 학생들도 있다. 상소문에는 세종의 주장이 인용됐다. 학생들은 〈자료 1-2〉의 ⑤에 있는 '세종이 했다는 말'에 주목하여, 세종이 통치를 좀 더 원활하게 하고 싶어서 혹은 백성들과 소통을 잘하려고 훈민정음을 만들었다고 추론했다.

> 황희(10): 세종이 자기 뜻을 더 많은 사람들에게 알게 해서, 백성에게 알려서 더 잘 수행하도록 하게 하기 위해. 법이라고 하면 알아야 그걸 잘 따르고 어기지 않게 할 수 있지 않나요? 백성이 한자를 몰라서 불이익을 당한다는 얘기가 나오니깐 그걸 보고 추측했어요.
>
> 오연(9): 백성들이 그 뭐지 계급이 높은 사람들만 이제 한문을 보고 그걸로 뭐지 백성들은 모르니까 악용할 수도 있으니까 백성들에게

글자를 알려주기 위해서 훈민정음을 쓴 것 같은…

이은(7): 백성들이 억울한 일을 당했을 때도 이렇게 자기의 의사를 나타낼 수도 있고, 또 신분이 높은 사람들만 글을 쓸 수 있었잖아요, 배우고. 그런 것에 대해서 불공평하다고 생각하고 좀 노비나 이런 사람들에게도 좀 한글을 배울 수 있는 기회를 주고자 만든 것 같아요.

한우(9): 어, ⑤번을 봤을 때 ㉠ 형을 집행하는데 이두를 써가지고 백성들이 그 자신들의 죄목이나 그런 것을 이해하는 데 어려움이 많다고 예를 드는 것을 보면, 백성들에게 훨씬 더 편안한 안정 아니면 교육의 기회를 훨씬 더 널리 주고 싶었지 않았을까 하는 세종대왕의 그런 마음이 있었지 않았을까라는 생각이 들어요. 다른 왕들도 그런 생각을 했었겠지만, 세종대왕이 아무래도 그런 마음이 더 깊었었고, 그리고 그 새로운 글자를 만들어서 중국과 사대주의에서 벗어나고 싶었던 그런 마음도 좀 있었던 것 같아요. 당시 상황을 보면, 그니까 ㉡ 훈민정음을 만들었다는 것만으로도 반감을 살 수 있는데 꿋꿋하게 발표를 했다는 면에서도 꽤 사대주의에서 벗어나고 싶어 했던 것 같아요.

황희는 "법"과 "억울하게 당할 사람"이라는 내용에 집중하여, 세종의 의도를 해석했다. 오연도 같은 문구에 집중해서, 계급이 높은 사람이 글을 모르는 백성을 속일 수 있다는 점을 세종이 경계했다고 해석했다. 이은은 거기서 더 나가서 그러한 상황을 세종이 불공평하게 여겼다고 판단했다. 한우는 ㉠에서 볼 수 있듯이 신하가 세종의 얘기를 반박하기 위해 인용한 세종의 말을 빌어 세종이 훈민정음을 만든 의도를 설명했다.

『훈민정음 해례본』 서문에서 말한 세종의 의도와 상소문에서 신하들이 인용한 세종의 말은 서로 모순되지 않는다. 불쌍히 여기기 때문에 억울함이 없게 하겠다는 것이다. 그런데 이 학생들이 서문보다는 신하들이 인용한 세종의 주장을 근거로 세종의 훈민정음 창제 의도를 해석한 까닭이 무엇일까? 신하들이 상소에서 세종의 말을 인용한 것은 세종의 논리에 반박하기 위해서였다. 글을 알아도 억울한 일을 당할 수 있는 예를 중국에서 찾은 것이다. 그런데 학생들은 신하들의 주장은 무시하고 세종의 주장에만 주목했다. 세종의 훈민정음 창제와 활용을 비판하는 사람들이 인용했기 때문에 그들이 인용한 세종의 말을 더 신뢰했을 수도 있다.

신하들의 의도에 대해서는 문서에서 "중국을 섬겨왔던" 상황과 사람들이 한자를 모르면 학문이 소홀해질 것이라고 생각했을 것이라는 점을 중심적으로 읽었다. 역사가 B처럼 학문에 소홀해지는 것이 어떤 의미인지에 대해 정교하게 대답하지는 못했다. 주어진 문서에서 벗어나지 않고, 신하들의 주장을 그들의 시각에서 이해하고 받아들여 해석했다.

> 박현(10): 수천 년 동안 아무 문제없이 그 중국 문자를 사용해왔고, 중국이란 큰 나라를 섬기는데 갑자기 막 중국이랑 다른 문자를 사용하면 중국 사람들이 이상하게 보고 또 한글만 막 다시 배우게 되면 한자에 소홀해지잖아요. 그러면 학문 같은 것도 제대로 모르고, 한자를 아는 사람이 줄어드니깐. 지금 이 사람들이 얘기하는 것처럼 중국이 싫어할 것 같고 한자를 아는 사람들이 줄어들 것 같아서

반대하는 것 같아요.

곽연(9): 이제까지 이 학자 분들이 다 이렇게 한문을 공부를 하시고, 성리학에 대해서 공부를 하시고 그런 지식을 바탕으로 모든 일들을 하는데 갑작스럽게 언문으로 바꾼다고 하면 그 훗날 갑자기 큰일이 생길 거잖아요. 그러면 백성들만이 아니라 양반들도 이제 언문만 알면, 쉬운 것만으로 의사소통을 하면, 성리학을 공부하는 것을 좀 더 미루거나 좀 덜 공부할 수 있겠구나 이런 생각을 가질 수도 있다고 생각하고. 그리고 중국이랑 친한 관계였는데 갑작스럽게 이런 일이 생기면 정치적으로도 문제가 생길 것을 우려한 것도 있는 것 같아요. 그래서 여러 가지 면에서 좀 자신들의, 농민들의 입장이 아니니까 좀 그런 생각들을 한 것 같아요.

박현과 곽연은 훈민정음이 중국과 정치적 관계를 해칠 것이고, 또 학문에 소홀하게 할 것이라는 두 가지 점을 이야기했다.

임은(10): 중국을 따르는 나라로서 새로운 문자를 만드는 것은 오랑캐들이나 할 짓이며 부끄러운 일이다. 조선이 성리학, 법률 제도를 따른 것과 같이 중국을 항상 섬겨왔기 때문에 부끄러운 일이다.

김교(7): 중국이 우리나라가 계속 중국을 섬기고 같은 문자를 사용해왔는데 갑자기 언어를 바꾸니까, 이것에 대해서 나쁘게 생각하고 우리나라를 언짢게 볼 것 같아서 그런 것 같은데요.

이은(8): 〈자료 1-3〉의 초반을 보면 하급관리나 하인들까지 반드시 이두를 배우려면 한자로 책을 읽어야 하고 어느 정도 한자를 안 연후에야 이두를 쓰게 됩니다. 한자를 알아야만 이두의 뜻을 알 수 있기 때문이잖아요. 최만리라는 사람은 한자 자체가 배우기 어려운 건데, 이 한자를 아는 사람들만 지식층이 되길 원한 게 아니었을까요? 언문이 반포되면 한자를 게을리하고 거기서 지식을 얻을 수 없다는 거죠. 그러면 지식층이 생각의 폭이 좁아지고 그럼 나라가 잘 굴러갈까요. 지금 최만리가 걱정하는 건 이거 같아요.

임은과 김교는 중국을 섬겨왔는데 훈민정음을 사용하면 중국이 싫어할 것이라는 점을 중심으로 읽었고, 이은은 훈민정음 때문에 학문을 게을리하게 된다는 점을 중심으로 읽었다. 요컨대 〈자료 1-2〉에서 ①, ②에 중심을 두고 읽은 학생은 신하들의 중국을 섬겨야 한다는 의식을, ③, ④를 중심으로 읽은 학생은 신하들이 학문의 발전이 저해될 것을 우려한다고 해석했다.

앞서 역사가들이 이 두 가지를 상호 관련시켜 맥락적으로 읽고 해석했다면, 많은 학생들은 사대와 학문 발전을 유기적으로 연결하여 맥락적으로 해석하는 데까지 이르지는 못했다. 그러나 신하들이 훈민정음에 반대한 의도나 상소문을 올린 까닭을 사대 관계나 학문 발전의 저해에 대한 우려로 설명한 학생들은 문서에서 벗어나지 않았다.

〈유형 2〉 숨은 의도를 상식으로 추론하는 유형

상소문을 비틀어 읽어 세종의 훈민정음 창제에 숨겨진 의도를 '자립'으로 해석

훈민정은 창제 의도에 대해 세종이 "중국으로부터 자립하고 싶어

서"라고 대답한 학생들이 있다.

> 이세(10): 뭔가 중국으로부터 자립하고 싶어서, 지금 조선이 중국의 문자나 문화를 그대로 받아서 쓰고 뭐 이두라는 글자가 있긴 한데 이게 ㉠ 중국의 문자를 거의 모방하듯이 만든 거라서 거의 그냥 중국이라고 할 정도로 중국의 문화가 많은데, 그거에 대해 세종대왕으로서는 자립하고 싶으셨다고 해야 할까요? 일단 자신의 나라에 글자가 있어야 나라가 있다고 생각하셔서…
>
> 김수(10): 제 생각은 중국에 대항? 대항이라고 하긴 그렇고, 우리가 너무 작으니깐, 우선 나라사람들을 일깨워주려는 것도 있고 그리고 막 ㉡ 여진족 그런 나라들은 다 여기에 언어[문자를 말하는 것으로 보임]가 있었다고 하잖아요. 일본이나, 그런데 우리나라만 없어서 뭔가 중국의 속국이 되는 것을 미연에 방지하려고, 그리고 또 백성들의 어리석음을, 직접 억울한 일이 있으면 토로할 수 있고 이렇게 약간 국민들의 전체적인 지식 수준을 높이려고 한 게 아닐까요?
>
> 김영(8): 세종은 ㉢ 너무 섬기는 식으로 하면은 그 중국이 오히려 자만심이 들어가지고 우리나라를 빼앗을 수도 있고 영토를. 그래가지고 세종은 그냥 교류만 하고 중국의 문화를 섬기지는 말자 하면서 훈민정음을 만든 것 같아요.
>
> 김류(7): 중국에서 좀 벗어나고 싶다는 마음가짐으로 만든 것일 수도 있을 것 같아요. 중국을 따르기 때문에 제가 알기로는 조공을 바쳤던 거 같은데 조공을 바침으로써 자신이 백성들이 힘들게 수확하고 갖고 있던 것을 다시 내주는 거니까 불평하고 그리고 중국이 자신이 다스리고 있는 나라를 시시콜콜하게 계속 관찰하고 있다는 불

편함, 중국에서 벗어나고 싶다는 마음에…

위의 학생들은 상소문을 올린 신하들이 한 말을 오히려 세종의 숨은 의도를 반증하는 것으로 해석했다.

위 이세의 대답 중 ㉠을 보면 신하들이 이두는 중국 문자를 모방해서 만든 것이니 괜찮다고 한 것을, 이두가 중국 문자를 모방해서 만든 것이기 때문에 세종은 자립을 원했다고 해석했다. 김수의 ㉡을 보면 신하들이 자기 문자가 있는 여진족을 오랑캐라고 한 것을 오히려 세종은 여진족처럼 우리 문자가 있어야 속국이 안 된다고 생각했다고 해석했다. 김영의 ㉢도 신하들은 중국을 섬겨왔던 점을 강조했는데, 그것을 세종은 섬겨왔던 것에 문제가 있다고 생각했다는 식으로 해석한 것이다.

학생들은 신하들이 "중국을 큰 나라로 섬기고…"를 얘기했다는 점에 주목했다. 그리고 신하들과 세종이 서로 다른 의견을 펼치면서 논쟁한다는 점에 착목했다. 신하들이 사대의 시각에서 훈민정음 사용에 반대하기 때문에, 세종의 중국에 대한 태도는 신하들과 달랐으리라고 상상하고, 그에 비추어 세종의 '숨은' 의도를 추론했다. 문서에 직접적으로 드러나는 논의는 '애민적 세종과 사대적 신하'이다. 그런데 학생들은 문서의 내용을 '자주적 세종 대 사대적 신하'의 대립 구조로 읽었다. 세종은 중국으로부터 벗어나야 한다는 생각으로 훈민정음을 만들고 신하들은 사대 관계를 유지해야 한다는 생각으로 반대 상소를 올린 것으로 해석했다. 그런데 이 문서에서는 세종이 그렇게 말했다는 점을 알 수는 없다. 서브텍스트를 읽으려고 시도한 것이다. 그러나 그 서브텍스트도 텍스트에 기초해서 정황으로, 혹은 맥락으로 구성하여 확증해야 한다. 세종의 자주의식을 확인하려면 그러한 의식을 보여주는 문서들을 찾고 증거로 제시해야 한다.

〈유형 3〉 글을 상식의 틀에서 이해하고 역학 관계의 측면에서 분석한 유형

신하들의 숨은 의도를 '권력욕'과 '특권의식'으로 해석

학생들은 세종이 말한 '억울한 백성'이라는 문구에 착목하여 신하의 부정이나 권력욕, 특권의식 등을 해석했다. 이들은 신하들이 백성이 문자를 알게 되면 양반들에게 이익이 되지 않아서 훈민정음에 반대하고 상소문을 올렸을 것이라고 신하들의 숨은 의도를 찾았다. 학생들이 '억울한 백성'에 주목하게 한 요인은 학생들의 저자, 양반 지배층에 대한 상식과 인간 본성에 대한 일반화된 이해이다. 또한 양반 지배층과 백성의 관계를 권력 갈등 관계로 인식했다. 학생들의 대답을 예를 들면 다음과 같다.

> 오인(10): 아마 사대주의에 많이 물이 묻어 있어서, 또 공부를 하고 배우는 계층이 양반인데 그 양반이 한자를 할 줄 아니깐 그게 좀 위대해 보였을 텐데 그게 이제 더 쉬운 글이 있으니깐 백성들이 양반을 좀 무시할 수도 있겠구나… 뭐 양반들이 글 하는 것 별거 아니네, 이렇게 생각해서 양반들의 체통이 좀 떨어질 수 있다 그래서.
>
> 박우(8): 최만리가 세종이 아끼는 집현전의 학자 중에 하나였잖아요. 근데 집현전이 세종이 자기가 아끼는 학자들을 모아놓고 연구

에 매진하도록 하는 기관이었잖아요. 그러니까 일종의 특권의식이 있었을 것 같아요. 일반 다른 관리들이랑 달리, 나는 왕의 총애를 받고 이렇게 이야기를 하는 게, 이렇게 정치를, 아니 왕의 총애를 받으면서 학문을 한다. 너희들이 나를 어떻게 하지 못한다. 이게 좀 오버일 수도 있겠는데, 너희들은 나를 건드리면 안 된다. 나는 왕의 총애를 받고 있는 학자다. 그런 잘못된 특권의식이 있었던 거 같아요. 그러면서 세종대왕이 백성을 위한 문자를 만들자고 했을 때 약간의 배신감도 들었을 거고 세종한테, 그리고 특권의식이 침해된 것 같아서 자신의 권리를 필사적으로 지키기 위해서 세종한테 무리, 어떻게 보면 무리하다고 볼 수 있겠는데 세종한테 끝도 없이 자꾸 상소문을 넣고 토론을 하고 그랬던 것 같아요.

김은(10): 그냥 비리를 저질러도 백성들이 알아도 말을 못하는 부분이 많았는데 한글이 생기면 그거를 자신들의 이익이 없어지니까, 비리, 뭐 세금을 안 냈거나, 백성들의 세금을 더 많이 먹었다던가, 그런 식으로 억울한 일이 있어도 말을 못했는데 그거를 이제 하지 못하니까

오인과 박우, 김은은 글에서 자신의 상식을 지지해줄 내용을 선택해서 상소를 올린 사람들의 의식 세계를 읽으려고 했다. 다음의 예에서도 학생들은 자신이 생각하는 '인간의 본성'이나 지배층에 대한 상식에 집중했다. 세종에 대해 홍원은 다음과 같이 대답했다.

홍원(10): 왕권을 확실하게 하기 위해서, 자신이 이런 것을 만들었

다는 거 후세에 알리려고. 그것을 이렇게 만들어 가지고선 그 반대하는 애들이 나오고 그러잖아요. 사람들을 찍어 누르려는 이유도 있을 것 같은데요. 그런 게 큰 건 아니고. 부수적으로. 백성을 위해 만들었다가 중요한 이유.

문서를 무시하고, 세종이 자신의 업적을 만들기 위해, 또 반대하는 사람을 찍어 누르려고 훈민정음을 만들었다는 것이다. 신하들에 대해서는 다음과 같은 대답이 있다.

최연(9): 지금이나 예전이나 높은 관리들은 다 자기들만의 그런 것을 갖고 싶어 하잖아요. 그래서 그런 것을 봤을 때 여기는 안 나와 있어도, 아니 여기 나와 있는 것도 보면 백성들은 전혀 생각하지 않고 자신들만 이익을 보려고 하는 것 같아요.

김민(8): 제 생각에는 만약 훈민정음을 만든다면 백성들과 자신의 위치가 같아지기 때문에 재물 같은 걸 더 이상 모으기 힘들고 자신의 위치가 낮아지고 또 자기의 권위를 잃어버릴 수 있다고 생각했기 때문인 것 같아요. 백성들이 지식을 더 많이 얻게 되면 그런 출세도 많이 하고 자신들보다 더 똑똑한 사람들이 나타나게 되면 권위를 놓치기 때문에 그런 것들을 방지하기 위해서 반대한 것 같아요.

신호(7): 한글을 쓰면 이제 낮은 신분의 사람들도 글을 쓸 수 있으니까 그 신분의 차이가 없어질 것이라고 생각해서 그런 것 같은데요. 낮은 사람들, 낮은 신분의 사람들도 글을 쓸 수 있고…

구영(7): 이 사람들은 [백성들이] 말을 잘 들으면 예전에는 자기들이 얻는 이익이 많았는데 백성들이 이제 자신의 생각을 말할 수 있으니까 마음대로 못하기 때문에… 옛날에는 그 높은 지위에 있는 사람들이 백성들을 이용하는 그런 게 많았기 때문에…

이 학생들은 인간은 기본적으로 이기적이고, 위치가 높고 권력이 있는 사람은 자신의 권력을 잃어버리는 일에 반대한다고 생각한다. 역사가 B의 말을 인용하자면 학생들은 그러한 상식으로 문서를 오염시키면서 해석했다. 즉 문서에 적힌 신하들이 훈민정음을 반대하는 까닭을 불신하고, 지배층, 권력자, 신분이 높은 사람에 대한 자신의 상식, 인간 본성에 대한 자신의 상식을 더 신뢰하면서 문서를 읽은 것이다.

대부분의 학생은 이렇게 신하들이 양반의 특권 혹은 기득권이나 위신이 위축될 것을 두려워해서 훈민정음에 반대했다고 대답했다. 이렇게 대답한 학생들은 훈민정음 반대 상소를 올린 저자의 사회적 지위로서 양반이라는 신분에 초점을 맞추었다. 양반만이 한자를 읽고 학문을 할 수 있었으며, 이에 따라 관직에 진출할 수 있었다는 자신의 지식을 활용하여 반대 의도를 추론한 것이다. 그런데 이러한 그들의 지식에는 양반은 무엇보다 자신의 이익을 위해 사고하고 행위한다는 '편견'이 담겨 있다. 문서를 읽을 때 저자가 어떤 사람인지, 그 글이 어떤 글인지 등에 대한 정보를 찾고 그와 관련지어 문서의 의미를 해석해야 한다. 그러나 저자의 신분만으로, 그리고 하나의 신분에 있는 사람들은 모두 같은 생각을 했을 것이라는 전제로 글을 해석하는 것은 매우 위험하다.

세종의 주장은 그대로 받아들이고, 신하들의 주장은 불신하면서 무시하는 학생들에게는 애민적인 세종 대 이기적이고 특권의식을 가진 신하들이라는 이야기 구조가 자리하고 있다. 그들이 최만리 등의 집현전 학자에 대해 잘 아는 상태에서 그들의 주장을 무시하는 것도 아니다. 단지 최만리가 집현전 학자이고 양반 지배층이라는 지식이 그들의 주장을 불신하게 한 것이다. 학생들은 양반 지배층은 권력 지향적이며 백성과는 적대적인 혹은 갈등적인 관계에 있다는 편견이 있고, 그 편견이 문서에서 저자의 주장을 무시하고 숨은 의도를 추론하게 한 것이다.

이러한 학생들의 해석에 대해 두 역사가에게 어떻게 생각하는지 질문했다. 역사가 A는 역사가라면 그렇게 해석하지 않는다고 주장했다.

> 필자: 학생이… 문자를 뺏길 것에 대한 두려움을 강조해서 해석하는 데 대해 어떻게 생각하세요?
> 역사가 A: 충분히 가능하죠. 세종의 자주와 신하들의 사대라는 것이 굉장히 표피적인 해석이라고 그랬죠? 그런데 그와 유사한 해석이 지금 말씀하신 것처럼 문자를 독점함으로써, 백성들과 문자를 공유하지 않음으로써 기득권 체제를 지키려고 한다고 하는 것도 사료 그 자체를 가지고 해석할 때 당연히 나올 수 있는 얘기라고 생각해요.… 역사가는 그렇게 이해하면 안 된다는 거죠.… 이 자료 어디에도 백성들이 문제입니다라고 말하지 않아요. 사대부가 문제라고 하고 있지요. 그건 사대부라고 하는 것은 국가의 주인이고 중국의 선진 문명을 수용해서…

이와 같이 역사가 A는 학생들이 자료 자체를 표피적으로 읽기 때문에 양반 지배층이 문자를 독점하려고 했고 백성이 문자를 알게 될까봐 걱정한 것으로 해석했지만, 최만리 등이 상소문의 어디에서도 백성들이 문자를 알게 되는 것이 문제라고 하지 않았다고 강조한다. 즉 역사가 A는 상소문에서 사대부가 훈민정음을 사용하게 되면 한문을 공부하지 않게 되고 그것이 문제라고 지적하고 있지, 백성이 훈민정음을 배우거나 혹은 배우지 않는 것에 대해서는 논하지 않았다는 것이다. 역사가 A는 훈민정음에 대한 사대부의 반응을 문자를 독점하여 기득권 체제를 유지하려는 의지와 완전하게 분리할 수는 없지만, 그렇다고 그 점만을 중심으로 상소문을 해석하여 상소문에 담겨 있는 당시의 독특한 문제의식을 사상시켜서는 안 된다고 주장한다. 요컨대 역사가 A도 권력관계만을 분석하거나 일반화의 오류에 빠져서는 안 된다고 강조한다. 오히려 상소문에 서술되어 있는 그 시기 사람들의 독특한 문제의식을 중심으로 그들이 훈민정음에 반대한 이유를 이해해야 한다는 것이다.

역사는 기득권을 유지하기 위해 특정 행위를 하는 사람들을 과거에서 불러내기도 하지만, 자신의 기득권을 버리면서 혹은 기득권의 축소를 감수하면서 종래 권력과 권위에 도전하고 변화를 위한 모험을 시도하는 사람들과 만날 기회도 준다. 과거의 다양한 인격들과 만나봄으로써 학생들에게 오늘날 살아가는 지혜를 가르치고자 한다면 그러한 인격이 발휘되었던 특수한 상황과 맥락, 그리고 그 상황과 맥락에 대한 복수의 해석을 사상시키고 모든 것을 일반화로 설명하는 방식은 지양하게 해야 한다. 도엽은 역사가 B가 말한 일반화의 오류를 좀 더 명확하게 보여준다.

도엽(9): 권력 다툼에서 밀려나서 세종대왕을 싫어하는 사람들이 그냥 겉으로만 번지르르한 명분을 내세워서 반대하는 거 같아요. 지금 막 당파싸움 같은 거. 지금 막 새누리당이랑 민주당이 그런 것처럼 뭐만 하면 걸고 넘어지잖아요. 그런 것 같아요. 세종대왕은 백성들이 일단 실리적으로 뭘 알아야지 일이 해결된다고 생각하는데 여기 보면 [신하들은] 막 명분을 되게 중시하잖아요, 중국이랑 일이 틀어진다, 아니면 오랑캐처럼 보일 수 있다. 그런 거 보니까 명분 같아서.

도엽이는 오늘날 한국의 정치 상황을 '권력 다툼'이라는 틀에서 이해하고, 세종과 신하들의 관계도 오늘날과 같은 것으로 '유추'하여 설명했다. 인간 사회를 이해하는 하나의 틀로서 정치 집단 간의 권력 다툼을 상정하고 그 틀에서 과거와 현재의 정치 현상을 일반화하여 이해하는 것이다. 정치적 권력 다툼이나 갈등을 상정할 수 있다. 문제는 그것을 증거에 기초하여 추론해야 한다는 것이다.

신권과 왕권의 권력 갈등이라는 맥락에서 권력욕으로 해석

박영은 문서가 생산된 맥락, 훈민정음에 대한 논쟁의 맥락을 신권과 왕권이 대립하던 시기로 잡았다. 문서에서 신권과 왕권의 대립을 읽은 것이 아니라, 문서가 만들어질 당시, 그리고 훈민정음이 창제될 당시의 정치적 상황에 대한 자신의 지식을 활용하여 맥락을 설정한 것이다. 박영은 신권과 왕권이 대립하던 시기에

세종이 신권을 누르고 왕권을 강화하고자 훈민정음을 만들었다고 주장했다.

> 박영(7): 세종대왕도 훈민정음을 만든 이유가요, 제가 생각하기에는 대의명분인데요. 그때 세종이 인자하고 그런 성품 때문에 압도했던 왕권이 서서히 붕괴가 되려고 하니까요. ㉠ 세종대왕이 훈민정음을 만들어서 신하들의 권력을 약화시키기 위해서, 이 시기는 태평성대여서요 막 땅도 많이 넓어지고요, 뭐 함경도 쪽을 점령하고 대마도도 점령했어요. 그러면 ㉡ 신하들이요 압력을 가하지 않으면요 기어오르기 마련이잖아요. 그니까 ㉢ 광해군 같은 경우, 연산군 같은 경우에는 너무 압력을 주니까 폭발한 거지만 그 선조 같은 경우에는 압력을 가하지 않으니까 사림파가 붕당으로 나뉘면서 더 치열하게 싸웠는데요. 그런 예로요. ㉣ 그때는 막 파도 없었고, 사림파 그런 파도 없었고 붕당도 없었기 때문에 그냥 합쳐서 왕을 때리면 왕이 혼자 막아야 되기 때문에 신권이 점점 세질 시대예요. 그때 당시가 세종 말기잖아요, 그렇기 때문에 신하들의 권력이 강해질 때죠. 그니까 세종대왕이 그때 이걸 만들어서 신하들의 권력을 약하게 함으로써 왕권을 강화하려고 한 의도도 있는 것 같아요. 이런, 태종 때는요.… 세종 같은 경우에는 만날 뭐 발명하고, 많이 사면해주고 뭐 노비들도 잘 대해주고, 평민들도 잘 대해주기 때문에 ㉤ 신하들이 착한 왕이다 하니까 기어오르는 거죠. 근데 그러면 세종이요 자기 정책을 마음껏 펼칠 수 없기 때문에요 그니까 그냥 신하들의 권력을 약화시킨 것 같아요.

박영의 논리를 요약하자면 세종이 훈민정음을 만든 의도는 신권을 약화시키기 위해서(㉠)였다. 세종의 숨은 의도를 그렇게 추론할 수 있는 근거는 당시가 신권이 강해질 때(㉣, ㉤)라는 것이다. 그런데 그러한 논리를 펼치는 과정에서 ㉢과 같이 광해군, 연산군 시기의 사건들을 비교하여 역사적 패턴을 분석하고 그 패턴에 기초하여 ㉡과 같은 일반화, 즉 "신하들은 압력을 가하지 않으면 기어오른다"는 일반화를 도출한 후, ㉤과 같이 신권을 약화시키기 위해 훈민정음을 만들었다는 결론에 이르렀다. 이러한 추론에서 세종과 신하들이 쓴 자료는 모두 무시되었다.

그런데 박영이 신하들이 훈민정음에 반대한 까닭을 설명할 때는 신권과 왕권의 대립을 맥락으로 잡지 않았다. 상소를 올렸던 정치적 맥락을 생략하고 신하들의 권력욕이라고 했다. 양반 지배층에 대한 자신의 상식을 적용하여 신하들의 반대 의도를 분석한 것이다. 이러한 그의 대답을 보면 문서를 문서 생산의 맥락에서 분석했다고 할 수는 없다. 박영처럼 신권과 왕권의 대립을 훈민정음 창제의 맥락으로 잡은 학생은 더 없었다.

〈유형 4〉 논쟁의 상황적 맥락에서 화자의 의도 읽기:
자신의 역사 지식을 활용하여 논쟁의 역사적 맥락을 해석한 유형
<u>문서에서 훈민정음 논쟁의 맥락을 해석했지만, 상식으로 신하들의 의도를 설명한 유형</u>

양희는 P 고등학교에서 전교 1등을 놓치지 않는 학생이다. 교사는 양희가 역사 성적도 상위권이며, 상당히 치밀하게 사고하는 능

력이 뛰어나다고 했다. 양희는 세종과 신하의 의도를 하나가 아니라 여러 개의 복합적인 것으로 설명했다. 양희는 "세종이 훈민정음을 만든 이유를 일반적으로 전적으로 백성을 위해서라고 하지만 국가, 왕의 입장에서 정치적으로 나라를 새롭게 잘 다스려보려면 일단 백성이 뭘 원하는지 알아야 하기 때문에 훈민정음을 만들었을 것"이라고 말했다. '왕으로서의 관심'이라는 일반론에 입각해서 세종이 백성과의 소통을 위해 훈민정음을 만들었다고 이해한 것이다. 그리고 최만리 등 신하들이 반대한 의도에 대해서는 양반(양희의 표현은 "귀족"이었다. 귀족과 양반을 구분하지 못하는 듯 보였다)이 자신의 권력이 위축될 것을 두려워했기 때문이라고 강조했다.

> 양희(10): 중국 중국 하는데, 이 사람들 정말 항상 중국을 섬겨왔고 그게 당연한데 이 사상에 위배되는 거라 안 된다고 하는 건지, 이 사람들이 기본적으로 귀족이잖아요. 많은 권리를 가지고 있고 그런데 지금 세종대왕이 완전히 새로운 정치 개혁을 해버리고 훈민정음을 만듦으로써 굉장히 많은 변화가 있을 거잖아요. 백성들과 의사소통이 잘 되게 되면 왕이 백성들 중심으로 정치를 하려고 할 것이고, 귀족들의 입장에서는 당연히 이익이라든가 그런게 떨어지고, 그리고 귀족이랑 세종이랑 생각 자체가 다르잖아요.… 훈민정음이 만들어지고 나서부터는… 정치의 중심이 백성들로 옮겨간다는 거잖아요. 그런 면에서 귀족들은 좀 불안하기도 했을 것 같아요. 우리들끼리만 어려운 한자를 배우고 사용하고 정치를 하고 있었는데, 이걸 모든 사람들에 알리게 되면 우리가 가지고 있는 권위의 희소성이라거나 그런 게 떨어질 것이고 그런 거에 대한 불안감이라거나…

여기까지만 보면 양희도 이 유형에 속한 다른 학생들과 다르지 않다. 왕과 신하들의 숨은 의도를 그들의 사회적 지위와 관련지어서 그러나 그러한 사회적 지위가 그들의 숨은 의식과 어떻게 연결되는지 매우 치밀하게 논리를 전개했다. 훈민정음의 필요를 왕으로서 소통의 필요라는 측면으로 설명했고, 훈민정음 창제라는 사건이 신하들의 사회적 지위나 기득권에 어떤 변화를 가져올 것인가에 대해 '일상적인 상상'의 방식으로 설명한 것이다. 양반들이 그렇게 생각할 가능성이 전혀 없다고 할 수 있을까? 적어도 문서 내에서는 그러한 양반들의 생각을 찾을 수 없다.

그런데 양희에게 세종이 훈민정음을 창제한 의도나 신하들이 이를 반대한 의도가 무엇이라고 생각하는가라는 질문을 하기 전에, 자료의 내용을 요약해달라고 했을 때에는 〈자료 1-2〉의 ①에 대해 다음과 같이 요약했다.

> 양희(10): 중국하고 연관해서 여태까지는 한자를 썼었잖아요. 근데 이게 조선도 그렇고 예전부터 역사 자체가 중국을 섬기는 나라라고 해서 예우를 가지고 성리학을 받아들여서 배우기도 하고 특히 학자들 같은 경우는 중국에 유학을 가서 학문을 배워오기도 하고 그럴 정도로 굉장히 섬기는 입장이었는데, 이 학자들 생각에는 여태까지 계속 중국의 문물을 받아들이고 언어를 써오다가 갑자기 한자 사용을 그만두고 우리끼리 새로운 언어를 만들어버리겠다고 하는 거 자체가 중국에 대한 예의가 아니라고 하는 거죠.

③에 대해서는 "이두를 자유롭게 쓸 줄 알려면 기본적으로

한자를 배워야 하니깐 이두는 그 정도의 가치가 있다고 평가를 하는데 훈민정음 같은 경우는 한자랑 아무 상관 없이 그냥 소리로만 만든 글자이기 때문에 한자를 배우고 학문을 익히는 데 아무런 유익함이 없다고 생각을 해서…"라고 저자의 생각을 읽었다. 세종과 신하들이 중국을 보는 관점이 다른가에 대해 질문했을 때에도 양희는 세종과 신하들이 모두 '사대'라는 문화 속에 있었지만, 세종의 사대는 신하들의 사대와 다른 것으로 설명했다.

> 양희(10): 세종이 중국을 섬기지 않아도 된다고 생각하진 않았을 것 같아요.… 중국에 대한 그냥 예우를 차리는 것과 우리나라의 자주성을 가지는 거는 좀 별개라고 생각을 했을 것 같아요. 예를 들어서 제가 그 시대에 살고 있었고 중국을 섬기는 게 당연시되던 사회 풍조라고 생각을 해도 중국을 섬긴다는 거 자체가요 일단 배울 게 있다는 거잖아요. 성리학을 배운 것도 그렇고 정치적으로 많은 것도 받아들이고 분명 그런 게 우리나라에 이익이 된다고 생각하고 배울 만하고 본받을 것이 많다고 생각해서 섬기는 거일 텐데… 그러면 그 생각 자체가 중심은 우리나라잖아요. 우리는 분명히 자주성을 가지고 있는데… 이제 훈민정음을 사용을 한다고 해서 중국이 가지고 있는 정치 제제라던가, 학문이라던가, 좋은 점을 안 받아들인다는 게 아니잖아요. 예를 들어서… 중국은 자기만의 고유한 언어를 가지고 있고 굉장히 자주성이 또렷하니깐 우리나라도 그런 점을 배워야 한다고 생각을 하니깐, 우리의 체제를 만들고 괜찮은 점만 본받는 식으로도 될 수 있으니 중국을 섬긴다고 해서 꼭 모든 것을 따라하는 것은 아니라는 생각을 세종이 했을 것 같아요.

양희는 '사대'에 대해 역사가 A나 역사가 B에 근접하게 당시의 맥락을 잡아 해석했다. 역사가 A는 세종이 중국에 가장 많은 사신을 보낸 왕 중 하나이고 많은 사신을 보낸 까닭은 여러 가지이지만, 가장 중요한 목적은 중국 선진 문물을 수용하고자 함이었다고 설명했다. 그리고 그는 "사대라고 하는 것은 일반적 종속이 아니에요. 중국 문물이 가치가 있기 때문에 내가 수용한다는 전제하에서 수용하는 것"이라고 했다. 양희는 다른 자료들을 보지 않은 상태에서도 역사가 A와 비슷하게 세종이 추구한 사대의 의미를 상상했다.

양희는 "이 글을 읽을 때 내가 조선 시대 때 일반적인 사람들의 생각을 바탕으로 이 사람들을 설득하고 반박을 해야 되겠다고 생각"했다고 하면서, 당시의 전반적인 문화적 맥락 속에서 세종의 생각을 이해하려고 했고, 자신이 알고 있는 당시 사회에 대한 지식들을 연결하고 구조화했다. 그런데 역사가 A나 B는 모두 세종만이 아니라 당시 신하들도 같은 시각에서 중국 문물을 수용했을 것으로 해석했다. 반면 양희는 신하들의 '사대'는 세종의 그것과 다른 것으로 해석하며 상소를 올린 신하들의 말을 믿지 못하겠다고 했다. 양희는 "신하들이 말한 ①부터 ④까지는 타당하지 않다고 생각한다"고 했다. 〈자료 1-2〉에서 양희가 신하들이 훈민정음을 반대한 의도를 분석하는 데 중요하게 작용한 것은 다른 학생들과 마찬가지로 저자가 권력층인 양반이라는 점과 그들만이 문자를 알았다는 지식이었으며, 세종에 대한 신뢰와 양반에 대한 불신이었다. 양반에 대한 '비판'의식이 문서 자체를 불신하게 하여 증거에 기초한 추론을 방해했다.

문서를 치밀하게 읽고 해석했음에도 양희는 문서에서 벗어나, 저자에 대한 자신의 종래 지식을 끌어와 문서 뒤의 숨은 의도들을 찾으려고 했다. 양희의 예는 치밀하게 읽어도 자신의 상식, 지식에 대한 성찰을 할 수 없다면 비판적 사고를 하기 어렵다는 점을 보여준다. 이러한 점에서 역사가 B의 다음과 같은 주장은 학생들에게 문서를 읽게 할 때 중요하게 고려해야 한다.

> 역사가 B: 지금 그러한 아이디어들 있잖아요. 문자가 특권일 것이다, 세종은 직접적으로 통치하고 싶었을 것이다. 그걸 뭔가 반대하는 세력이 있었을 것이다. 이건 상식들이고… 이런 것들이 검증되지 않은 지식들이라는 거죠.… 여기[문서]에 그런 얘기가 어디 있어요.… 그건 일반화의 오류라고 하는데요.… 이런 검증되지 않은 일반화된 상식들을 이 자료를 읽는 데 그냥 무비판적으로 집어넣고서 오류를 저지르는 거죠.

역사가 B는 문자가 특권일 것이라는 주장 등을 '일반화의 오류'라고 지적했다. 이 문서에서는 양희의 주장을 뒷받침할 수 있는 근거를 찾을 수 없기 때문에 그런 식으로 읽으면 결국 오해로 귀결된다는 것이다. 실제 역사가 B의 주장처럼 학생들은 문서의 내용을 무시하고, 저자에 대해 묻거나 조사해보려고 하지도 않고 최만리 등이 양반이라는 점, 그리고 양반은 특권의식이 있다는 '일반론'에 기초하여 문서를 읽었다.

중국 중심 사상과 성리학적 질서가 당시의 당연한 문화라는 지식을 활용하여 문서 내용을 읽은 유형

중국 중심 사상(중화사상)과 성리학적 사회 질서를 맥락으로 잡으면서 세종과 신하들의 훈민정음에 대한 서로 다른 입장을 설명한 경우이다. 권원은 세종이 애민에 좀 더 신경을 썼다면 신하들은 중국 중심의 질서에서 벗어나는 급격한 변화에 저항했던 것으로 읽었다. 권원은 세종이 백성을 위해서 유용하고 편리한 글자를 만들었다고 읽었다.

> 권원(9): 훈민정음이요.… 지금도 그렇지만 중국이요 ㉠ 마우쩌둥인가… 그 주석 때요 그 간단하게 한자를 바꿨다고 들었어요.… 그 이유하고 약간 연관이 있지 않을까 싶어요.… 그리고 중국에서요 한자를 정말 공부하고 많이 아는 사람들 중에 진짜 유명한 사람이 있는데요 그분조차도 2만 자의 한자 가운데 6천 자밖에 알지 못했대요. 6천 자가 엄청난 거지만 2만 자에 비하면 3분의 1도 안 되잖아요. 거의 30%의 언저리의 한자를 알고 있다는 거는 그만큼 한자가 많고 다양하고 쓰기도 어렵다 이런 뜻으로… ㉡ 세종대왕은 그러니까 한정된 수의 자음과 모음을 가지고 창조성이 굉장히 강한 그런 글자를 만들고 싶어해가지고 백성들이 좀 더 유용하고 편리하게 글자를 쓰게 만든 것이 아닌가 싶어요. ㉢ 제 생각엔 세종도 어떻게 보면 그 당시의 임금들은요 중국 중심의 가치관에 잡혀 있잖아요. 그런 것을 성리학을 뒷받침하고 있고 그렇기 때문에 어떻게 보면 조선 건국 자체가 이념이 그렇다 보니까 그런 것을 거스르는 것은

아무래도 이 신하들과 같이 옳지 않다고… 그런데 세종은 그런 명분보다는 백성을 편리하게 해주는 것이 먼저… 백성을 위했다고 볼 수 있겠죠.… ㉣ 다른 왕들은 우선순위가 조금 달랐을 뿐이라고 생각해요. 다른 왕들은 성리학 이념을 아무래도 더 중시하지 않았을까… 성리학 이념 중에요 백성을 굽어 살피는 그런 이념이… 민본주의랄까 그런 것도 있다고 들었어요. 그런데 이황, 이이가 임금에게 바친 상소문을, 역사책에 나와 있는 걸 보면, 우주의 원리를 성리학 이론으로 풀어쓴 것이 있잖아요. 그래서 그런 걸 보고 아 저런 체계가 임금에게 영향을 주지 않았을까 이런 생각을 해요.

권원은 ㉠에서처럼 자신의 중국 간자에 대한 역사 지식을 동원하여 ㉡과 같이 훈민정음 창제 이유를 편리한, 백성에게 유용한 글자를 만들려고 했다고 유추했다. 그러면서도 ㉢에서처럼 당시 중국 중심 가치관과 성리학적 질서를 당연하게 여겼을 문화로 해석했다. 그러나 ㉣에서처럼 같은 성리학의 문화에서 민본주의의 현실 정치 이념과 성리학의 철학적 체계에 대한 관심 등 여러 갈래의 관심과 의견을 가진 사람들에 대해 생각했다.

권원은 성리학 이념 가운데 민본주의에 대해 알고 있었고, 그러면서도 이황과 이이 등이 성리학에서 우주의 원리를 설명했던 점에 대해서도 알고 있었다. 이러한 지식을 활용하여 성리학을 조선 시대의 일반적인 문화로 보았다. 그 가운데 세종이 유독 훈민정음을 만들었던 까닭을 다른 왕보다 애민에 집중했기 때문이라고 설명했다. 성리학적 질서 속에서 왕들의 정책이 다양했을 것이라고 해석한 것이다. 그리고 권원은 신하들이 훈민정음을 만들어 사용하는 것을 기존의 사회 질서, 특히 중국 중심의 질서를 흔드는 것으로 이해했다고 설명했다.

> 권원(9): 첫 번째는 중국 중심… 소국이 대국을 섬겨야 하는 그런 이치에 어긋나고, 두 번째는 이두는 똑같은 원리로 중국의 글자를 그대로 사용한 건데 언문은 아예 그걸 바꾼거고, 세 번째는 언문을 쓴다고 해도 백성의 억울함이 풀리지 않고, 네 번째는 성리학 공부를 소홀히 하게 되어 이치를 판단하는 기준이 흔들리게 된다 이거죠. 그런 거 있잖아요. ㉠ 처음에 우리나라에 신문물이 들어왔을 때 그 보수 인사들은 상당히 반대를 했었잖아요. 전등을 괴물이라고 부른다고 그런 식으로 반대를 했었는데 이 사람들도 똑같은 것 같아요. 정립돼 있는 자기만의 세계가 한순간에 탁 깨지면요, 첫 번째로 충격이 엄청나고요. 두 번째로는 자신이 믿었던 생각하고 너무나도 다른, 믿고 있는 이념에 위배되는 것이 들어왔으니까 이 사람들이 반대를 하지 않았나… ㉡ 성리학하고 중국 중심주의의 가치관 그런 것이 뿌리 깊게 박혀 있잖아요. 그리고 성리학책 자체가요. 성리학을 공부하는 사람들 입장에서는요 조금 더 중국을 섬길 수밖에 없었다는 생각을 해요. 세 번째로는 중국이 대국이잖아요. 그리고 힘이 막강하고 예로부터 ㉢ 조선하고 중국은 싸우기도 했지만 조선이 중국 문물을 많이 받아들이는 그런 부분도 많았고요. 그리고 중국의 발전된 기술이 많았고 진짜 옛날부터 우리나라 인식이 대대로 중국은 우리보다 뛰어난 나라고 우리가 중국을 섬겨야 된다 이런 인식이 후세에 가서도 전해진 것 같아요. 성리학을 또 연구하다 보니까 그게 더 관련이 깊었던거 같고요

권원의 이야기에는 유추가 있다. 그런데 행위를 한 사람들이 당연하게 받아들였던 문화를 사상시키지 않았다. 권원은 당시 조선보다 중국이 앞선 나라라는 인식이 있었고 그들의 앞선 문물을 받아들이고 있었다고 설명했다. 중화사상을 당시의 보편적인 문화로 설명한 것이다. 문서에서 벗어나지 않으면서도 문서 저변에 깔려 있는 당시의 문화를 읽었다.

권원은 훈민정음 창제와 반대를 다른 역사적 사건들과 유추하면서 특정한 사회적 현상을 설명하는 '지혜'를 보여주었다. 여러 역사 연구자들이 역사가 가르칠 수 있다고 생각한 지혜 중 하나이다. 권원이 문서를 그렇게 읽는 데는 그 시기와 그 시기를 넘나드는 역사 지식과 유추를 활용하는 설명 방식이 큰 영향을 미쳤다.

〈유형 5〉 과거와 현재, 또 역사적 행위자와 평가자를 구분하지 않는 유형

문서에서 '백성을 위해서'라고 창제 이유를 끌어내고 오늘날의 관점에서 그러한 행위에 대한 해석이나 평가를 덧붙인 학생이 있다.

> 박은(10): 모든 백성이 다 자신들의 불만이나 그런 것을 말할 수 있게 해주고 싶어서, <u>모든 사람을 *평등하게* 만들고 싶어서</u>…
>
> 김성(10): …백성을 위해서, <u>나라를 위해 나라만의 고유한 언어가 되고 자랑도 되고</u>…

과거와 현재의 시간적 구분없이 오늘날 사람들의 생각과 그 시기 사람들의 생각을 구별하지 않고 대답한 것이다. 이 학생들은 자발적으로 이 시기의 특수한 역사적 상황이나 세종이 했던 다른 일들과 연결하여 세종의 훈민정음 창제 동기나 의도를 추론하지는 못했다.

2 학생들의 특징적 관점 및 상식

1) 문화화된 영웅으로서 세종

학생들은 세종이 훌륭한 왕으로서 다른 왕보다 백성을 사랑했을 것이라고 확신했다. 세종이 어떤 사람이었나 평가해보라고 했을 때 거의 모든 학생이 '백성을 사랑한 왕', '지혜로운', '진보적인', '끈기있는', '대단한' 왕이라고 말했다. 세종을 절대적으로 신뢰하는 것이다. 따라서 다른 자료를 읽을 때와 달리 세종의 『훈민정음 혜례본』 서문을 읽을 때는 세종이 말한 의도 외에 다른 의도를 의심하려고 하지 않았다. 다만 세종이 왕이라는 점을 고려하여 백성과의 소통을 위해 문자를 만들었을 것이라고 생각한 학생도 있었으나, 그것도 신하들과 달리 세종이 백성을 사랑했기 때문이라고 보았다. 자료와 질문이 '세종이 훈민정음을 만든 이유나 의도'와 관계있기 때문인지, 학생들은 훈민정음 창제의 주체와 역동성을 세종에게서 찾는 것에 주저하지 않았다.

사실 학생들이 세종이란 인물에 대해 달리 생각할 여지는 없다. 학생들이 접한 거의 모든 문화적 수단은 세종을 훌륭한 왕으로 각인시킨다. 거리와 학교 교정의 동상도, 교과서의 묘사도, 화폐에서도 세종은 한국인에게는 위대한 임금으로 자리하고 있다. 또한 우리의 일상을 편하게 만드는 한글은 자연스럽게 세종을 애민적이고 자주적인 왕으로 생각하도록 만들기도 한다. 그렇기 때문에 학생들은 세종의 의도나 동기를 문서에서 읽으려고 하기보다는 세종에 대해 문화적으로 각인된 기억을 문서에 투영하여 그의 의도를 정의했다.

2) 이기적인 착취자로서 양반과 무지한 피착취자로서 백성

이 시기 훈민정음 창제에 대해 다른 사람들은 어떻게 생각하였을까라는 질문에 대해 학생들은 크게 양반과 백성이라는 두 집단을 구분하여 분석하였다. 양반은 상소문을 올렸던 사람들처럼 반대했을 것이고, 백성들은 좋아하거나 잘 몰랐을 것이라고 상상하였다. 학생들은 백성들을 대체로 착취당하는 사람, 노예처럼 부림을 당하는 사람, 일만 하는 사람, 정치에 무관심하거나 무지한 사람으로 보았다. 학생들은 양반에 대해서는 '이기적인 권력층'이고, '부정부패'와 '비리'를 저지르며 '과시'하고, '위세'를 떨며, 백성을 '착취'하는 사람으로 표현하였다. 세종의 훈민정음 창제가 애민에서 비롯된 것으로 보면서 그와 반대되는 입장은 애민이 아니라고 해석한 것이다. 이러한 양반에 대한 편견이 문서 독해 내용은 물론 화자(저자)의 의도 추론에도 매우 중요하게 작용하였다.

3 '문서 읽기' 교수학습 전략

1) 자료의 부족이나 한계에 대해 생각해보게 하자

필자는 역사가 B처럼 학생들도 〈자료 1-2〉가 상소문의 전문인지, 아니면 생략이나 편집된 것은 아닌지에 대해 의문을 제기할 수 있지 않을까 기대했다. 또한 역사가 B처럼 학생들도 연구자의 질문에 대답하기에는 자료가 부족하다고 하면서 자료들의 증거 능력의 한계를 인식할 수도 있지 않을까 생각했다. 그러나 이러한 문제를 제기하는 학생은 없었다. 면접을 시작할 때 학생들에게 궁금한 것을 질문해도 된다고 했지만 학생들은 자료에 나타나지 않는 부분을 자신의 상식이나 상상력으로 채워 대답하려고 했다. 필자가 어른이고 교수라는 점 때문에 질문하지 못한 것으로 보이지는 않았다. 학생들은 모르겠다고 대답하기도 하고, 사소한 것들을 필자에게 편안하게 질문하기도 하였기 때문이다. 학생들이 학습의 과정에서 질문하기보다는 설명을 수용하고 질문에 대답하는 문화에 익숙하기 때문이거나, 아니면 자료가 편집된 것이 문제가 되지 않는다고 생각했기 때문일 수도 있다.

따라서 교사가 학생들에게 특정한 자료를 주고 읽게 할 때는 필요한 정보, 자료의 종류나 번역 및 생략, 편집 상태 등에 대해 생각해볼 기회를 줄 필요가 있다. 수업에서 교사나 교과서가 제시하는 자료들은 대체로 부분적으로 발췌·편집된 것이다. 그러므로 가장 먼저 주어진 자료가 편집으로 인하여 전체적 맥락을 상실한 것은 아닌지 생각해보게 할 필요가 있다.

주어진 자료에 한정하여 제시된 문제를 해결할 수 있는지에 대해서도 검토하게 해야 한다. 역사가 B가 말했듯이 역사가라면 주어진 자료를 보는 순간에 관련된 자료가 더 있는지 찾으려고 할 것이다. 그러나 학생들은 자료를 읽고 단번에 주어진 자료가 문제를 해결하는 데 어떻게 제한적인지, 어떤 자료를 더 찾아야 하는지를 판단하기는 어려울 수 있다. 주어진 자료가 어떤 문제를 해결하는 증거로 사용될 수 있는지에 대해 생각하면서 자료에 질문을 던지게 하고 대답해보게 하여 자료의 증거 능력을 한계짓게 해야 한다. 이러한 전략을 사용하여 학생들이 주어진 자료의 한계를 명확하게 인식하게 하고, 필요하다면 과제를 해결하거나 혹은 문제를 확장하기 위하여 보완해야 할 자료를 더 찾게 안내해야 한다.

2) 상식으로 문서를 오염시키지 않게 하기 위해 증거에 기초한 추론을 강조하자

학생들은 자료의 표면적 내용을 파악하는 데는 크게 어려움을 느끼지 않았다. 3개의 자료를 30분 정도 내에 처음부터 끝까지 읽었다. 이렇게 읽으면서 자료에서 표면적으로 드러나는 내용과 문서들 사이의 구조를 파악했다.

학생들은 자신의 선입견, 편견, 상식, 전형성, 시대착오적 개념 등을 끌어와 문서에 덧붙이거나 문서를 무시하면서 읽는다. 또 자신이 문서와 관련된 자신의 역사 지식이 부족하다는 점, 모르는 부분이 있다는 점, 그리고 문서를 통해 알 수 없는 부분이 있다는 점을 무시하고 자신의 '상식'으로 문제를 해결하는 데 주저하지 않는다. 이러할 경우 모든 역사적 사건에서 동일한 결론을 끌어내서 일반화의 오류를 범할 가능성이 있다. 예를 들면 양반은 권력욕이 있다는 편견에 기초하여 양반이 하는 모든 행위의 의미를 해석하는 것과 같은 것이다. 많은 학생이 왕과 신하, 양반과 백성의 관계를 권력 갈등의 관계라는 틀에 넣어서 문서를 읽었다. 양반이나 신하 집단 내 복수의, 단순하지 않은 세계관이나 사회비판의식, 개혁 의지 등을 읽으려고 하지 않았다. 특히 모든 인간 행위를 '권력욕'으로 일반화하여 해석하는 경향을 보이기도 했다.

학생들에게 『훈민정음 혜례본』 서문과 최만리 등의 상소문에서 알 수 있는 그 시기 사람들의 생각이나 문화에 대해 말해 달라고 했다. 학생들은 사람들이 중국을 떠받들고, 중국이 아닌 다른 나라는 오랑캐로 여겼다는 점, 성리학을 공부했다는 점 등을 말했다. 학생들은 그 문서를 읽기 전에 조선 시대의 중화사상 혹은 사대 관계에 대해, 그리고 유교 문화에 대해 대체로 알고 있었다.

그런데 세종과 신하들이 중국을 보는 관점이 같은가 혹은 다른가라고 질문을 했을 때는 '세종의 자주' 대 '신하의 사대'라는 단순한 구조를 고수했다. 세종과 신하들의 국제 관계나 백성을 보는 관점 등이 모두 다르다는 해석을 넘어서, 그들이 서로 다른 차원의 문화를 만들고자 했던 것처럼 해석한 학생도 있다. 예를 들면 세종이 근대적인 개념의 자주를 추구했다면 상소를 올렸던 신하들은 전근대적인 사대를 추구한 것으로 보기도 했다.

이렇게 대답한 학생들은 대체적으로 세종과 신하들이 같은 역사적·문화적 맥락에 있는 것으로 보지 않았다. 그런데 애민적 세종 대 특권적 신하의 구조로 문서를 읽으면서 예외적으로 세종과 신하들을 같은 사대주의라는 문화를 공유한다고 해석한 학생들도 있다. 양희와 최호 등은 세종은 실리를 추구했음에 반해 신하들은 명분이나 권력을 추구한 것으로 해석했다. 이렇게 대답한 학생들은 모두 다른 학생보다 상대적으로 많은 배경 지식을 활용했다.

> 최호(10): 15세기가 우리나라가 발전하는 시기잖아요. 근데 세종은 명분보다 실리를 추구했다.… 그러니깐 이때 장영실 같은 신분이 낮지만 똑똑한 사람들도 많이 나오지 않았을까. 상소 올린 사람들은 중국은 큰 나라니까 섬겨야 한다.… 세종도 계속 사대를 해왔고, 그래도 사대를 하면서도 싫어했을 것 같아요.

최호는 당시의 성리학적 질서와 사대 관계에 대한 역사가의 해석을 알고 있었고, 그에 기초하여 세종이나 신하들이 드러내서 말하지 않은 '그들이 하려 한 것'을 해석했다.

필자가 학생들에게 "왜 하필 세종이 이 시기에 훈민정음을 만들었을까? 다른 왕들은 백성을 사랑하지 않아서 안 만들었나?"라고 질문했을 때 대부분의 학생은 잘 모르겠다고 대답했다. 그런데 몇몇 학생은 그 시기에 대한 자신의 지식을 떠올리면서 대답했다.

> 이세(10): 조선의 신분제도를 싫어하신 것 같아서. 서민 중에도 훌륭한 사람들이 많은데 신분제도 때문에 막 묻히고 그냥 살다 돌아가시는 분이 많으니깐 세종이 그걸 이해해서…
>
> 황희(10): [백성을] 사랑한 왕도 있겠죠. 그런데 사랑하지 않은 왕도 있었을 것 같아요. 세종은 백성을 사랑하기도 했고 그 시대 자체가, 뭔가, 한글 같은 것을 만들기 좋은 환경이기도 하고, 좋은 환경이란 그때는 대개 난이 일어난 것도 아니고 그냥 전대보다 그나마 좀 평탄했잖아요. 그래서 이런 일, 딴 데로 눈을 돌릴 수 있는 게 있지 않았을까요?

이세는 세종이 장영실을 등용했던 것을 기억하고, 그에 비추어 대답했다. 이세는 세종에 대해 아는 것을 "세종이 신분의 차별을 안 두고 서민 출신 학자들도 많이 키우신 걸로 알고 있는데…" 라고 대답했다. 황희는 이 시기가 상대적으로 평화로운 시기였다고 대답했다. 이 학생들은 당시 상황이나 일어났던 일에 대해 자신의 배경 지식을 문서의 내용과 결합하고자 했다.

역사가 B는 자신의 상식을 떠올리고 성찰한다고 했고, 와인버그는 역사가는 모르는 것을 상세화한다고 했다. 그러나 거의 대부분의 사람들은 문서를 읽으면서 어떤 방식으로든 그 문서에 서술된 사건과 관련된 지식을 떠올리고 거기에서 출발하여 문서를 읽는다. 모르는 것에 대해 질문하기보다는 아는 것을 떠올리려고 하는 것이다. 그러면서 때로 그 상식으로 문서를 압도하고 상식으로 문서를 해석한다.

학생들은 역사가에 비해 주어진 문서와 관련된 지식도 적고 문서 읽기 전략에 대해서 잘 알지도 못한다. 그러므로 주제에 대한 전문적 지식이 부족한 학생들에게는 오히려 역사가 B와 같은 방식으로 우선적으로 자신의 상식을 성찰하게 하고, 문서 자체를 치밀하게 읽게 하며, 문서 내에서 저자가 말하고자 한 것을 중심적으로 해석해보게 할 필요가 있다.

그렇다고 모든 상식을 백지화할 수 있을까? 그럴 수는 없다. 다만 상식으로 문서를 오염시키는 범위를 줄일 수 있을 뿐이다. 즉 문서를 접하면서 그와 관련된 상식을 말해보게 하고 그 상식을 믿을 수 있는가 생각해보게 한 뒤 문서를 다시 읽게 해야 한다. 그러면서 문서를 선불리 넘어서거나 무시하고 일상적 지식, 편견, 선입견 등을 덧붙이면서 편협하게, 시대착오적으로 지식을 구성하지 않도록 지속적으로 경계하게 해야 한다. 중요한 것은 학생이 증거에 기초하여 문제를 해결하는 것과 증거에서 벗어나 상식을 투사하여 문제를 해결하는 것의 차이를 구별할 수 있게 하는 것이다.

3) 권력 관계, 담론적 역학 관계라는 익숙한 분석 틀을 성찰할 수 있게 문서들을 치밀하게 읽고 교차 검토하며 해석하게 하자

학생들은 문서들 사이의 관계를 '애민적이고 자주적인 세종' 대 '이기적이고 사대적인 학자들'의 논박 구조로 파악했고, 그러한 구조에 맞추어 문서 내용을 선택적으로 활용하는 양상을 보였다. 그 구조에서 벗어나는 내용은 무시했다.

예를 들면 학생들이 세종의 의도를 추론할 때는 〈자료 1-2〉의 ⑤에서 신하들이 인용한 백성들이 글을 몰라 억울한 일을 당할 수도 있다는 세종의 말을 〈자료 1-1〉의 나라말이 중국 문자와 서로 통하지 않는다는 세종의 말과 같은 의미로 해석하고, 세종의 의도를 '백성을 위해'라고 추론했다. 애민적 세종이라는 틀에서 벗어나지 않을 수 있었기 때문에 두 가지 문서를 함께 연결했다. 대부분의 학생은 세 가지 자료를 그러한 구조 속에서 읽었다. 〈자료 1-3〉에서도 〈자료 1-1〉에서 확인할 수 있는 세종의 애민과 〈자료 1-2〉에서 확인할 수 있는 신하의 사대라는 구조를 읽었다.

그런데 〈자료 1-2〉의 ①에 '우리나라가 예로부터 중국을 섬겼기 때문에 새로운 글자를 만든 것에 대해 이상하게 생각할 사람이 있을 것인데, 이러한 사람들에게 임금님께서는 언문이 모두 옛 글자를 근본으로 삼은 것이기 때문에 새로운 글자가 아니라고 하십니다'라는 신하들의 주장이 있다. 이 부분에서 옛 글자가 중국의 글자라는 것을 이해하고, 당시 사람들이 당연시했을 문화를 생각하면서 해석한다면 세종도 적어도 겉으로는 중국의 법과 제도, 문자를 근본으로 삼는 것에 저항하는 않았다고 추론할 수도 있다. 그런데 이렇게 읽을 경우 학생들이 파악했던 세종의 자주 대 신하들의 사대라는 표면적 구조는 흔들린다. 그렇다면 세종은 중국과 어떤 식으로 관계를 맺으려 했을까라는 질문이 나올 수 있다.

〈자료 1-3〉에서 세종이 백성의 편의를 들어 훈민정음의 사용을 주장하는 것에 대해 신하들은 중국 문자와 다르다는 점을 들어 반박했다. 그런데 이 자료에서 신하들이 세종이 주장하는 백성의 편의에 대해 다른 말을 하거나, 세종이 신하들이 중국을 표준 문화로 삼는 것에 대해 비판하지는 않는다. 이러한 점을 차근차근 해석하면 세종과 신하들 모두 적어도 표면적으로는, 백성의 편의를 추구한다는 점에 이견이 없을 것이라고 생각할 수 있다. 이세는 〈자료 1-3〉의 문서를 그처럼 읽고 〈자료 1-2〉와 〈자료 1-3〉을 연결하여 세종의 중국에 대한 관점을 분석했다.

> 이세(10): 세종이 중국을 섬기는 것에 대해서는 그렇게 크게 싫어하시는 것은 아닌 것 같은데, 상소문을 보면 뭔가 세종이 중국을 섬기는 것을 마땅치 않게 여기는 게 보이는데, 또 이렇게 뒤에 임금이 처음에 반론하시는 것을 보면 중국에 대해 말하는 것보단 다 백성을 위해서라고 말하시고 딱히 임금이 중국을 섬기는 것을 싫어하셔서 만든 것은 아닌 것 같고 그냥 백성이 어리석어서, 글이 어려워서 못 배운 어리석은 백성들을 안타깝게 여겨서 이렇게 하신 것 같은데…

이세는 〈자료 1-2〉를 보면 신하들이 세종이 사대를 취하지 않는 것에 대해 비판하는 것처럼 보이지만, 〈자료 1-3〉에서 신하들이 훈민정음이 중국 문자와 다르다고 지적한 것에 대해 세종이 크게 반론을 제기하지 않고, '백성을 위한 것'이라는 점만 강조하는 것으로 봐서 세종의 중국에 대한 관점이 신하들과 크게 다르지는 않다고 추론했다. 세종이 반론을 제기하지 않은 것을 이견이 없기 때문이라고 해석한 것이다. 이세는 〈자료 1-2〉와 〈자료

1-3〉을 치밀하게 읽고 교차검토하여 세종의 중국에 대한 관점을 추론했다. 황희도 그와 같은 방식으로 해석하여 "세종도 신하들과 마찬가지로 사대를 취했지만, 세종이 백성을 사랑하는 마음이 컸다"고 해석했다.

이세의 경우는 학생들에게 자료들을 차근차근 치밀하게 읽고, 문서들을 교차검토하도록 안내하면, 학생들도 문서의 표면적인 논리 구조 뒤에 숨겨진 작은 것들을 읽을 수 있을 것이라는 낙관적 전망을 하게 한다. 즉 화자나 저자 등이 직접적으로 말하지 않은 그들의 생각이나 의도를 문서들의 교차검토를 통해 추론하게 하는 것이다. 물론 반박하지 않은 것을 동의의 표현으로 확정할 수는 없다. 다만 학생들이 그러한 가능성을 가정할 수 있다면 그러한 가정을 뒷받침할 수 있는 증거를 찾게 자극할 수도 있기 때문에 치밀하게 읽고 교차검토하는 것이 중요하다. 학생들에게 문서들 사이의 논리적 관계나 구조를 파악하게 하면서도, 또 학생들이 구축한 논리적 구조의 일관성을 확인하게 하기 위해 문서들을 치밀하게 읽게 하는 것이다.

한 저자가 쓴 서로 다른 문서들을 읽을 경우, 그 저자가 같은 주장을 하는지, 다른 주장을 하는지 생각해보게 할 수도 있다. 다를 경우 왜 다른지 생각해보게 해야 한다. 세종이 훈민정음을 창제한 의도를 『훈민정음 혜례본』 서문과 최만리 등의 상소문을 교차비교하여 분석하면 전자에서는 애민을 후자에서는 교화를 읽을 수 있다. 그렇다면 이 두 문서에서 세종은 다른 주장을 한 것일까? 다른 주장을 했다면 왜 그랬을까?

역사가 A는 두 가지 문서를 읽고 비교한 후 결국 훈민정음 창제와 관련된 세종과 최만리 등의 논쟁을 서문보다는 상소문을 중심으로 해석했다. 그렇다고 세종이 백성을 사랑해서 만들었다는 서문의 내용을 거짓이라고 한 것은 아니다. 그러한 해석도 가능하다고 했다. 역사가 B는 세종의 애민을 부정하면 안 된다고 했다. 뚜렷한 다른 증거를 찾기 전까지는 문서의 이면보다 표면을 해석할 것을 요구했다.

두 역사가는 두 문서 사이의 관계를 생각하면서 두 가지 다른 내용을 어떻게 해석할 것인가 고민했다. 서문과 상소문에 있는 세종의 말을 세종이 생각한 각각의 독자나 청자를 염두에 두면서 분석해볼 수 있다. 역사가 A와 역사가 B는『훈민정음 해례본』의 서문이 백성을 독자로 상정했고 최만리 등의 상소문은 왕을 독자로 상정했던 점을 명확하게 구분하지 않고 해석했다. 그들은 그것들을 굳이 구분하지 않고 복합적으로 사고하는 것이 익숙하기 때문이다. 그러나 학생에게는 저자가 대상으로 했던 독자를 생각하면서 문서들의 내용을 비교해보게 할 수도 있다. 그렇게 하면서 각 문서가 무엇에 대해 증언하는지 그 한계를 짓게 할 필요가 있다.

하나의 주제와 관련해서 두 개 이상의 문서를 읽을 경우 그 두 문서가 서로 어떤 관계이고, 그 문서를 쓴 사람들의 관점은 어떤가 생각해보게 한다. 서로 같은 주장을 하는지 다른 주장을 하는지, 서로 같은 현상에 대해 설명하는지 다른 현상에 대해 설명하는지, 또 사건이나 현상을 보는 시각은 같은지 다른지 등을 비교해보게 해야 한다. 그렇게 비교하면서 문서를 쓴 사람들의 공통된 의식과 서로 다른 의식을 하나하나 해석해보게 해야 한다. 그 정도의 치밀함을 어린 학생에게 기대할 수 있을까? 혹은 훈련으로 습득하게 할 수 있을까? 그런데 학생들에게 그러한 훈련을 시켜야 할까? 학교 역사가 역사가를 육성하는 것이 아니라면 역사 문서 읽기 수업의 의미를 역사가처럼 읽기의 훈련에서 찾을 수는 없다. 어느 정도 수준에서 역사 문서를 읽게 할 것인가 고민해야 한다.

4) 문서를 해석하면서 잘 모르는 것을 질문하게 하자

주어진 문서만을 읽을 경우와 다른 자료를 조사하고 탐구하면서 문서를 읽을 경우를 구분하여 수업 전략을 수립할 필요가 있다. 주어진 문서만을 읽을 경우에는 문서 그 자체를 충실히 읽으면서 편견이나 상식이 문서를 훼손하지 않게 하는 것이 중요하다. 상식을 끌어올 경우 그 상식의 정당함을 입증할 수 있는 증거를 제시하게 해야 한다.

주어진 문서를 읽으면서 별도의 탐구를 하게 하려면 탐구를 위한 질문을 하게 해야 한다. 탐구는 문서에 대한 백과사전적 지식을 조사하는 것이 아니라, 그 문서를 읽는 데 필요한 정보나 다른 관련된 문서를 수집하기 위한 질문을 하는 것에서 시작한다.

예를 들면 훈민정음은 누가 만들었는가? 집현전이란 어떤 곳인가? 집현전 학자는 어떤 사람이 될 수 있는가? 또 최만리라는 사람은 무엇을 공부했고 어떤 글을 써왔는가? 그가 쓴 글에서 무엇을 주장했는가? 당시 사람들에게 오랑캐란 무엇인가? 등과 같은 질문이다.

역사가는 이러한 질문에 기본적으로 여러 원사료를 분석하여 대답한다. 그러나 역사가도 모든 역사적 사실을 원사료를 통해 확인하는 것은 아니다. 선행 연구 결과를 활용하기도 한다. 즉 집현전이 어떤 곳인가가 주요 연구 주제가 아니라면, 그런데 연구를 위해 그 정보가 필요하다면 선행 연구 결과를 활용하여 집현전에 대해 설명하는 것이다.

학생에게도 문서를 해석하기 위해 필요한 정보를 수집하는 수준에서 정보 조사를 시키는 방식으로 탐구를 하게 할 수 있다. 문서를 읽으면서 모르는 것을 상세하게 질문으로 만들고, 또 그 질문에 대답하기 위해 찾아야 할 정보들의 목록도 만들게 하는 것이다. 탐구는 마치 탐정이 사건을 해결하기 위해 주변 인물들을 탐문하고, 증거들을 수집하는 것과 같은 방식으로 진행하게 한다. 즉 탐구는 다른 사람에게 그 사건이 어떤 사건인가에 대한 정답을 듣는 것이 아니라. 그 사건이 어떤 사건인가 알아가기 위해 필요한 증거와 관련된 정보를 수집하는 방향에서 진행하게 한다. 이 과정에서는 학생들이 이미 알고 있는 지식을 다시 한 번 검토하게 할 필요도 있다.

그러나 자료와 정보 조사는 말처럼 쉽지 않다. 실제 인터넷에서는 정보의 조각을 찾는 것보다 역사 해석을 찾는 것이 더 쉽기 때문이다. 인터넷 검색창에 '최만리 등이 훈민정음에 왜 반대했는가'라는 질문을 하면 '지식인'의 직접적인 대답을 찾을 수 있다. 그런데 오히려 이렇게 주어지는 인터넷의 지식 검색, 지식인의 해석들 때문에 학생들에게 과거의 문서를 직접 읽고 해석할 기회를 줄 필요가 있다.

4 문서 읽기 교수학습 전략 개발 시 고려할 점

역사가들과 학생들의 역사 문서 읽기가 주는 시사점에 기초해서 역사 문서 읽기를 어떻게 가르칠 것인가에 대해 다양한 방안들을 생각해볼 수 있다. 학생들은 역사가만큼의 역사적 지식도 없고, 역사 문서를 읽은 경험도 부족하다. 이러한 점을 고려하면서 교수 전략을 세울 필요가 있다.

첫째, 학생은 대체로 자신의 상식에 비추어 역사 문서를 읽는 경향이 있다. 그러므로 학생들이 과거에 대한 상식, 또는 오늘날 인간이나 사회에 대한 상식 등을 그대로 투영하지 않을 수 있도록 자신의 상식을 검토해보고 증거에 기초하여 새로운 지식을 구성할 수 있게 질문 전략을 펼칠 필요가 있다. 특히 학생들이 갖고 있는 인간 본성에 대한 상식의 틀에서 과거와 현재의 사회 현상을 분석할 때 범할 수 있는 편협한 해석의 문제에 대해 생각해볼 수 있게 질문 전략을 짜야 한다.

둘째, 역사가들은 문서에 대해 이미 잘 알고 있거나, 잘 모르는 경우 치밀하게 읽고, 질문에 대답하기 위해서는 어떤 자료가 부족한지 생각하면서 관련된 자료들을 더 조사한다. 또한 주어진 자료만으로 대답할 수 없는 질문에 대해서는 질문을 수정하거나, 대답할 수 없다는 점을 지적한다. 그러나 학생들은 자발적으로 주어진 자료를 넘어서 다른 자료를 찾으려고 하지 않는 경향이 있다. 때로 주어진 자료에 기초하여 대답할 수 없는 질문까지도 상식으로 대답하려고 한다. 그러므로 오히려 질문에 대답하기 위해 주어진 자료 이외에 어떤 자료가 더 필요한지 생각해보게 함으로써 주어진 자료의 성격과 자료가 증거할 수 있는 범위에 대해 검토할 수 있게 할 필요가 있다.

셋째, 역사가들은 철저하게 증거에 기초한 해석을 추구한다. 물론 이미 연구를 통해서 널리 알려져 있는 지식을 활용하기도 하지만, 그 지식은 역사가들의 전문성에 기초한 선택이다. 학생들이 자료를 해석할 때 선택적으로 활용하는 지식은 피상적이거나, 불확실하거나, 선험적이거나, 편향된 것이 많다. 그러므로 학생들에게 우선 문서를 해석할 때 그렇게 해석하는 근거를 제시하게 하고, 자신의 지식을 덧붙여 문서를 해석할 때는 그 지식을 뒷받침할 근거들을 조사하여 제시할 수 있게 해야 한다.

넷째, 역사가에게 맥락적 사고는 당연한 것이다. 앞서 이미 살펴보았듯이, 국내외 여러 역사 연구자들이 과거의 문제의식 속으로 들어갈 것을 강조했다. 그런데 학생들은 과거의 문제의식 속으로 들어가기보다, 또 과거와 현재의 거리를 인식하기보다 현재의 틀, 현재주의의 시각에서 과거인의 행위, 특히 사회과가 강조하는 '일반화'나 '법칙'의 틀로 인간 행위를 설명하는 경향이 있다. 이러한 양상을 보면 학생의 인식 틀을 확장하는 데, 그리고 세계를 보는 오늘날 인식의 틀의 한계를 생각하게 하는 데 역사가 어떻게 기여해야 하는지, 그리하여 인간과 사회에 대한 통찰력을 어떻게 길러야 하는지 알 수 있다.

학생들은 과거의 문화, 사상, 관습, 가치 등이 오늘날과 달랐다는 것을 '안다'. 그러나 그것을 적용하여 역사 문서를 읽거나 문제를 해결하는 데까지 이르지 못하기도 한다. 안다고 적용하는 것은 아니라는 점을 보여주는 것이다. 학생들의 이러한 양상을 고려하면서 역사 문서 읽기 교수학습 방안과 전략을 개발할 필요가 있다.

제3부

정체성과 성찰적 역사의식

오늘날 학교 역사는 역사의식의 문제에 어떻게 접근해야 하는가? 이 질문에 종래 역사와 역사교육 연구자들은 정체성이나 역사의식을 불변의 고정적인 것으로 인식하면서 함양해야 할 특정한 정체성과 역사의식을 제시하는 방향에서 대답해왔다. 민족 정체성이나 민주시민으로서의 정체성, 민족주의 역사의식을 함양해야 한다고 대답하는 것과 같은 방식이다. 그리고 특정한 정체성과 역사의식의 함양을 위해 특정한 기억을 강화하는 서사를 제시해왔다.

그런데 민족 정체성이나 민주시민으로서의 정체성을 정의하는 구성 요소들은 계속 논쟁되어 왔을 뿐 아니라 변해왔다(Kang 2017). 또한 학생들이 어떤 정체성도 없이 학교에서 역사를 배우는 것도 아니다. 학생들은 자신이 속한 사회와 사람들과의 관계 속에서 때로는 뚜렷하게 또 때로는 어렴풋하게 자신이 누구인지 확인하면서 역사를 배우고 또 자신이 배운 역사와 관계를 맺는다. 그렇다면 학교 역사는 정체성이나 역사의식의 문제와 어떻게 관계할 것인가?

제3부에서는 이 질문에 대답해보고자 한다. 먼저 역사교육에

서 학생의 정체성을 어떻게 고려할 것인가 살펴보고, 그 다음 정체성과 역사의식의 관계 및 역사의식에 대한 학자들의 논의를 검토한다. 이후 실제 학생들의 문서 읽기에서 보이는 역사의식을 분석하여, 학교 역사가 역사의식 문제와 어떻게 관계할 것인가에 대해 대답해보고자 한다.

제3부는 2012년과 2013년에 초·중·고등학교 각각 두 학교씩 모두 6개 학교에서 5-10학년까지 학년별로 9에서 10명 정도의 학생들을 심층면접한 자료를 분석한 것이다. 면접에 사용한 자료는 훈민정음과 관련된 세 개의 자료(부록 1), 그리고 유희춘(자료 2-1과 자료 2-3), 오희문(자료 2-2), 남평 조 씨(자료 2-4)가 쓴 일기의 일부, 윤선도(자료 2-5)가 아들에게 보낸 편지의 일부로 구성된 〈부록 2〉이다.[1]

조선 시대 연구자들은 〈부록 2〉의 문서들을 16-17세기 양반의 생활 문화나 생활 양태, 양반의 농업 경영 방식, 양반의 노비 경영, 양반의 가정 경제, 임진왜란과 병자호란 중 양반의 생활, 노비의 존재 양식, 양반 여성의 생활이나 가정 내 역할 및 지위, 남편과 부인의 관계, 유희춘이나 오희문, 윤선도 등의 인물 등을 연구하는 자료들로 삼는다. 연구자의 연구 분야나 관심에 따라 경제사, 사회사, 생활문화사, 여성사, 지성사, 문화사 등 다양한 분야에서 여러 방법으로 문서를 읽고 해석한다. 연구자의 역사인식과 역사의식은 연구 주제나 연구 방법을 선택하는 데 중요하게 작용한다. 그렇다면 학생들이 주어진 문서 읽기에 작용하는 역사의식은

1 자료의 내용은 이 책 〈부록 1〉, 〈부록 2〉 참조.

어떤 것일까?

제3부에서는 학생을 역사 지식을 무비판적으로 수용하는 주체가 아니라 자신의 역사의식 등에 기초하여 적극적으로 선택하고 구성하는 주체로 보면서 그들의 문서 읽기 양상을 분석한다. 분석은 학생이 문서에서 어떤 내용에 선택적으로 착목하여 해석하는지, 또 어떤 내용을 부각하고 무시하는지, 그리고 그러한 학생의 읽기 양상에서 어떤 현실 문제 비판의식이 작용하는지에 초점을 맞추었다. 즉 문서를 읽으면서 선택적으로 강조하고 무시한 부분이 무엇이고 그러한 선택에 작용한 학생들의 역사의식을 분석한다.

제6장

정체성과 역사의식

1 학생의 정체성과 역사교육

심콕스와 윌셔트는 『세계의 역사교육 논쟁(*National History Standards*)』(2009)에서 역사교육과정 논쟁에 참여하는 세 가지 경향을 '민족 서사 중심 역사교육', '다문화주의 혹은 다원적 역사교육', '역사적 사고와 개념을 강조하는 교육주의 역사교육'으로 구분했다. 그리고 그 책의 한 장(chapter)을 쓴 바턴(Keith Barton)을 세 번째 경향, 즉 교육주의 역사교육의 입장을 취하는 것으로 분류했다. 그러나 바턴은 그 장에서 오히려 교육주의적 시각, 즉 역사라는 학문에 기초한 사고와 개념을 가르쳐야 한다고 주장하는 학문접근법(disciplinary approach)을 비판하면서 다문화주의 시각을 취했다(Barton 2009). 그에 따르면 "역사교육과정은 국가의 발전 과정에 대한, 다른 해석을 허용하지 않는, 하나의 서사로 무비판적인 애국심 형성에 이용되었고", 이 때문에 학생이 스스로 역사 지식을 구성하는 방식을 학습해야 한다고 주장하는 학문적 접근법이 추구됐다(Barton 2009: 266). 그러나 학문접근법은 "학생이 현대사회에서 과거가 활용되는 많은 방법을 무시하고 학문적 연마(academic discipline)에 너무 얽매여서 역사를 무의미하게 만들 수 있다"고 비판했다(Barton 2009: 266). 역사 탐구 방법을 너무 강조하면 역사가 학생의 관심에서 멀어진다는 것이다. 그리고 학생의 동기 유발의 측면에서 정체성 함양 입장을 추구해야 한다고 주장했다. 역사교육에서 "복합적이고 다양하며 포용적인 정체성—전통적인 국가주의 역사에서 발견되는 것과 같은 단순하고, 획일적이고 배타적인 것이 아닌—을 발전시키는 것"이 학생에게 더욱 의미가 있다는 것이다(Barton 2009: 270). 그가 말한 복합적이고 포용적인 정체성이란 "국가 경계를 포함하면서 동시에 초월하는 정체성"이다.

바턴(Barton 2009: 270-277)은 "학생들의 동기 유발 측면에서 가르쳐야 할 내용"은 연대기적 역사가 아니라 학생이 자신과 유사한 사람이 공적 생활에 활발하게 참여했던 최근 시기의 역사라고 주장했다. 그러면서 여성과 소수 민족을 비롯해서 미국의 다양한 집단의 역사를 포함시켜야 한다고 강조했다. 그러나 여성이나 소수 민족이 억압당하고 시련을 겪었던 시기에 초점을 맞추는 것은 학생의 흥미 측면에서 효과적이지 못하다고 비판했다. 예를 들면 여성의 역할이 제한적이었던 시대, 아메리카 원주민이 대량학살당하고 자신의 땅에서 축출되는 시대, 노예제로 아프리카계 미국인이 억압을 당한 시대 등의 역사에 비판적이다. 소수 민족 학생은 자신의 조상이 억압당한 역사가 아니라 오히려 그들이 공헌하고 참여한 역사, 그들이 자부심을 느낄 수 있는 역사적 업적을 배우고 싶어 한다는 것이다. 바턴이 주장하는 가르쳐야 할 내용은 미국의 팽창주의를 촉진해온 엘리트 백인의 역사가 아니지만, 소수 집단이 억압당하고 투쟁한 역사도 아니다. 다양한 집단들의 역사적 공헌을 강조하는 다문화주의 시각의 역사이다.

그리고 바턴은 오크쇼트(M. Oakeshott)의 '역사적 과거'와 '실용적 과거'를 대비하면서 역사교육은 와인버그와 같은 '역사적 과거', '학문적 역사'가 아니라 현재의 유용성에 관심을 두는 '실용적 과거'의 시각에서 학생들의 역사 활용을 추구해야 한다고 주장했다(Barton 2009: 277). 오크쇼트가 말한 역사적 과거와 실용적 과거의 구분이 오늘날의 역사 연구와 역사교육에도 적절한가에 대해서 생각해볼 필요가 있다. 그럼에도 불구하고 그의 말을 철학적이고 이론적인 논의 없이 글자 그대로 해석하자면 '실용적 과거'란 "과거로부터 살아남았다고 주장되는 유물과 발화로 구성된 것으로서 현재 삶의 측면에서 우리에게 가치 있는 것"이다(Oakeshott 1999: 38). 그의 설명을 좀 더 읽어보자면, "실용적 과거는 내용의 성격이나 내용이 조합되는 과정의 모든 측면에서 역사적 관심에 의해 기록된 과거와 다르다"(Oakeshott 1999: 36). 이는 과거의 인물, 명언, 유물, 과거인의 행위 등을 현재의 실용적 목적으로 활용하는 것이다. 이때 실용적 목적은 교훈이 될 수 있다. 실용적 과거는 "살아남지 못한 역사적 사건과 관련된, 과거에 대한 역사적 질문과 대답을 모은 역사적 과거"와는 구별된다(Oakeshott 1999: 38). "역사적으로 이해한 과거는 특정한 종류의 비판적 탐구를 통해 얻은 결론이다. 그 비판적 탐구는 역사책에서 발견되는 것으로서 탐구 과정이라는 측면에서 특별하다(Oakeshott 1999: 36)." 이 말만으로 이해하자면 오크쇼트는 역사적인 관심에서 시작하여 역사적인 방법으로 탐구된 과거를 역사적 과거라고, 과정이나 내용 면에서 역사학계가 일반적으로 인정하는 연구 방법으로 검증되지 않는 과거를 실용적 과거라고 했다. 역사학계가 인정하는 연구 방법으로 검증했는가, 역사적 관심에서 시작된 연구인가의 여부가 역사적 과거와 실용적 과거를 구분하는 기준이다.

그런데 바턴은 오크쇼트가 설명한 실용적 과거의 개념을 차용하여 현재에 유용한가라는 척도로 남아 있는 과거 유물과 유적, 기록 등을 선택해서 가르쳐야 한다고 주장했다. 특히 바턴은 내용을 선정하고 구성하는 데 '학생의 동기 유발 측면'을 고려해야 한다고 주장했다. 사실 그가 말한 학생의 동기 유발 측면은 정체성이고, 그것은 학생이 배경으로 하는 민족, 인종, 문화 등의 다양성을 염두에 둔 것이다. 이는 교육과정학자인 온스타인과 헌킨스(Ornstein and Hunkins 2004: 217-218)가 내용 선정 및 구성의 정치적·실질적 방법이라고 한 것과 상통한다. 바턴이 명시적으로 제시하지는 않았지만 그의 논의에는 '다문화주의'라는 문제의식과 정체성이 깔려 있다. 그러나 그러한 문화적 지향과 정체성을 드러내지 않고, '학습자의 동기 유발'이라는 용어를 사용하면 그가 비판한 '애국심', '획일적인 국가주의' 시각에서 역사 학습의 내용을 선정하고 그 내용을 정당화할 위험도 배제할 수는 없다.

캐나다의 역사교육 연구자인 레베크(Lévesque 2008: 52-56)는 '역사적 중요성(historical significance)'과 '기억-역사(memory-history)'의 현재적 활용이라는 측면에서 추구하는 '기억-중요성(memory-significance)'을 구분한다. 그리고 그는 '기억-중요성'을 '마음속 관심(intimate interests)', '상징적 중요성(symbolic significance)', 그리고 '교훈(contemporary lessons)'으로 구분했다. 레베크는 학생이 개인적인 관심을 역사와 연결하는 경우를 '마음속 관심'에 기초한 중요성의 판단이라고 하고, 학생이 '그들'과 '우리'를 구별하고 애국심이나 국가적인 자부심을 추구하는 것을 '상징적 중요성'에 기초한 판단이라고 정의했다. 그리고 역사가 반복된다고 생각하면서 역사에서 현재적인 교훈을 찾는 방식을 '교훈'에 기초한 중요성 판단이라고 설명했다. 레베크가 말한 학생의 '마음속 관심'은 주로 그들의 인종적·민족적 차이에서 비롯되는 것이다. 레베크(Lévesque 2008: 60)는 몇몇 경험적 연구들을 인용하면서 학생들의 '마음속 관심'은 공식적인 역사를 '알지만 믿지 않게', 또는 비공식적인 역사를 '알지 못하면서 믿게' 하는 패턴으로 나타날 수 있다고 경고했다.

한국에서도 문화 배경을 달리하는 학생이 증가하고 있다. 그들의 '마음속 관심'은 '상징적 중요성'과 다를 수 있다. '다문화 사회'를 거론하지 않더라도 한국의 특정한 역사적 사건, 특히 식민지 시기나 6·25 전쟁, 1970년대의 정치경제적 상황 등을 포함한 현대사에 대한 한국인의 사회적·문화적 기억은 동일하지 않다. 지역이나 젠더에 따른 '기억'의 차이도 존재한다. 따라서 학생의 '마음속 관심'을 검토할 필요가 있다.

그런데 최근 한국의 몇몇 경험적 연구 결과들은 한국 학생의 '마음속 관심'을 그들의 '상징적 중요성'과 구분할 수 있을까, 혹시 겹치지는 않을까 하는 의문이 들게 한다. 이 연구들은 학생들이 흥미를 갖는 역사적 사건 가운데 자신의 민족 정체성을 확인할 수 있는 사건이나 인물이 있는데, 그것은 대체로 다른 민족을 타자화하면서 '우리'를 확인할 수 있는, '우리나라의 위대함'을 확인할 수 있는, 우리나라에 대해 '자부심'과 '애국심'을 갖게 하는 사건이나 위인들이라고 보고했다(강선주 2011: 38-39; 이해영 2014: 149-150; Barton and Levstik 1998: Lévesque 2005).[1] 물론 그러한 경험적 연구에서 문화적 배경의 다양성을 고려하여 조사 대상을 선정하거나 분석하지 않았기 때문에, 우리가 복수의 문화적 배경을 가졌다고 간주하는 학생의 역사 학습과 관련된 '마음속 관심'에 대해서는 별도의 연구가 필요하다.

참고로 필자는 중학생의 역사 학습과 관련된 연구를 진행하기 위해서 2016년 7월 한 부모 이상이 외국 국적이거나 두 부모 모두 외국인이지만 한국에서 태어난 중학생들(8학년과 9학년)을 심층면접했다. 부모 모두 아프리카인인 남학생 데니(가명),[2] 두 부모 모두 동남아시아 무슬림인 여학생 엘마(가명)는 한국에서 태어났으므로 한국인이다. 심리학 용어 사전에 의하면 다문화 가정이란 "국내에 거주하고 있는 국제결혼 가정으로 부모 중 한쪽이 한국인으로 구성된 가정"이다(2017. 9. 24. 네이버 검색). 이 개념에 의하면 다문화 학생은 한 부모가 한국인이어야 하므로 데니와 엘마는 모두 다문화 가정의 학생이 아니다. 그러나 학교 현실에서는 구별이 명확하지 않다.

데니는 자신을 한국인이라고 생각하기 때문에 한국 역사 공부도 열심히 한다. 그런데 학교에서 다문화 학생들에게 신청하라고 하는 무언가가 있을 때 정체성의 혼란을 느낀다고 한다. 자신은 한국인인데 다른 사람들이 다문화 학생이라고 여기는 것 같다

1 한국뿐 아니라 미국이나 캐나다 연구에서도 같은 경향을 확인할 수 있다.

2 학생 보호 차원에서 학생의 국적은 밝히지 않겠다.

는 것이다. 데니는 한국사도 좋아하지만 세계사를 배울 때를 기다린다. 아프리카 역사를 다루지 않을까 기대하기 때문이다. 아프리카 역사를 배우게 되면 한국 사람들이 가지고 있는 아프리카에 대한 편견이 사라질 것이라고 생각한다. 엘마는 아버지와 어머니의 나라로 돌아가고 싶어하지 않는다. 문화적으로 낯설기 때문이다. 특히 자신도 엄마처럼 이슬람교를 믿어야 할 것이라는 막연한 두려움에 불안해 한다. 그래서 동남아시아사를 배우고 싶어하지 않는다.

고려인인 남학생 스티브(가명)는 엄마와 아빠의 국적이 다르다. 부모님을 따라 한국에 왔는데 자신은 한국인이기도 하지만 엄마 국적과 같은 나라 사람이라고도 여긴다. 스티브는 세계사를, 특히 러시아사와 미국사를 배우고 싶다고 했다. 러시아 지역과 가까운 곳에서 왔기 때문이냐고 했더니, 그저 궁금해서라고 대답했다. 그는 고려인의 역사에 대해서도 관심을 보이지 않았다. 부모님이 모두 조선족인 남학생도 있었다. 그 학생은 우선 한국에 적응해서 살아야 하므로 한국사를 세계사보다 더 배우고 싶다고 했다.

이것은 면접에 참여한 제한된 소수의 예이고, 면접에 참여한 모든 학생들이 자신의 문화적 배경이나 자신의 정체성과 관련하여 배우고 싶은 역사 주제를 말하지는 않았다. 그러나 외모로 '한국 학생'과 구별되는 학생과 구별되지 않는 학생 사이의 반응은 다를 가능성이 있다. 또한 한국인이 편견을 갖는 지역이나 문화를 배경으로 하는 학생들의 반응도 다를 가능성을 배제할 수는 없다. 데니는 그러한 편견을 현재 피부로 느끼고 있는 학생이고, 엘마와 스티브는 외모에서는 많은 한국인과 구별되지 않는 학생들이다.

그러나 외모로는 구별되지 않지만 언어 때문에 이주 초기에 외국인 취급을 받았다는 고려인과 조선족 학생들도 있다. 이 학생들은 복수의 정체성을 가지고 있었지만 역사에서 러시아사나 중국사를 배워야 한다고 하지는 않았다. 즉 학생들의 정체성과 역사 학습의 관계는 단순화하여 대답할 수 없는 복잡한 양상을 보인다. 여러 인구 집단의 '마음 속 관심'은 여러 연구를 통해서 심층적으로 검토할 필요가 있다.

국가 교육과정이나 교사가 아닌, 학생이 자신의 사회 문제 의식에 기초하여 스스로 중요한 역사 지식을 선택하게 해도 학교가 제시하는 서사나 사회가 중요하다고 반복적으로 제시하는 문화, 가치관, 사회문화적 요구, 역사적 문화에서 크게 벗어나기는 어렵다(강선주 2014). 필자는 초·중·고등학생을 대상으로 역사에 노출된 그들의 경험을 이해하기 위하여 2010년, 2012년, 2013년에 심층면접을 진행한 적이 있다. 소수를 대상으로 한 심층면접이기 때문에 일반화하기는 어렵다. 그럼에도 몇 번에 걸쳐 진행한 심층면접을 통해 학생들에게 흥미를 느낀 역사 내용에 대해 직접 묻는 방법이 아닌 다른 방법을 사용하면 학생이 흥미를 보이는 다른 영역을 찾을 수도 있을 것이라는 생각을 하게 되었다.

심층면접에서 학생들에게 '기억에 남는 역사적 사건'이 무엇인가라는 질문을 했다. 그들이 접한 역사 가운데 기억에 남는 사건이나 인물에 대해 물었던 것이다. 학생들이 선택할 수 있는 범위는 역사교과서에서 접한 역사, 또는 책, 드라마, 영화 등 대중매체를 통해서 접한 역사이다. 학생 대부분은 역사 다큐멘터리나 최신 역사 연구—소위 역사 교양서라고 분류되는 책들까지 포함하여—에는 노출된 적이 없었다. 초·중·고등학생이 흥미를 보인 사건의 성격이나 분야에서는 큰 차이를 확인할 수 없었다. 대체로 인간 관계의 갈등적 요소가 포함된 정치적 사건에 관심을 보였다. 이러한 관심에 초점을 맞추면 초·중·고등학생의 역사 학습 내용을 다르게 구성하기는 어렵다. 레베크(Lévesque 2008: 54)도 학생이 중요하다고 여기는 역사는 역사 수업이나 학교 공동체에 의해 형성된다고 주장했다. 바턴(Barton 2009)은 레베크가 말한 학생들의 '마음속 관심'의 측면을 강조하면서 '정체성 입장'을 추구했다. 그런데 모든 사회에서 '마음속 관심'과 '상징적 중요성'이 항상 구분되지 않는다. 같은 민족이나 인종에 속한 학생들이라도 그들의 마음속 관심이 동일하다고 할 수 없기 때문이다.

역사교육에서 학생의 인구 구성과 정체성을 고려해야 한다. 그러나 '관심'이라는 용어는 착각을 불러일으킨다. '마음속 관심'이든 '상징적 중요성'이든 학생들의 관심을 역사 내용 선정의 핵심적 판단 기준으로 설정하는 것이 타당할까? 역사교육에서 한국 사회의 인구 구성 변화는 사회 변화와 관련된 요구이다. 학생들이 사회 변화를 어른만큼 빠르게 인식할 것이라고 기대하기는 어렵다. 또한 그러한 사회 변화를 학생의 '마음속 관심'으로 설명할 수도 정당화할 수도 없다.

현재 한국 학생이 학교에서 접하는 역사들은 역사학계나 역사교육계에서 논의하는 여러 층위의, 여러 주제와 방법론에 입각한 '역사들'과는 거리가 멀다. 그들의 제한적인 '마음속 관심'이 역사교육의 폭을 제약할 수도 있다. 앞서 언급하였듯이 바턴은 소수자(minority) 집단에 속한 학생은 억압당한 역사가 아니라 공헌한 역사를 배우고 싶어 한다고 했다. 즉 노예제를 배우고 싶지 않으며 여성이 억압당했던 역사를 알고 싶지 않다는 것이다. 그러한 그들의 마음을 고려해서 역사를 가르쳐야 한다면 역사의 비판적이고 성찰적인 성격을 축소해야 한다.

바턴의 '학습자의 동기 유발'이라는 용어와 레베크의 '마음속 관심'이라는 용어는 혼란을 준다. 학생의 민족·성별·지역·계급 소속감이라는 직접적인 표현이 아니므로, 학습자의 동기 유발을 쉽고 재미있는 역사로 이끌어내고 또 말 그대로 학생의 마음속 관심을 상상하게 한다. 역사교육이 학생의 일상 및 현재 세계에 대한 관심과 분리되는 것은 경계해야 한다. 그러나 그것이 일상에서 익숙한 것을 가르치라는 의미도 아니고, 겉으로 드러내지 않는 그들의 은밀한 관심사를 가르치라는 것도 아니다.

오히려 그들이 일상생활에서 익숙하게 여기고 상식으로 받아들이는 것이 '변화'와 '생성'을 가로막지 않게, 자신의 '마음속에 숨겨둔 관심'이나 '상징적 중요성'을 비판적으로 성찰할 수 있게, 그리하여 과거와 관련 속에서 현재 문제를 해결하고 미래를 계획할 수 있는 지식과 도구를 가르치는 것이 중요하다. 이러한 방향에서의 역사 내용 선정과 교수는 학생들이 정체성의 형성 과정을 이해하는 데, 현재 자기 정체성을 확인하고 성찰하는 데 도움이 된다.

2 정체성과 역사의식

근대 학교 역사는 직접적으로 또 간접적으로 국가 또는 민족 정체성 형성에 기여해왔다. 최근 여러 나라의 역사 논쟁과 갈등의 핵심은 학교 역사가 어떤 정체성을 함양할 것인가의 문제이다. 한국은 해방 후 매우 오랫동안 '민족 정체성 형성'을 역사교육의 목적으로 추구해왔다. 1940년대 후반에서 60년대 일제 청산 및 새 국가 건설 주체들, 1970년대와 80년대 경제 발전과 민주화운동 주체들, 1990년대와 2000년대 신자유주의 자본주의에 대한 저항 주체들 모두 역사교육에서 민족 정체성 함양을 강조했다. 그러나 각 주체들이 주장한 민족 정체성의 구성 요소는 서로 달랐다(Kang 2017: 332-343). 최근 민족 정체성 함양을 지양하면서 시민 정체성 함양을 역사교육의 목적으로 내세우는 움직임이 나타나고 있다(김기봉 2005; 김육훈 2013; 김한종 2017). 한국 역사교육계에서 민족 정체성이든 시민 정체성이든, 어떤 정체성을 추구할 것인가의 문제는 '역사의식'과 관련된다. 그리고 이 역사의식은 역사교육에서 중요한 내용을 선정하는 틀이 된다.

한국 역사교육계에서 논의한 역사의식이란 무엇인가?[3] 한국의 많은 역사가나 역사교육 연구자들은 역사의식을 과거 경험에 대한 성찰을 통해 현재 사회의 문제를 비판하고 미래 사회의 과제를 제시하는 실천적 의식으로 소통했다. 1978년 전국역사학대회에서 역사교육연구회는 '역사의식'에 주목했다(강우철 1978a; 민두기 1978; 민석홍 1978; 윤병석 1978). 한국사가인 김용덕과 서양사가인 노명식은 1972년에 다른 지면을 통해 역사의식에 대해 논하기도 했다(김용덕 1972; 노명식 1972). 김용덕은 역사의식을 다음과 같이 정의했다.

> 역사의식이란 역사발전의 방향에 대한 인식이라고도 할 수 있고 역사적 현실에 대한 인식이라고도 말할 수 있을 것이다. 말하자면 역사의식이란 대체로 역사관과 같은 의미인 것이다. (김용덕 1972: 62)

김용덕은 역사의식을 역사관과 같은 것이라고 보았으나 강우철은 "역사의식은 역사관과 다르다"고 주장했다. 사관은 개인적

---

3 특히 한국 역사교육계는 1960년대에서 80년대 사이에 역사교육의 목적으로 '역사의식'에 주목했다. 그런데 그 용어는 여러 의미로 사용되었다(강선주 2008). 1960년대와 70년대에는 일본 사회과교육학계의 역사의식 발달 단계 이론과 강우철의 역사의식 이론이 역사교육계에서 폭넓게 받아들여졌다. 일본 사회과교육학계에서 정의하는 歷史意識(역사의식)의 요소에는 역사 탐구 능력, 역사 이해, 사고 능력, 역사에 대한 흥미, 시간의식 등이 모두 포함되었다. 1980년대까지 역사교육계에서 역사의식이라는 용어는 역사를 탐구하고 사료를 비판적으로 읽는 능력과 현실에 대한 역사적 비판의식이라는 두 가지 의미가 구분되지 않고 사용되었으나 1990년대 이후 그 두 가지를 구분하는 움직임이 나타난다. 이 장에서는 주로 후자의 용법을 살펴본다.

이고 저술자로서의 태도이며 역사해석을 위한 기초이론이지만 生起 있는 역사의식은 전래의 각종 사관에 회의를 느끼며 비판함으로써 새로워지려는 의식"이라는 것이다(강우철 1978a: 146). 강우철은 역사의식을 종래 역사관을 비판하는 새로운 역사관이라고 보았다. 그런데 노명식은 다음과 같이 서술했다.

> 과거를 죽은 과거로 보지 않고 현재 속에 살아 움직이고 未來의 역사에도 작용하는 힘으로 보는 역사의 통일적 감각이 역사의식이다.… 우리의 의식 속에 재생된 과거는 미래를 향하여 새 역사를 창조하면서 생동하게 된다. (노명식 1972: 43-44)

이와 비슷한 의미의 역사의식이라는 개념은 김용덕이 "우리가 이미 겪어온 역사의 성격이나 내용에 대한 인식", "옳다고 생각하는 역사적 방향으로 독자를 계몽하고 고무하는 사실을 일관성 있게 전후 관련시켜 서술"(김용덕 1972: 62)이라고 한 것에서, 그리고 강우철이 "개인 또는 민족이 지닌 여러 갈래의 가치체계와 모든 의식구조의 일부를 이루고 있으며 그중에서도 현재성, 인간성, 미래를 감지하는 데 주도적 역할을 하는 사고의 기초"(강우철 1978a: 20)라고 한 것에서도 찾을 수 있다. 요컨대 이들은 역사의식이란 과거를 현재에 되살려 미래 사회가 나가야 할 방향을 제시하는 방향타와 같은 역할을 한다고 보았다.

동양사가인 민두기는 중국의 역사의식을 설명하면서 "자기의 존재를 역사의 전개선상에서 구하고, 즉 자기가 역사적 존재임을 확인하여 그것을 바탕으로 하여 자기를 미래에 연결하고 있는 것", "그러한 의식을 가지고 현실을 기록하고 과거를 정리하는 것"이 바로 역사의식에 기초한 역사 서술이라고 언급했다(민두기 1978: 150). 민두기도 역사의식을 과거와 관련 속에서 현재 자신을 의식하고, 미래를 연결하며, 그러한 의식에 기초하여 현재와 과거에 대해 서술하는 것이라고 인식한 것이다.

그렇다면 1970년대 여러 역사가들은 왜 역사의식에 대해 논했을까? 강우철의 다음 글을 보면 1970년대 한국인으로서의 자각과 주체성이 강조되면서 역사학계와 역사교육계가 역사의식에 주목했다는 점을 알 수 있다.

> 근래에 와서 역사의식을 자주 거론하게 되는 이유는 무엇보다도 한국이라는 자기 나라에 대한 자각을 일으켰기 때문이다. 주체성의 강조, 한국학의 연구열풍은 모두가 역사의식을 바탕으로 한 것이다. (강우철 1978a: 21)

김용덕(1972: 71)은 역사의식에 대해 논했던 글에서 당시 사회의 문제로 '사대주의'를 지적하고, 과제로 "자조, 자주, 자립의 독립정신"을 제시했다. 서양사가인 민석홍(1978: 144)도 서양의 새로운 문제의식, 새로운 이론과 방법적 논의 등을 참고하고 수용해야 하지만, 그러한 이론의 도식적 차용은 경계함으로써 "올바른 민족사관"을 정립해야 한다고 주장했다. 윤병석(1978: 155)은 "해방 이후 문화의 방향과 성격을 지우는 한 요인인 국민의 역사의식 속에 식민지 사관의 해독이 뿌리 깊게 남아 있었고 그것은 현재도 어떤 잠재적 피해를 입히고 있는 것인지 모를 일이다"라고 하면서 한국사를 타율성론과 정체성론에 기초하여 연구했던 식민사관의 불식과 민족사관의 정립을 가장 중요한 과제로 제시했다. 1970년대 역사가들은 '역사의식'을 내걸고 서양 중심적 역사관이나 식민사관을 당시의 문제로 비판했고, 민족사관의 정립을 중요한 과제로 형상화했다는 점을 읽을 수 있다. 종래 사관을 문제화하고 새롭게 생성되어야 할 사관을 제시한 것이다.

사회과 역사교육에 집중하였던 연구자들도 역사학자와 같은 맥락에서 가르쳐야 할 '역사의식'을 제시했다. 강우철(1978b: 22)은 김용덕과 비슷한 맥락에서 당시 사회의 역사적 문제를 "서양사 주도의 역사의식 교육"이라고 지적하고, "우리가 조심해야 할 것은 그들의 백인우월주의 사관뿐 아니라 서양 중심의 자아개념 내지는 민족의식이다"라고 주장했다.

송춘영(1986: 929)도 역사교육을 단순히 "역사적 지식의 습득이나 교훈을 얻고 배타적인 애국심을 기르는 것이 아니라… 바람직한 역사의식을 길러 민족사의 발전에 이바지할 수 있는 자주적·실천적 인간을 육성하는 데 목적을 두어야" 한다고 주장했다. 민족문화의 계승과 민족의 자주적 발전을 중요한 당면 과제로 인식하고 그러한 과제 해결을 위한 역사의식의 함양을 강조했던 것이다.

1960-80년대 역사가나 역사교육 연구자들은 대체로 당시 사회의 문제와 개선 방향을 '사관' 혹은 '의식'의 측면에서 비판하고 제시했다. 그들은 주체적 민족사관이나 민족의식을 이 시기 주요 과제로 형상화했다. 민족주체의식 담론이 역사교육 전반을 규율하고 있었던 상황에 비추어 당시 역사의식에 대한 관심을 이해

할 수 있다(강선주 2006: 103-107). 식민사관과 서구 중심주의를 비판하고 민족주체의식의 정립을 주장했던 맥락에서 국사교육이 강화되고 세계사교육은 축소되었다(강선주 2015c: 34-37).

1960년대 일본 사회과교육계에서 들어온 '歷史意識'이라는 용어는 한국 역사학계나 역사교육계에서 통용되고 있던 역사의식이라는 용어와 의미, 그리고 용법이 달랐다. 1970년대까지 歷史意識이라는 용어는 역사에 대한 관심 정도, 역사 이해 및 사고력의 발달 정도나 단계를 지칭하는 용어였으며, 학생이 성숙하면서 歷史意識도 발달한다는 것을 함의했다. 이정인, 송춘영 등 사회과 역사를 연구했던 연구자들은 그러한 일본 사회과교육계의 歷史意識 용법을 적극적으로 소개했다. 그런데 한국 역사학계는 역사의식이라는 용어를 현실 사회의 문제를 역사적으로 비판하고 미래를 위해 개혁하려는 실천적 의지를 표명하는 의미로 소통했다. 각각의 역사의식에 대한 관심을 추동했던 요인들도 전혀 달랐다. 전자가 진보주의 및 학문 중심 교육 이론에 기초한 교육 재편이라는 문제의식이었다면, 후자는 식민사관이나 사대주의의 극복 및 민족사관의 재정립이라는 문제의식이었다. 그러나 두 학계가 모두 '민족의식', '민족사관'을 강조했다는 점은 다르지 않다.

1980년대까지 한국 역사교육 연구자들은 이렇게 서로 다른 문제의식과 이론을 통합적으로 연결하여 '역사의식'을 개념화했다. 예를 들면 송춘영(1986: 903)은 강우철의 역사의식 개념과 1960년대 및 70년대 한국에 소개된 여러 일본 연구자들의 역사의식 개념을 통합해서 역사의식을 "역사적 행위의 기저가 되는 존재의식이며 자아개념"이라고 정의하고, 보충하여 "학습자가 학습을 통하여 얻는 역사적 관심과 역사적 이해력이고 역사적 견식이며 역사적 태도와 능력으로서 그것은 계기적·병렬적으로 성장해가는 가변적인 역사적 감각"이라고 정의했다. 한경자(1986: 913)는 여러 역사학자, 역사철학자들의 정의를 종합하여 역사의식을 "'나'로 하여금 자기의 역사성을 자각하게 하는 존재의식"이라고 정의하고 "의식 일반으로 볼 때 자아의 자각이란 일종의 심리적 과정으로서 인지적 과정인 역사적 개념 발달을 수반해야" 한다고 주장했다.[4]

요컨대, 한경자, 송춘영 등은 한국의 강우철, 이원순 등이 정의한 역사의식을 역사교육의 목적으로 보면서, 이러한 역사의식 발달을 위해서는 일본 사회과교육계가 제시한 歷史意識 — 곧 심리적·인지적 차원의 역사 이해, 역사적 개념, 혹은 역사적 사고 — 의 발달이 전제되어야 한다고 주장했다. 그러나 지향점이 서로 다른 두 담론 사이의 간극을 같은 용어를 통해 채우기는 어려웠다.

1990년대 역사교육 연구자들은 역사의식이라는 용어를 사용하여 학생의 인지적·사회적 발달 정도나 단계를 구분하는 것의 부적절성을 지적했다. 김한종(1995a: 484-485; 1995b: 60)은 우리나라에서 '역사의식'이라는 말을 떠올릴 때는 오히려 역사적 문제의식을 떠올린다고 하면서 일본 학계의 역사의식이라는 용어와 구분하기 위하여 역사적 문제의식이라는 용어를 사용할 것을 제안

4 1980년대 중반에서 90년대 초에 걸쳐 역사교육 연구자들은 역사의식에 대한 종래 연구를 검토하였다. 한경자(1986)는 "석금대비, 변천, 인과관계, 시대구조, 시대발전 등 의식 내용을 이루고 있는 요소들을 보면" 일본 학자들이 제시한 역사의식의 발달은 "인지적 발달에 따른 역사적 개념 발달의 차이"라고 주장하였다.

했다.[5]

1990년대에 들어서면서 역사교육 연구자들은 역사교육에서 역사의식이라는 용어가 가진 서로 다른 의미의 간극을 인정하고, 분리를 주장하기 시작했다. 그러나 김한종의 제안처럼 '역사의식'과 '역사적 문제의식'은 구분되어 사용되지 않았다. 대신 인지발달의 측면에서는 '역사적 사고력'이라는 용어가 사용되었고, 역사의식이라는 용어는 역사적 문제의식이라는 의미로 소통되었다. 이렇게 되면서 '역사적 사고력'은 역사교육의 목표이면서 또 인지발달을 측정하는 범주의 의미를 갖게 되었다.

1990년대에는 역사교육의 관점에서 역사의식을 정의하려 했던 글은 없다. 그러나 역사의식을 내걸고 역사교육에 대해 논했던 몇몇 역사가의 글을 통해 역사의식이 여전히 현재에 해결해야 할 역사적 과제나 역사관을 의미하는 용어로 사용되었다는 점을 확인할 수 있다.

신형식은 학생들의 위인 선호도를 조사하여 그들의 역사의식을 이해할 수 있다고 주장한 후, 고등학생의 인물 선호도를 보면

---

5 김한종은 역사의식을 심리적 역사의식과 역사적 문제의식으로 구분하여, 심리적 역사의식은 역사적 사고력을 기르기 위한 역사 학습 목표와 내용을 정하는 토대를 제공하는 것으로, 역사적 문제의식은 역사적 사고력을 기름으로써 획득될 수 있는 역사에 대한 관심, 역사적 판단력, 비판의식 등으로 규정할 것을 제안하였다. 그는 이러한 주장을 1995년 글에서도 다시 한 번 제기하였다(김한종 1995a). 김한종이 역사적 문제의식을 역사적 사고력을 통해 획득할 수 있다고 본 점은 송춘영과 같으며, 이렇게 본다면 김한종도 역사의식과 역사적 문제의식의 엄격한 분리를 주장한 것이라고 할 수는 없다. 그러나 영역고유 인지 이론으로 역사적 사고력에 접근하면서 종래 연구자와 다른 방향에서 역사적 사고력에 대해 정의하려 했다고 할 수 있다.

그들이 민족적·실용적이라는 점을 알 수 있고, 대학생의 경우에는 전통문화에 대한 관심을 보인다는 점에 기초하여 주체적이라고 평가했다(신형식 1990). 신형식의 연구에 의하면 역사의식이란 역사관이며 1990년대 학생들의 역사의식은 민족적·주체적 특징을 보였다. 이 글에서 신형식은 역사의식과 역사인식을 동일한 의미로 혼용했다.

이병희(1996)는 '민중사'와 결합된 '민족사'적 관점의 역사의식을 역사교육의 주요 과제로 강조했다. 이병희(1996: 100)는 역사의식 형성에 영향을 미친 역사적 경험으로 "해방 이후 50년간의 역사", 즉 "민족의 해방, 남북분단, 6·25 전쟁, 4·19 혁명, 5·16 군사 쿠데타, 10월 유신, 80년의 민주화운동, 87년의 6월 항쟁 등"을 꼽았다. 그리고 지속적으로 추구했지만 해결되지 못한 과제로 "민족 문제", 즉 자주적인 민족국가 수립을 제시했다,

이병희의 글에서는 1970년대 김용덕, 강우철 등의 목소리가 울린다. 이병희(1996: 101)는 1960년대 서구의 근대화론이 민족 문화 경시 풍조를 만들어냈다고 비판하고, "전통을 제대로 교육해야 과거의 문화를 이해할 수 있고, 그래야 외래문화도 비판적으로 수용할 수 있는 주체적 안목을 가질 수 있다"고 강조하면서 전통에 대한 교육을 통해 "민족의 동질성을 확보"할 것을 주장했다. 김용덕, 강우철과 다른 점은 이병희는 이러한 현실 문제 해결의 주체를 '民'이라고 강조했다는 것이다.

1980년대 민중사가 한국사 연구에 지대한 영향을 미쳤다(정창렬 1989. 정명혁 2008: 17-18에서 재인용). 1980년대 후반 민중사관에서는 당면한 현실 과제로 "반제민족민주사학의 수립"을 제시했

다. '역사의식'이라는 표제를 내걸지는 않았지만, 당시 현실의 문제를 지적하고 해결해야 할 역사적 과제와 해결 방향을 '실천적' 측면에서 제시한 것이다. 이러한 민중사의 민족과 계급 모순에 대한 인식, 그리고 민중에 의한 모순 해결이라는 의식이 이병희의 글에서도 드러난다. 요컨대 1980년대 민중사관은 역사교육에서 민중, 민족주의를 추구하는 역사의식으로 연결되었다.

그런데 1990년대 정두희(1997: 101-109)는 '역사의식'을 내걸고 '과도한 민족사' 연구와 교육의 문제를 '다원적' 관점에서 해결할 것을 요구했다. 다원화되고 있는 사회에 비추어 새로운 역사의식의 방향을 민족 내부의 다양한 이해관계와 경쟁 및 협력의 관계에 있는 '개인'에게서 출발해야 한다고 주장한 것이다. 사실 이 시기 '다원적 역사'는 '역사의식'보다는 주로 '역사인식'이라는 표제하에 논의되고 주장되기 시작했다.

1990년대 후반에서 2000년대로 넘어가면서는 역사인식이라는 표제하에 과잉된 민족 중심 역사의식에 대해 문제를 제기하는 연구자들이 나타났다. '국사 해체'를 주장하고 '시민' 중심으로 역사를 서술하고 가르쳐야 한다고 주장하기도 했다(김기봉 2005). 2010년대에는 '역사인식'을 내걸고 '민주주의', '인권', '평화' 등을 역사교육이 추구해야 할 '보편적 가치'로 제시하는 주장도 등장했다(송상헌 2010).

이러한 양상을 보면, '역사의식'이나 '역사인식'을 내걸고 추구하는 소위 '보편적' 가치라는 것이 결코 시공간을 초월하여 '보편적'일 수는 없다는 것을 알 수 있다. 또 민족사관, 민족의식 등을 정의하는 요소도 각 시기의 문제의식에 따라 달랐다는 것을 확인할 수 있다. 특정 가치가 '보편적 가치'인 듯이 제시되었지만, 그것은 특정한 역사 문화의 맥락과 상황 속에서 '보편적'이므로, 실은 맥락 특정적이다.

역사의식의 이름으로 1970년대 민족사관의 정립을 주장하면서 편협한 국수주의를 경계했다면, 1990년대 후반에는 사회의 다원화라는 변화 속에서 시민의 역사의식이 민족사 담론에서 벗어나지 못하고 있는 현실을 비판했다. 2000-2010년대에는 민주주의나 인권, 평화 등의 가치를 추구하기도 한다. 여기 해당하는 연구들에서 '역사의식'이라는 용어가 함의하는 것은 현재의 문제에 대한 비판과 해결해야 할 역사적 과제, 그리고 미래를 이끌고 나갈 때 지양하거나 지향해야 할 의식이자 학교 역사가 함양해야 할 정체성이다.

그런데 2000년대에 서구 역사교육학계의 'historical consciousness'에 대한 논의가 '역사의식'으로 번역되어 한국 학계에 다시 소개됐다. 앞서 1960년대 한국 역사교육계가 일본 학계의 '歷史意識'이라는 용어를 차용하여 사용하면서 한국 역사학계에서 통용되던 역사의식이라는 개념과 불편한 동거를 한 적이 있음을 설명했다. 그러므로 최근 소개되고 있는 외국 학계의 역사의식(historical consciousness) 이론을 통해 한국 학계에서 소통의 폭을 넓히기 위해서는 외국학계가 역사의식이라는 개념으로 추구하는 역사교육에 대해 근본적으로 이해할 필요가 있다. 세이셔스(Seixas 2017)도 필자와 같은 문제의식에서 독일 역사교육계의 역사의식 전통과 영미 중심의 역사적 사고(historical thinking)의 전통을 구분해서 논의했다.

세이셔스(Seixas 2017: 61)에 따르면 역사의식은 독일 철학에서 나온 개념인데, 이것을 교육의 영역으로 끌고 온 사람은 뤼젠(Jörn Rüsen)과 보리에스(Bodo von Borries) 등이다. 독일 역사철학의 이론에서 역사의식은 역사-문화적 상황(historio-cultural situation)을 묘사하는 경향이 있는데, 이것이 교육 측면에서 논의되면서 학생의 이해 개발을 안내하는 틀이 되었다(Seixas 2017: 61).

필자는 뤼젠의 역사의식 이론에 대해 이미 다른 글에서 소개한 적이 있다(강선주 2015: 290-291). 그러나 이 장의 논의를 위해 다시 한 번 뤼젠의 설명을 인용해보면 다음과 같다. 뤼젠(Rüsen 2004: 65)은 "역사의식은 현재의 실제에 미래 관점을 부여하는 방식으로 과거와 현재를 엮으며", "미래의 관점을 만들면서 동시에 현재의 실제를 이해할 만한(intelligible) 것으로 만드는 인간의 지적활동으로 개념화"할 수 있다고 주장했다. 그리고 역사의식은 "현재 상황에서 어떤 행위를 하는 데 전제가 되는 성향(orientation)으로서 현재의 실제(present actuality)를 파악하기 위해 과거의 실제(past actuality)를 이해하는 데 도움을 주는 방식으로 작용한다"고 했다(Rüsen 2004: 67). 이러한 인용만으로는 그의 역사의식 개념을 정확하게 이해하기는 어렵다. 그런데 세이셔스(Seixas 2017)의 설명을 읽어보면 뤼젠은 역사의식을 학생이 '일상생활(life situation, life setting)'에서 역사 내러티브를 활용할 때, 역사 문화(history culture)나 기억 문화(memory culture)와 상호작용하는 과정에서 윤리적 가치 문제를 판단하는 방식을 설명하는 용어로 사용하고 있다는 점을 알 수 있다.

뤼젠(Rüsen 2004)이 학생의 역사의식이 전통적-전형적-비판적-발생적 역사의식의 유형순으로 '발달'한다고 이해한 것은 결국 일상생활에서 역사 내러티브 활용 방식이라고 할 수 있다. 이는 1950-60년대 일본학자들이 측정한 역사의식 발달의 범주와는 다르다. 뤼젠의 역사의식 개념은 김용덕이 말한 "사관으로서 역사의식"이나 강우철이 말한 "예전 사관을 비판하면서 새로워지려는 의식"과도 거리가 있다. 라빌(Laville 2004: 167)도 지적했듯이 '역사의식'은 하나로 정의하기 어렵다.

역사적 사고, 역사의식을 개념화하는 기반(matrix)에 따라 학생들에게 던지는 역사의식에 대한 질문이 달라지고, 그러한 질문에 따라 학생의 역사의식도 다르게 유형화할 수 있다.

유럽 여러 나라와 캐나다에서는 영국식의 역사적 사고와 독일식의 역사의식을 통합하여 '역량(competencies)'을 정의하려고 노력한다. 예를 들면 스웨덴의 역사교육과정은 학생의 '역사의식'을 발달시킬 것을 강조한다. 이 역사의식에는 "역사의 준거 틀 활용, 사료 검토, 역사 활용법에 대한 성찰, 역사적 개념 사용"이라는 네 가지 역량이 포함된다(Seixas 2017: 64). 이 가운데 역사의 준거 틀 활용, 사료 검토, 역사적 개념 사용의 세 가지 역량은 한국 역사교육계, 그리고 영미 역사교육계의 역사적 사고와 관련된다. 세 번째 역량인 '역사 활용법에 대한 성찰(reflecting on the uses of history)'은 일상생활에서 역사 내러티브의 기능을 이해하여, 서로 다른 주체들이 역사 내러티브를 활용해 사람들의 과거에 대한 인식에 영향을 미치는 방식과 그들의 과거와 미래를 보는 시각을 이해하는 것에 중점을 둔다(Seixas 2017: 64). 이를 한국 학계에서 자주 사용하는 용어로 번역해서 이해하면 역사 내러티브의 담론적 기능을 이해하는 것이며, 그 내러티브에 담긴 역사의식을 분석하는 것이다.

세이셔스(Seixas 2017: 64-65)에 따르면 독일의 '역사적 사고 역량' 프로젝트에서는 역사적 역량을 네 차원(dimension)으로 구분했다. 그는 이 가운데 세 가지가 뤼젠의 매트릭스(matrix)에서 직접 도출된 것이라고 주장했다(Seixas 2017: 64). 그 세 가지는 "일상에서 역사적 질문 생성에 관여하는 것, 그러한 질문에 대답하기 위해 역사적 방법으로 작업하는 것, 일상에 유용하게 표현하는 것"이다(Seixas 2017: 65). 그리고 나머지 네 번째는 "Sach-kompetenz(전문지식)"인데 이는 "스웨덴 역사교육과정에 언급된 네 번째 역량인 '역사적 개념 사용'이 확장된 개념으로, 영국 학계가 논하는 1차 개념과 2차 개념(the first and second order historical thinking concepts)으로 구성된다"고 했다(Seixas 2017: 65). 2차 개념은 한국에서는 '조직 개념'으로 번역하여 사용한다.

세이셔스의 독일의 역사적 사고 역량의 네 차원에 대한 위와 같은 설명에 따르면 뤼젠의 역사의식은 내러티브 활용 방식만을 중심으로 정의된 것이 아니다. 뤼젠의 역사의식은 역사적 방법에 기초한 역사 내러티브의 생성과 활용의 복합적 의미이다. 사실 연구자마다 뤼젠의 이론에 대한 해석이 조금씩 다르다. 실제 독일 연구자들은 뤼젠의 글이 여러 측면에서 해석될 여지가 있다고 말한다. 중요한 것은 적어도 독일 계열의 historical consciousness, 일본의 歷史意識, 한국의 역사의식을 모두 동일한 의미로 사용할 수도 또 같은 방식으로 역사교육에서 추구할 수도 없다는 것이다. 각 나라의 역사교육 문화와 당면 과제, 또 문제의식이 다르기 때문이다.

그렇다면 한국에서 역사교육은 역사의식과 어떻게 관계해야 하는가? 이 질문에 대답하기 위해 학생들이 추구하는 역사의식을 검토해보자. 여러 연구를 통해 학생의 역사의식을 여러 각도에서 살펴볼 필요가 있다. 다음 절의 내용은 한 각도에서 살펴본 학생의 역사의식이라는 점을 미리 밝혀둔다.

3 문서 읽기에 보이는 학생의 역사의식

1) 현실 문제 비판의식과 역사 해석

여러 연구가 학생들이 역사 문서의 내용을 무비판적으로 받아들이는 경향이 있다고 보고했다. 그러나 이 책의 제5장에서 서술했듯이 학생이 문서의 내용을 그대로 받아들이기를 거부한다는 점도 알 수 있다. 무엇이 문서의 내용을 그대로 수용하게 하고 또 무엇이 그것을 비판하고 받아들이기를 거부하게 하는가?

와인버그는 교사나 학생이 문서를 읽을 때, 문서 내용에서 자신이 아는 것, 기억하는 것과 연결하거나 적어도 거기에서 출발하여 문서를 읽는다고 보았다. 그러면서 그 문서가 어떤 맥락에서 어떤 의도로 만들어졌는지에 대해 고려하지 못한다는 점, 즉 문서를 맥락화하지 못한다는 점을 관찰했다(Wineburg 2007). 그는 학생들에게 역사 읽기는 저자의 의도가 무엇인지 캐묻거나 문서를 사회적 세계에 위치시키는 과정이 아니라, 정보를 담고 있는 것으로서 문서에서 정보를 수집하는 과정이고, 따라서 대부분의 학생들이 문서에 숨겨진 의도가 있다는 점을 생각하지 못한다고 주장했다(강선주 2015b: 288-289). 그는 학생들에게 숨겨진 의도가 있다는 점을 알게 하고 그것을 분석할 수 있게 해야 한다고 주장했다.

그런데 필자가 진행한 심층면접에 참여한 한국의 5학년에서 10학년 학생들이 〈부록 1〉과 〈부록 2〉를 읽은 양상을 보면 문서 읽기 과정이 문서에서 정보를 수집하는 과정이었다고 단정할 수 없다. 자신이 아는, 기억하는 지식, 상식과 연결지어 문서를 읽는 경향도 나타나지만, 문서의 내용을 무비판적으로 받아들이는 과정은 아니었다. 특히 학생들이 〈부록 2〉에 제시된 양반들의 일기와 편지글을 읽을 때는 어떤 내용은 부각시켜 해석하고 어떤 내용은 무시했다. 어떤 경우에는 문서 뒤의 숨은 의도나 주장을 찾으려고 하지 않지만 어떤 경우에는 반대로 문서 뒤의 숨은 주장에만 집중하는 모습을 보였으며 문서 내용을 의도와 다르게 비틀어 해석했다. 문서 읽기 과정에서 착목하는 내용도 반드시 자신이 아는 지식, 기억하는 지식만이 아니었다. 요컨대, 연구에 참여한 학생들은 문서 뒤에 숨겨진 의도나 주장을 찾는 데 선택적이었다. 무엇이 학생들에게 문서의 특정한 부분에 주목하게 하고, 거기에서부터 문서를 해석하게 하는가? 와인버그의 주장처럼 지식에 불과한가? 상식의 틀에서, 상식에 어긋나지 않게 주어진 문서를 해석한 것인가?

〈부록 1〉의 읽기 양상만을 보면 학생들이 문서를 읽기보다는 문서와 관련된 자신의 지식을 말하고 자신의 지식과 상식을 무비판적으로 고수한다는 결론에 이를 수 있다. 그런데 〈부록 2〉의 읽기 양상과 비교해보면 학생들이 항상 자신의 상식의 틀에 문서의 내용을 넣어 해석하지는 않는다는 점을 알 수 있다.

학생들은 어떤 경우는 기존의 해석을 받아들이고 또 다른 경우에는 기존의 해석을 거부하면서 새로운 해석을 추구한다. 무엇이 그렇게 다르게 만드는가? 그들의 현실 문제 비판의식이 특정한 내용을 선택적으로 부각한다고 한다면, 그들이 비판하는 것은 무엇인가?

에번스(1999: 120)는 역사가가 사료를 읽는 방식은 주로 그들의 현재 관심사에서, 현재의 이론과 개념들을 통해 그들이 구성하게 되는 질문들에서 비롯한다고 주장했다. 학생들이 문서를 읽는 방식도 그들의 현재 관심사와 깊은 관련이 있다. 여기에는 학생들에게 문서를 읽는 그들의 독특한 이론과 개념이 있거나 그것들이 그들의 읽는 방식에 결정적으로 영향을 미치지는 않았을 것이라는 전제가 있다. 이 절에서는 학생들의 '비판적 사고'가 아니라 학생들이 '비판'하는 것, 그들이 텍스트를 해석할 때 투영하는 그들의 현실 문제 비판의식에 초점을 맞추고자 한다. 이러한 분석을 통해 학생들의 역사의식에 접근해본다. 여기서 역사의식은 강우철의 정의인 종래의 사관을 비판하고 새로운 시각에서 역사를 해석하려는 의식에 기초한다. 다음의 분석은 학생들이 〈부록 1〉과 〈부록 2〉 두 자료를 읽고 해석한 연구에 기초했다(강선주 2013a; 2014).

2) 학생들이 문서에서 착목한 내용과 적극적으로 구성한 이야기

❶ 세종과 양반 신하 이야기

5학년에서 10학년 학생들이 〈부록 1〉의 '『훈민정음 혜례본』 서문'과 '최만리 등의 상소문' 등을 읽으면서 구성한 이야기를 요약하면 다음과 같다.

첫째, 세종은 나라와 백성을 사랑한 왕이다. 학생들은 세종이 훈민정음을 만든 의도를, 『훈민정음 혜례본』 서문에서 서술한 것처럼 백성을 사랑해서라고 말했다. 대체로 서문의 "내 이를 불쌍하게 여겨"라는 내용에 착목했다. 서문이 아니라 최만리 등의 상소문 내용에 주목하여 세종이 훈민정음을 창제하고 반포한 의도를 해석한 학생도 있다. 예를 들면 학생들이 상소문의 "어리석은 백성이 간혹 원통하게 될 수 있기 때문에…"에 주목하여 세종은 왕이니까 백성과의 소통을 위해, 백성을 교화하기 위해 문자를 만들었을 것이라고 했다. 그렇게 말한 학생도 세종은 신하들과 달리 백성을 사랑했다고 생각한 점은 다르지 않았다.

둘째, 양반은 자신의 특권을 지키려고 하는 이기적인 착취자이다. 학생들에게 세종과 신하들이 백성을 보는 관점이 다른가라고 물어보았을 때, 세종은 백성을 자식처럼 사랑하지만, "신하들은 백성에 대해 딱히 신경 안 쓴다", "신하들은 백성이 양반들을 위해 존재하는 것으로 본다", "노예처럼 생각한다", "자기들의 이익을 더 중시하는 사람들인 것 같다" 등으로 대답했다. 학생들은 백성들을 대체로 착취당하는 사람, 노예처럼 부림을 당하는 사람,

일만 하는 사람, 정치에 무관심하거나 무지한 사람으로 보았다.

세종과 백성의 관계는 문서의 내용을 그대로 받아들여 소통과 사랑의 관계로 보았지만, 양반과 백성의 관계는 문서에서 직접적으로 드러나지 않는 '갈등적' 관계로 보았다. 5학년에서 10학년 학생들 다수는 최만리 등이 상소문을 올려 훈민정음 창제에 반대한 숨은 의도가 있다고 믿었고, 그 의도는 대체로 양반 관료의 탐욕, 부정, 부패를 통한 기득권 유지로 해석했다. 학생들은 "어리석은 백성이 간혹 간혹 원통하게 될 수 있기 때문에"라는 내용에 착목해서 양반을 '이기적인 권력층'이고, '부정부패'와 '비리'를 저지르며 '과시'하고, '위세'를 떨며, 백성을 '착취'하는 사람이라고 말했다. 양반은 일반적으로 부정한, 비리를 저지르는 사람들이라는 그들의 상식을 표현한 것이다. 최연은 다음과 같이 세종과 최만리 등의 의도에 대해 이야기했다.

> 최연(8): [세종의 의도] 중국의 문자는 다 어렵고 글자도 굉장히 많아서 백성들같이 매일 일해야 하는 사람들은 따로 글을 배울 시간이 없어서, 백성들은 글의 필요성을 크게 못 느끼는데 문자를 만들면, 특수한 경우, 예를 들면 억울한 일을 당해서 상소문 같은 것을 올리려 해도 글을 모르니까 올릴 수 없고, 법, 법전 같은 것을 볼 때도 자신이 억울한 일을 당했는지 아니면 옳은 처벌을 받은 건지 잘 모르기 때문에 세종이 이렇게 만들었고… 결국은 백성들에게도 똑같이 기회를 주는 거죠. [최만리 등의 의도] 지금이나 예전이나 높은 관리들은 다 자기들만의 그런 것을 갖고 싶어 하잖아요 그래서 그런 것을 봤을 때 여기는 안 나와 있어도, 아니 여기 나와 있는 것도

보면 백성들은 전혀 생각하지 않고 자기들만 이익을 보려고 하는 것 같아요.

이석(8): 만약에 백성들이 모두 글을 안다고 하면 글을 몰라서 생겼던 불이익들이 모두 없어지고 그러면 관리들로서는 불이익이 생길 수 있기 때문에… 최만리는 백성들보다는 자기 자신의 이익을 챙기는 편이고 세종은 왕으로서 백성들을 위해 그런 일을 한 인물이었던 것 같아요.

심현(7): 신하들은 반면에 백성 중에서도 언어를 배우고 더 높은 직위에 올라갈 수 있는 능력을 가진 사람들이 많을 텐데, 그 사람들이 나중에 높은 직위를 갖게 되면 자신들이 오히려 그런 낮은 직위로 밀려나지 않을까 생각이 들었을 것 같아요.

권경(6): 지금까지 억울해도 백성들은 아무것도 할 수 없었지만, 그들이 한글을 알게 되면 자기와 동급이 된다고 생각해서 그걸 막기 위해 반대를 하는 것 같아요.

상소문의 한 부분에서 세종의 애민을 읽으면서 동시에 양반들의 부정부패, 비리를 해석했다. 그리하여 양반이 글을 모르는 백성을 이용하여 뒷돈을 챙기려고 했거나 백성들을 속이려 했다고 해석했다. 백성이 글을 알게 되면 더 이상 비리를 저지를 수 없으니 훈민정음 창제에 반대했다는 것이다.

셋째, 조선 시대 사대 관계는 국가의 강약에 따른 지배와 종속 관계이다. 세종과 신하들의 중국을 보는 관점에 대해 설명할 때 많은 학생들이 세종의 자주와 신하들의 사대의 구도에 기초했다. 학생들은 "조선 건국 이래로, 정성을 다해 중국을 큰 나라로서 섬기고"에 주목하여 신하들이 중국에 아부하여 또는 중국과의 관계를 무탈하게 만들어 자기의 세력을 유지하려 했다고 해석했다. 이러한 대답에서도 신하들에 대한 불신을 볼 수 있다. 학생은 세종이 신하들보다 백성을 생각하고 신하들은 백성보다 중국을 더 중요하게 여겼다고 말했다. 몇몇 학생은 신하들을 힘과 권력에 '아부'하는 사람으로 보았다.

> 이택(10): 세종대왕도 우리가 이렇게 창제를 하면 오랑캐라고 중국이 우리를 쳐들어 올 것을 알면서도 백성들을 위해서 훈민정음을 창제한다고 했잖아요. 다른 것보다 백성들을 위해서 창제를 하고 또 독립하려는 생각도 있었을 것 같아요.… 그러니까 창제를 한다는 게 중국에 반하는 거잖아요. 그다음에 계속 자신의 대신들이 중국을 섬기면서 자기 나라를 위하기보다는 중국을 위해서 더 많이 이렇게 했을 것 아니에요. [세종이] 자신의 백성을 보살피지 않고 중국만을 생각하고 행동하니까 그것도 불만이어서 그랬을 것 같아요. 세종도 성리학자면서도 자신의 나라를 더 생각해서 그런 것…
>
> 김수(10): 이 신하들은 중국을 많이 따르고요. 세종대왕은 중국을 아주 따르진 않는 것 같아요. 음, 신하들은 친일파처럼 중국한테 친중 활동을 하는 게 아닐까요? 친중이고요. 중국 왕이 더 세잖아요. 이때 조선 왕보다, 그러니까 중국 왕들을 약간 섬기면서 뒷백으로 삼으면서 왕한테 약간 까부는 것 같아요.
>
> 홍영(9): 그 당시에는 중국은 세력이 되게 컸잖아요. 중국을 섬기지 않으면 침략해올 수도 있고,

일부 학생은 '사대 관계'를 오늘날의 관점에서 부정적인 함의를 품은 것으로 받아들이면서 상소문을 올린 학자들에 대해 부정적인 평가를 내렸다. 심한 경우는 김수처럼 신하들을 일제강점기 친일파에 빗대어 설명하기도 했다. 학생들은 사대를 대체로 큰 나라, 힘이 센 나라(강대국)를 '무서워서', 그들이 침략해 올까봐 섬기는 것으로 이해하였으며, 사대 관계를 정치적·문화적 종속 관계로 보는 경향이 있었다.

> 한윤(10): 중국을 따르기 때문에 훈민정음을 만들면 중국한테 공격을 당할 수 있다. 세종은 계속 중국을 따라갈 수는 없는 거고 중국도 언젠가는 따르는 나라한테 당할 수도 있는 거잖아요.

학생들은 사대 관계를 당시의 당연한 국제질서로 이해하거나 혹은 조선과 중국의 실리적 상호 관계로 보기보다는 폭력적인 힘의 관계로 보았다. 특히 신하는 중국의 법과 제도 및 문자를 '표준'으로 보면서 중국을 따르려고 하고, 세종은 '우리'의 고유한 문화를 '표준화'하여 중국으로부터 벗어나려고 한다는 시각이 지배적이었다. 학생들은 사대 관계를 현재적 관점에서 비판하는 경향성을 보였고 이러한 경향성이 문서 읽기 방식에 중요한 영향을 미쳤다. 학생에게 사대주의에 대해 배웠는가 물었다. 중학교 사회에서 '문화사대주의'에 대해 비판적 관점에서 배웠다고 했다. 학생들은 문화사대주의와 조선 시대 사대 관계를 구분하지 않고 '동질적'인 것으로 보았다. 〈부록 1〉에 수록된 '『훈민정음 혜례본』 서문', '최만리 등의 상소문', 그리고 '최만리 등의 상소문에 대한 세종의 대응'은 학생들에게 매우 익숙한 내용으로, 초등학교, 중학교, 고등학교의 국어, 사회교과서에 자주 등장하는 것이었다. 그러한 교과서에서 훈민정음, 세종, 훈민정음에 반대하는 '무리들'에 대한 시각은 갈등적이지도 복합적이지도 않다. 학교 이외의 장에서 접하는 훈민정음에 대한 해석도 크게 다르지 않다. 학생들에게 훈민정음, 세종, 조선 시대 양반, 중국과의 사대 관계 등에 대한 자신의 상식을 의심해보게 하고, 그 글을 역사적 맥락에서 다시 읽게 하려면 어떻게 해야 할까? 그 자료들을 한 번 읽어서 해결할 수 있는 문제는 아니다.

❷ 양반 남성과 여성, 노비 이야기

〈부록 2〉는 일기류와 편지글이다.[6] 심층면접을 했던 어떤 학생도 이 글들을 읽어본 적이 없고, 글을 쓴 저자에 대해 알지 못했다. 학생들은 주어진 일기나 편지를 쓴 사람, 즉 글의 저자를 양반이라고 생각했다. 그들이 양반이라고 생각했던 까닭은 대체로 노비를 소유했다는 점 때문이었다. 학생들은 〈부록 2〉에서 다음과 같은 내용을 읽고 해석했다.

첫째, 노비를 소유한 사람은 양반이다. 양반 남성은 무위도식하는 소비와 향락의 주체이다. 양반은 노비를 도구처럼 부려먹고 학대했다. 남성 양반은 일은 노비에게 시키고 자신은 글공부나 하

6 〈부록 2〉 중 〈자료 2-1〉, 〈자료 2-3〉은 유희춘의 『미암일기』 일부; 〈자료 2-2〉는 오희문의 『쇄미록』 일부; 〈자료 2-4〉는 남평 조 씨의 『병자일기』 일부; 〈자료 2-5〉는 윤선도의 『기대아서』 일부.

거나 여가를 즐겼다. 양반은 비생산적인 글공부에 몰입하여 정치를 했고 경제 운영에는 무관심했다.

양모(7)는 "양반들은 무능하다"고 했다. 이세(10)도 〈부록 2〉의 〈자료 2-1〉과 〈자료 2-2〉를 '양반의 무능력함'을 보여주는 자료라고 말했다. 학생들은 양반들이 노비를 시켜 논밭을 관리한 것을 생산 행위로 해석하지 않았다. 오히려 그것을 자신들은 놀고 노비를 도구처럼 부려먹는 행위로 해석했다. 요컨대 생산의 주체로서 양반을 해석할 수 있는 내용에는 주목하지 않았다. 양모는 『미암일기』의 송덕봉 관련 글을 읽으면서 들었던 생각에 대해 "역시 양반은 혼자서는 아무것도 못한다. 만약 부인, 노비가 없었으면 [노비나 논밭] 관리도 못하고…"라고 답했다. 필자가 양모에게 원래 그렇게 생각했는가 아니면 이 글을 보니 그런 생각을 하게 되었는가라고 물어보니 "둘 다"라고 대답했다. 양반은 "무능하고 또 돈을 주고 관직이나 사고, 방에서 공자 왈 맹자 왈 하고 있는 사람이다"라고 결론지었다. 〈부록 2〉에는 그렇게 해석할 수 있는 문구가 없다. 양모는 문서를 읽으면서 자신의 상식을 대입했다.

학생들은 사대부 양반은 경제에 관심이 없고 상업을 천박하게 여겼다는 자신의 상식을 유지하는 방향에서 내용을 선택적으로 읽고 해석했다. 최주(7)는 당시 사람들은 "장사는 뭔가… 위엄있는 양반들이 하기엔 천박한 짓이다"라고 생각했고 윤선도가 그러한 관점에서 아들에게 '병폐'를 지적했다고 해석했다. 박형(7)도 "경국대전 같은 데 보면 그런 상업은 천하다고 하잖아요. 상업이 천하기 때문에 양반가의 규수들은 대부분 상업을 멀리해요.… 그러나 송덕봉은…"이라고 설명했다. 차채(5)나 최민(5)은 '돈 버는 일'은 평민만이 한다는 지식에 기초하여 송덕봉은 양반이 아니라고 해석하기도 했다.[7] 신호(7)나 박형은 사회적으로 양반은 경제 활동을 천시했다는 지식과 양반가 여성인 송덕봉의 '말 팔고 빚내 논 사고'라는 자료의 내용을 조화롭게 해석하기 위하여 '집안이 어려울 때'라는 단서를 달아 양반 여성의 경제적 활동은 예외적인 경우에 허용되었다고 설명했다.[8] 학생들은 이러한 예외 설정을 조선 후기 몰락한 양반이 '돈을 벌기 위해 노동을 했던 경우가 있다'는 교과서에서 배운 지식으로 확증하고자 했다.

학생들이 문서 각각에서 표면적으로 드러나는 내용을 요약할 때는 양반이 노비들을 시켜 논밭을 경작하고 노비를 관리한다고 읽었다. 그러나 자신의 해석을 제시할 때는 농업 경영의 주체로서의 측면은 무시하고 '학문'이나 '나랏일'이라는 종래 자신이 알고 있던 지식을 '재생'했다. 학생들은 상업적 이윤을 추구하는 것과 가정 경제를 운영하는 것을 구별하려 하지 않았다. 양반 사대부를 소비와 향락의 주체라는 측면에서 해석할 수 있는 내용에 주목하고 경제 운영의 주체라고 할 수 있는 내용은 무시했다.

---

7 차채(5): 송덕봉이 돈을 아끼고 물건을 팔려고 하는 것을 보니까 약간 신분이 낮았던 백성? 상민 같아요; 최민(5): 옛날 양반 여자들은 시 같은 걸 잘 못 썼잖아요.… 그런 걸 봤을 때 송덕봉이 양반 쪽은 아닌 것 같아요. 평민 여성은 밖에서 생계가 어려우면 직접 일을 해가지고 돈을 벌거나….

8 신호(7): 여성은 그냥 집에서 집안일만 하는 것으로 배우긴 했는데 이것 보니까 집안 어려울 때 이렇게 여자도 일을 했다는 그런 생각이 드는데요. 진짜로 여자들도 그때 집안 생계를 위해서 일했는지 궁금하네요; 박형(7): 상업이 천하기 때문에 양반가의 규수들은 대부분 상업을 멀리해요. 여자들은 원래 집안일, 남편의 부탁을 들어주는 거지 여자가 돈을 번다면 웃겠죠. 송덕봉의 경우에는 집안이 힘들기 때문에 그러한 일을 한 것 같아요. 집안이 몰락하면 여성이 이렇게 가장의 역할을 하면서 돈을 벌 수 있다는….

둘째, 양반은 부유하며 때로 편법적으로 부를 축적했다. 학생들은 양반이 부유한 까닭을 단순히 대대로 내려오는 재산 때문이라고만 하지 않았다. 변종(8)은 "이건 제 고정관념인데 귀한 관직에 있으면 적당히 잘 살지 않나요?"라고 물었다. 학생들은 노비를 소유한 사람은 양반이고, 또 노비를 소유한 양반은 잘 살았을 것이라고 생각한다. 특히 관직에 있었다면 더욱이 잘 살았을 것이라고 생각한다. 변종에게 "고위 관직에 있으면 모두가 잘 살까?"라고 질문했을 때 변종은 "아니, 그건 선택 아닌가요? 고위관직에 있어서 자기가 잘 살려고 마음먹으면 잘 살 수 있고". "어떻게 잘 살 수 있어?"라고 다시 질문했을 때, "뒷돈을 챙겨서. 그럴 수 있는 기회가 많은데 그건 자신의 선택에 따라서"라고 대답했다. 다수의 학생들이 〈부록 1〉을 읽을 때도 그와 비슷한 주장을 했다.

학생들은 양반이 고위관직에 있기 때문에 나라로부터 녹봉을 많이 받아서 부유할 것이라고 생각하는 것이 아니라 '편법'이나 '불법'적인 행위를 통해 재산 축적이 가능한 지위, 또는 유리한 지위에 있었기 때문에 부유했을 것이라고 했다. 또 학생들은 양반 지배층의 부정과 부패, 그리고 피지배층에 대한 횡포를 비판했다.

권환(5): [양반이 하는 일은] 상민들을 괴롭히는 일.

김민(8): 제가 알기로는 조선 시대 때 부정부패도 많았고 사치품들을 너무 많이 쓰기도 하고 백성들의 세금을 자신이 갖기도 하고 논을 빼앗는 등 횡포가 많았는데 그런 짓을 하지 않고 오히려 백성을 위하여 생활을 한다면 그렇지 않은 양반들에 비해서 존경을 더 받았을 거 같아요.

박우(9): 임진왜란과 병자호란 이후로 굉장히 피폐해졌는데 지배층이 평민에 대한 급격한 수탈을 자행했다고 알고 있어요.… 우리나라 사람들이 지고는 못 산다고 생각하잖아요.… 이 양반층은 그때 조선에서도 고위 공직자들이잖아요. 아니면 재벌이라던가, 돈이 많으니까… [송덕봉의 행위에 대해서는] 양반층이 자기 재산을 이용해서 재산을 불리는 거잖아요.… 이기적인 마음이 있다고 생각해요.

최석(10): 양반은 과소비하고 권력으로, 그냥 자신들의 권위를 위해서 돈도 많이 쓰는 사람…

학생들은 '괴롭힘', '횡포', '수탈', '권력' 등의 표현을 사용하여 양반을 묘사했다. 주어진 자료에는 이렇게 추론을 할 수 있는 내용이 없다. 학생들은 노비를 '때렸다', '노비에게 밭을 매게 했다' 등의 내용을 중심으로 읽었다. 조선 후기 사회 변화에 대해 교과서에 서술된 내용을 기억하고 그 기억과 연결하면서 자료를 '양반의 불법적 부 축적과 백성 수탈'이라는 이야기의 틀에 넣은 것이다.

이러한 내용에 착목하여 글을 해석하는 데는 양반 지배층이 이기적이라는 불신, 그리고 그들의 횡포, 불법적·편법적 부의 축적에 대한 비판의식이 깔려 있다. 왜 고위 관직자들이 그렇게 편법이나 불법적으로 재산을 축적한다고 생각하는가라는 질문에 한 학생은 뉴스를 보면 매일 나오는 것이 부정부패한, 불법적이고 편법적으로 권력을 사용하여 재산을 축적한 사람이기 때문이라고 대답했다. 오늘날 상류층이나 정부 관료의 부정부패를 비판하는 의식이 과거의 문서 읽기에 작용했다.

셋째, 양반 여성은 집안에서 바느질도 했지만 가정 경제 운영의 주체이기도 했고 가정 내에서 부부의 관계는 평등했다. 조선 시대 여성 하면 떠오르는 이미지가 있는지 질문했을 때 학생들의 대답은 대체로 공통적이었다. '집안에서 살림만 한다', '바느질만 한다', '예쁜 옷 입고 노비를 부린다', '집 밖으로 나갈 수 없었다' 등이었다. 거의 모든 학생이 자료를 읽기 전에는 양반 여성은 집안에서 얌전하게 바느질만 하며 애만 키우는 줄 알았다고 대답했다.[9] 특히 학생들은 '조선 시대 여성은 소비의 주체'이자 '억압받았던 수동적 존재'라고 이해하고 있었다.

학생들은 기본적으로 조선 시대 남녀관계를 남성 우월과 여성 종속의 틀에서 묘사했다. 그런데 이러한 학생들의 조선 시대 여성에 대한 지식은 학생들이 유희춘의 글 중 송덕봉이 빚을 내서 논을 샀다는 내용과 유희춘이 송덕봉과 '의논'을 했다고 한 내용에서 흔들렸다. 구영(7)은 "원래 남자들만 일을 하는 줄 알았는데… 남편이랑 같이 나가서 일을 하고 돈을 번다는 것이 [알던 것과] 달랐어요"라고 했고 황영(6)도 "부인과 이렇게 집안 살림을 의

9 최민(5): 집에서 십자수나 바느질 같은 것을 하면서 집안일…; 김민(8): 집에서 얌전하게 있어야 한다는 그런 사상이 있었던 것 같은데… 설거지하고 그럴 줄 알았어요; 조현(8): 집안에서 조용히 지냈을 것… 아이 키우거나 집안일하면서 밖으로 나갈 기회가 없었을 것…; 곽연(9): 유교적인 사회에서는 여자들의 역할이 작고 집안에서만 생활하고 별로 하는 일이 없었어요. 양반집 규수들은 얌전하고 집안 살림 같은 것은 잘 안 배우고 노비에게만 시키고… 선비의 아내는 얌전하고…; 임은(10): 바느질하는 모습밖에 생각이 안 나요; 한진(9): 밥하고 빨래하고 집안일하는 위주로, 애 키우고…; 이세(10): 남자가 돈을 벌어오면 여자는 집안 살림이나 식사 준비나 설거지하고 바느질…; 최주(7): 뭔가 조선 하면 보수적인 그린 거 같아서 집안에서 얌전하게 수놓고….

논하고 그런 것은 잘 생각 못했어요"라고 하면서 자신의 상식에 도전하는 내용에 주목했다. 다른 학생들도 대부분 같은 내용에 주목했다. 그리고 그러한 내용을 적극적으로 해석하여 '얌전하게 바느질하는 여성', '남존여비', '여필종부'라는 종래 지식에 머물지 않고, '가정 경제 운영의 주체로서 여성'이라는 새로운 이미지를 추가하거나 종래 자신의 지식을 폐기하고 새로운 이야기를 생성했다.[10] 물론 이러한 해석을 통해 조선 시대 남녀관계를 규정했던 유교적 질서나 사회구조 자체에 대한 다른 해석을 시도한 것은 아니다. 또한 일부 학생들의 대답을 보면, 학생들이 이 시기 여성을 제약했던 여러 제도나 구조, 문화 등 역사적 맥락에서 고려하여 해석했을까라는 의문이 든다. 다만 자신이 종래 알던 역사 지식에 대해 성찰해보는 데까지는 이르렀다고 할 수 있다.

윤형(6)은 한 걸음 더 나아가 유희춘과 송덕봉이 함께 의논하는 부분에 방점을 두고 읽었다. 윤형은 "유교 사상이 있다기보다는 똑같은 신분이라는 느낌이 들어요.… [유교 사상이 있으면] 부인은 무조건 남편의 말을 따라야 하거나 남편의 일에 크게 관여가 불가능하거나 그런 차별[이 있는데]…"라고 하면서 자료의 내용을 당시 가정에서 남편과 부인의 관계가 평등한 관계일 수도 있었을 것이라고 해석하는 증거로 활용했다.

---

10 비슷한 해석을 했던 학생들의 응답에 다음과 같은 것이 있다. 구영(7): 원래 남자들만 일하는 줄 알았는데 부인도 일을 같이 한다는 것을 알았어요; 송민(8): 여성들은 집에만 틀어박혀서 조용히 애 몇 명 낳고 그냥 살 줄 알았는데, 생각보다 많이 남편들한테 도움도 주고 여기는 거의 집안 살림을 알아서 하는 것 같고…; 최래(10): 여성들이 제가 생각하기에는 일도 하나도 안 하고 집에서만 있었는 줄 알았는데… 여성들도 돈을 벌고 한 것 같아요.

넷째, 남성과 여성의 관계는 남존여비라는 문화에 의해 통제되었으며, 그러한 문화 속에서 여성은 내조를 위해 경제 활동의 주체로 나섰다. 학생들은 송덕봉이 빚을 내서 논을 사는 내용을 여성의 사회경제적 활동을 허용하지 않았던 여성 억압적인 당시 사회구조와 조화롭게 해석할 수 있도록 이 시기 유교적 문화 속에서 여성의 내조가 칭송받았다는 지식을 활용했다. 이러한 방법으로 양반 여성의 경제 활동을 '정상적'인 것, '예외적이지 않은 것'으로 해석했다. 서빈(6)은 "신분이 높은 사람은 그래도 좀 나으니까 막 돈 벌려고 그러는 것까진 아니고 그냥 집안일이나 하고 남편 뒷바라지 하고 그랬던 것 같아요"라고 하여 '내조' 문화를 강조했다. 박우(8)도 "아내는 집에서 내조 잘하는 것이 덕목이었잖아요"라고 하면서 당시 사회를 규율했던 '내조' 문화에 기초하여 송덕봉의 행위를 해석했다.

이렇게 여성 불평등 구조 속의 내조 문화를 맥락으로 잡으면서 글을 해석한 유형은 크게 두 가지로 구분할 수 있다. '여성이 힘들었다'고 하면서 여성 불평등 구조를 비판하고 여성을 '희생자'라고 해석하면서 동정하는 유형과 가부장적 구조를 비판하면서도 송덕봉이 예외적으로 현명한 여성이었다고 하면서 주체적이고 능동적인 여성 주체를 칭송하는 유형이다.

다섯째, 노비는 양반의 도구로서 양반이 시키는 모든 일을 수행해야 하는 억압받는 불쌍한 존재였다. 대부분의 학생은 노비는 '양반이 시키는 일(농사, 재산 관리, 심부름 등)은 다 한다'라는 이야기와 '주인 마음대로 때리고 주인의 마음에 안 들면 내다 팔 수 있는 존재'라는 자신의 지식을 재생할 수 있는 내용에 선택적으로 주목했다. 심정(6)은 "이렇게 막 부려먹는 줄은 몰랐다"고 하면서 유희춘이 노비를 때리는 장면과 오희문이 노비를 시키면서 '한스럽다'고 한 부분에 방점을 두어 노비에 대한 이야기를 구성했다. 구영은 노비가 '불쌍하다'고 동정심을 보이기도 했다. 학생들은 노비들은 양반의 말에 복종하면서 계속 일했고, 그들의 생활은 대체로 힘들었다고 하면서 신분제적 불평등 구조를 비판하고 노비를 동정하는 태도를 보였다.

학생들은 유희춘이 노비를 '체벌'한 이유에 대해 오늘날의 관점에서 그 정당성을 의심했다. 노비가 말먹이를 훔치거나, 고삐를 매놓은 말을 탄 것이 문제라고 지적하거나 비판한 학생은 없었다. 매를 맞을 정도의 일은 아니라는 것이다. 김민(8)은 "저는 솔직히 체벌 같은 것을 반대해서 말을 함부로 타고 말을 여위게 해서 때리는 것이 좀 심하다고 생각해요"라고 하면서 유희춘이 노비를 때렸다는 점에 주목했다.

학생들은 대체로 노비는 양반의 소유물로서 양반 노비주와 노비의 관계는 매우 적대적·갈등적이었다고 보았다. 그런데 다른 한편 노비는 주체적이고 능동적인 생활자이기도 하고 양반의 억압에 저항하는 주체라고 해석한 학생도 있다. 양반의 생활을 '지원'하든 양반의 억압에 '저항'하든, 여러 방식으로 노비가 양반과의 관계를 능동적으로 이끌어 나갔다고 해석한 것이다.

모든 학생들은 유희춘의 일기(자료 2-1) ②의 내용을 읽을 때는 모두 석정이 노비와 재산을 관리했다고 요약했다. 남평 조 씨의 글에서 "종들이 아니었더라면 어찌 되었겠는가"라는 대목도 다시 한 번 소리 내서 읽게 하거나 필자가 소리 내어 읽어주어 이해를 도왔음에도 노비의 역할이나 노비의 존재 양상에 대해 이야기할 때는 그 부분에 주목하지 않았다. 그런데 몇몇 학생들이 그 부분에 주목하여 노비의 생활이나 역할에 대해 다른 이야기를 생성했다. 예를 들면 윤형(6)처럼 "노비들을 관리하고 재산을, 그러니까 대리인이 되어 줄 수 있는 그런 노비"에 대해 언급하면서 주체적 관리자로서 노비의 역할을 부각했다. 노비가 매를 맞았다는 것보다 노비가 재산을 관리했다는 점에 주목하고 노비도 글을 배워 양반의 재산을 관리했다고 해석한 것이다. 박형(7)에게 남평 조 씨가 쓴 일기를 보면서 들었던 생각에 대해 말해보라고 했을 때에도 "음, 이것도 그냥 노비가 그냥 노가다[일]만 한 게 아니라 최소한 손재주라도 있어야 된다. 왜냐하면 노비가 손재주가 없으면 쇠스랑 같은 걸 못 만들고… 우리 같은 경우에는 바자를 만들라고 하면 못 만들잖아요. 대나무로 만들려면. 이런 노비들이 바자를 만든다는 것은 손재주가 있다는 거죠"라고 대답하여 생활에 필요한 기술을 숙련하였던 능동적 주체로서 노비를 부각하기도 했다.

대부분의 학생들은 유희춘의 노비가 말먹이를 훔쳐 먹은 것을 대체로 '배가 고파서'였을 것이라고 해석했다. 그러나 김현(5)은 "배고픈 게 아니라 너무 부려먹어서 골탕 먹이려고 그랬던 것 같아요"라고 하면서 그것을 노비의 저항 방식이었다고 해석했다. 이훈(10)도 오희문 노비들의 의도적 태만을 상상했다. 물론 이러한 해석은 사실 다른 역사적 사례를 통해 '확증'하는 형식이었다기보다는 자신의 일상 경험에 기초한 것이다. 그럼에도 김현은 노비가 취할 수 있었던 다른 행위의 가능성을 인식하면서 노비를 억압에 저항하는 능동적 주체로 해석했다. 이 학생들은 저자의 글을 '우회적'으로 읽어 글로 자신의 의사를 표현할 수 없었던 사람들의 생각을 해석하려 했다.

3) 학생들의 현실 문제 비판과 미래 지향

❶ 특권적 부정부패를 비판하며 민을 중심에 두고, 종속을 비판하며 자주를 추구하고

학생들은 〈부록 1〉을 애민적·자주적 세종 대 이기적·권력 지향적·특권적·사대적인 양반 신하의 구도로 읽었다. '애민'과 '사대'는 문서에서 추론할 수 있는 여지가 있다. 그런데 양반을 이기적이고, 권력 지향적이라고 일반화하는 까닭은 무엇일까? 학생들은 양반에 대한 그러한 상식을 크게 흔들지 않고 그 상식에 기초하여 저자들이 글에서 쓴 숨은 의도나 주장을 추론했다. 교과서, TV 드라마를 비롯한 여러 대중 매체들이 양반의 이미지를 그렇게 그려왔기 때문인가? 그렇다면 학생들이 교과서나 드라마 등에서 백성을 위해 애쓴 양반, 권력에 대해 비판적이었던 양반, 정의의 실현을 위해 노력했던 양반 관료에 대해서 접할 기회는 없었을까? 아니면 '훈민정음'이라는, 백성의 글이라는 특수한 사건과 관계된 글이기 때문에 양반 관료나 학자들에 대해 불신하는 것일까?

세종의 글을 읽을 때는 세종의 입장을 취하지만, 집현전 학자들의 상소문이나 양반들의 일기, 편지글을 읽을 때는 그들의 입장에서 문서에 묘사된 상황을 이해하려고 하지 않았다. 왜 어떤 글에서는 저자의 진술을 그대로 받아들이고, 왜 어떤 글에서는 저자의 진술을 받아들이지 않고, 다른 숨은 의도가 있다고 생각할까?

세종이 훈민정음을 창제했다는 설명을 영웅 중심 역사관이라고 한다면 학생들이 영웅 중심 역사관을 가지고 있다고 해석할 수 있다. 그런데 이러한 훈민정음에 대한 해석은 한국 사회에서 이미 하나의 문화가 되었다. 교과서를 비롯한 모든 매체는 훈민정음 창제의 주체로 세종을 지목하고 세종의 애민사상에 대해 다르게 생각할 여지를 주지 않는다. 학생들이 이러한 문화화된 해석을 수동적으로 받아들이는 것일까? 세종에 대한 학생들의 이야기를 들으면, 이들이 문서를 읽고 해석한 것이 아니라 세종에 대한 상식을 말하는 것은 아닐까 의심하게 된다. 그런데 어쩌면 그러한 '애민', 즉 백성, 민중의 삶을 중심에 놓는 정치를 강조하는 그들의 역사의식이 세종의 애민에 대해 의심하지 않게 하는 것은 아닐까?

세종이나 양반 관료에 대한 학생들의 상식은 크게 다르지 않았다. 세종은 백성을 사랑한 위대한 왕이었고, 양반은 백성을 착취하고 자신의 이익만을 추구하며 권력에 아부하는 사람들이었다. 학생들은 세종에 대해서는 신뢰하는 태도를, 신하들에 대해서는 비판적인 태도를 취하면서 문서를 읽었다. 신하들에 대한 불신 밑에는 성리학은 이론적이고 백성을 돌보지 않은 학문이라는 전제도 있었다. 그러한 그들의 태도가 문서의 표면적 내용을 그대로 받아들이는가 혹은 표면적 내용을 넘어 숨은 의도를 읽는가에 중요하게 작용했다. 학생들의 출처 확인 전략은 저자의 신분, 그리고 저자에 대한 그들의 상식을 활용하는 것이었다.

상소문에서 신하들이 훈민정음 때문에 한자를 공부하지 않게 되고 그렇다면 성현의 뜻을 배울 수 없다고 주장한 내용에 주목하여 글을 읽은 학생은 드물었다. 오히려 그 부분은 대체로 무시했다. 학생들이 글 가운데 선택적으로 주목했던 내용은 자신의 상식과 일치하는 세종의 애민과 자주, 양반 신하들의 부정과 사대였다. 그 글들과 관련해서 자신의 지식을 성찰하거나, 그것을 수정 혹은 새 지식을 생성하는 모습을 볼 수는 없었다.

❷ 남녀 불평등 구조를 비판하며 평등과 인권을 추구하고

〈부록 2〉는 양반이 쓴 일기나 편지로서 개인적인 일상에 대한 것이다. 그렇기 때문에 학생들이 문서에서 농업 경영에 대한 양반 남성과 여성의 일상적인 관심과 경제 관념에 대해 읽고 그들을 농업 경영의 주체로 해석할 수 있지 않을까 기대했다. 그런데 '이 자료들을 통해서 알 수 있는 것은 무엇인가'라는 종합적인 질문을 했을 때 대체로 '노비의 생활과 여성의 생활에 대해 알 수 있다'고 대답했다. 양반의 생각이나 생활에 대해 알 수 있는 자료라고 대답한 학생은 없었다. 글의 저자가 양반 남성이며 글의 종류가 일기라는 점을 전혀 고려하지 않은 것이다.

양반의 생각이나 생활에 대해 물었을 때는 '유희춘과 오희문이 논밭을 갈았다', '수확물을 관리했다'는 내용보다는 '노비를 부렸다', '장기를 두었다'는 내용을 선택적으로 읽었다. 그리고 '양반은 부유했으며 노비를 함부로 부렸고 소비와 향락의 주체였다'고 이야기했다. 또한 학생들은 주어진 글에서 벗어나 '양반은 글공부나 하였으며 상업을 천시하는 문화 속에서 경제 문제에 무관심했다'라는 자신에게 익숙한 상식을 재생했다. 학생들은 일기를 읽으면서 왜 양반은 매일 노비를 시켜 논밭을 갈았던 얘기를 했을까라는 질문도 하지 않았다.

양반을 경제 주체로 해석할 수 있는 내용을 무시하는 것을 보면서 학생들이 알고 있던 양반과 노비에 대한 상식의 영향력이 매우 커서 다르게 생각할 여지를 주지 않는 것은 아닌가 생각했다. 그런데 이러한 필자의 생각을 그대로 관철시켜 분석할 수 없었다. 학생들이 양반 남성에 대해서는 종래 자신이 알고 있던 지식을 수정하기보다는 오히려 견고하게 만드는 방향에서 글의 내용을 선택하여 해석했지만, 양반 여성에 대해서는 자신이 알고 있던 지식에 문제가 있다고 당황해하면서 그 지식을 즉각적으로 수정하거나 변형하는 방식으로 글의 내용을 선택하고 해석하였기 때문이다. 즉 학생들은 종래 조선 시대 여성을 통제했던 여필종부, 남존여비의 구조와 문화 속에서 양반 여성은 수동적이고 소비적인 존재였으며 생산적 경제 활동을 할 수 없는 것으로 알고 있었는데, 주어진 자료를 보니 그렇지 않다고 해석했다. 그리고 송덕봉이 말을 팔고 논을 사는 측면을 부각시켜 양반 여성을 생산적 경제 활동의 주체로 세우는 역사 이야기를 생성했고 송덕봉과 유희춘이 의논하는 점을 보면서 가정 내의 평등한 부부 관계를 상상했다.

학생들은 〈부록 1〉과 마찬가지로 〈부록 2〉를 읽을 때도 양반 남성은 착취자이고, 권력 지향적이며 기득권을 지키려고 한다는 상식을 틀로 삼았다. 문서 내용 중 이 틀에 들어맞는 내용은 취하고, 들어맞지 않는 내용은 무시하거나 예외적인 상황으로 설명했다. 양반에 대한 상식이 그들의 행위나 사고를 무조건 비판적으로 이해하게 하는 것일까? 그런데 대부분의 학생들이 유희춘이나 오희문의 글을 읽을 때는 양반 저자의 관점에서 노비의 문제를 이해하려고 하지 않지만, 윤선도의 글을 분석할 때는 윤선도의 시각을 취하는 모습을 보였다. 윤선도가 검소하게 생활하고 노비들에게 잘 대하라고 아들에게 편지를 썼으니 윤선도도 그렇게 했을 것이라고 해석한 것이다. 그렇다면 무엇이 유희춘의 글과 윤선도의 글 읽기 방식을 다르게 했을까?

학생들이 〈부록 1〉을 읽은 양상을 분석할 때는 학생들이 저자를 '양반' 일반으로 보면서, 양반에 대한 자신의 상식을 틀로 삼아 글의 내용을 그대로 받아들이거나, 글의 내용을 불신하고 숨은 의도를 찾으려 한다고 보았다. 학생들이 글에서 자신의 상식과 일치하지 않는 내용을 읽으면서 자신의 상식을 성찰하지 않았기 때문이다. 오히려 일반적으로 상식을 정당화할 수 있는 내용을 선택하고 그렇지 않은 내용은 무시했다. 그러므로 필자는 학생들에게 문서 읽기를 가르칠 때는 자신의 상식이나 편견에 대해서 성찰할 수 있는 기회를 줄 필요가 있다고 강조했다. 그런데 학생들이 〈부록 2〉를 읽은 내용을 분석하면서, 학생들이 단순히 상식대로, 혹은 상식을 고수하는 방향에서 글의 내용을 선택하고 해석하지는 않는다는 점을 확인했다.

학생들은 종래 자신이 알고 있던 무위 도식자, 소비와 향락의 주체, 군림자라는 양반에 대한 상식을 유지 강화하는 방향에서 내용을 선택하여 해석한 반면, 여성이나 노비에 대해서는 '수동적 희생자'라는 종래 자신이 알고 있던 지식을 '주체적 생산자'와 '적극적 저항자'라는 새로운 지식으로 대체할 수 있는 내용에 주목했다. 또 양반 남성을 가정 경제 운영의 주체로 해석할 수 있는 내용을 선택하지 않았지만, 양반 여성은 가정 경제 운영의 주체로 볼 수 있는 내용을 강조하여 해석했다.

학생들은 양반 남성의 경우 종래 자신이 '알던 것과 (주어진 자료의 내용이) 같다'고 했다. 그런데 양반 여성 관련 내용을 읽고 대답할 때는 '…이라고 배웠는데…' 혹은 '알았는데…'[11]라고 하면서 자신이 알고 있던 상식에 도전하는 내용에 주목했다. 또 유희춘이나 오희문의 글에서는 노비를 때리고 일을 시키는 내용에만 주목했다면, 남평 조 씨의 글에서는 고마워하는 마음을, 윤선도의 글에서는 노비를 심하게 대하지 말라는 내용에 주목하여 그들의 노비에 대한 시각이 유희춘이나 오휘문과 다르다고 평가했다.

필자가 자문을 구했던 역사가는 오희문의 글이나 유희춘의 글을 읽으면서 양반이 노비에게 일을 시키는 것이 얼마나 힘들었는지 알 수 있다면서 오희문이나 유희춘의 관점을 취했다. 그것이 그들의 일기라는 점도 고려했다, 노비에게 일을 시키고, 문제가 있을 경우 때리고, 또 노비 관리에 대해 후손에게 당부까지 하는 까닭에 대해 생각해볼 수 있다는 것이다. 남평 조 씨의 일기를 읽으면서 남평 조 씨가 어려울 때 노비들이 도와주어 살 수 있었다는 내용에 집중하면 어쩌면 양반과 노비의 상호의존적 관계에 대

11 예를 들면 김진(7): …배워가지고…; 최주(7): …낮았다고 …알고 있어요; 김림(7): …힘들었다고 알고 있어요; 신호(7): …집안일만 하는 것으로 전에 배우긴 했는데…; 김민(8): 집안일만 히고 그럴 줄 알았는데…; 송민(8): 조용히 애 몇 명 낳고 그냥 살 줄 알았는데…; 남주(9): 부인이 집안일만 하면 되는 줄 알았는데….

해서도 생각해볼 수 있다. 또한 몇몇 역사가들은 당시 양반과 노비의 관계를 '식솔'의 개념으로 이해할 수 있는 것이며 양반 노비주와 노비의 관계는 어버이와 자식의 관계로 인식되기도 했다고 주장했다. 그들의 관계를 '적대적'이고 '갈등적'으로만 볼 수 없다는 것이다. 윤선도의 노비 관리 방식은 조선 시대 보편적인 방식이었고, 유희춘, 오희문, 남평 조 씨, 윤선도 등이 신분제와 관련된 동일한 문화와 상호작용했다고 설명했다.

5학년에서 10학까지 학업성취도가 높건 낮건 양반 노비 주인과 노비 사이의 관계에 대한 내용을 선택하고 해석하는, 그리고 평가하는 관점은 크게 비슷했다. 학생들은 개인의 인권을 침해하는 불평등한 사회구조를 비판하는 관점에서 유희춘과 오희문의 글을 해석했고 예외적 양반의 존재를 확인하는 방식으로 남평 조 씨와 윤선도의 글을 읽었다.

이렇게 학생들이 불평등한 사회구조를 비판하면서도 예외적인 양반과 노비의 관계를 추론하는 방향에서 내용을 선택한 것을 곧 과거에 대한 성찰을 통해 현실의 문제를 비판하고 해결하려는 의식 때문이라고 해석할 수 있지 않을까? 앞서 언급하였듯이 양반 저자의 관점을 취하기도 하였던 김민(8)은 "체벌 같은 것을 반대하기 때문에 말을 함부로 타거나 여위게 해서 때리는 것은 심하다고 생각해요"라고 말했다. 이러한 김민의 주장에 현재를 살아가는 많은 사람들이 동의하지 않을까? 더군다나 말먹이를 훔쳐 내다 판 것도 아니고, 자기가 먹었다는데 말이다. 유희춘의 입장에서 노비를 때리는 행위를 납득할 만하다고 이해하는 것이 결코 쉽지는 않다. 김민의 이야기를 들어보면 학생들이 과거로부터 이어져오는 현실 사회의 문제를 무엇이라고 보고 비판하는지, 미래 사회는 어떤 방향으로 나가야 한다고 생각하는지에 대해 알 수 있다. 그러나 다른 한편 김민의 대답에서 시대가 뒤죽박죽되어 있음도 볼 수 있다. 시대착오적 역사해석은 역사의 통찰적 인간 이해의 가치를 축소시킬 수 있다.

즉 학생들의 현실 문제 비판의식이 과거의 특정 내용을 부각하고 특정 내용을 축소하면서 문서를 읽고 해석하게 한 것은 아닐까 가정해본다. 학생들이 양반의 노비 부리기 방식을 비판하는 장면에 주목하고 노비나 여성을 억압하는 구조와 그러한 구조 속에서도 그들의 능동적 자율성을 해석할 수 있게 글의 내용을 선택하고 해석했던 까닭을 학생들의 역사의식으로 설명할 수 있다. 특히 여성과 노비를 생산과 변화(크고 작은) 주체로 설정하는 학생들은 그동안 역사 서술에서 축소되었던 역사적 주체로서 여성과 노비를 부각시켜야 한다는 의식을 바탕으로 해석했을 가능성도 있다. 김용덕(1972)이 말한 "역사관[12]으로서 역사의식"이다. 학생들은 현대 한국 사회의 문제이며 앞으로 개선되어야 할 문제로서 특권, 성별·신분·계급별 불평등 구조를 비판하고 사회가 앞으로 나아가야 할 방향으로서 평등과 인권을 제시한다. 또한 종래 역사적 주체로서 남성을 강조하는 역사관의 문제를 인식하고 여성을 역사적 주체로 세우는 새로운 역사관을 지향하는 것으로도 해석할

12 김용덕(1972)은 다음과 같이 말했다. "역사의식이란 역사 발전의 방향에 대한 인식이라고도 할 수 있고, 역사적 현실에 대한 인식이라고도 말할 수 있을 것이다. 말하자면 역사의식이란 대체로 역사관과 같은 의미인 것이다."

수 있다. 그렇다면 이는 강우철(1978a: 146)이 말한 종래 사관에 대한 비판을 통해 새로워지려는 의식으로서 역사의식의 발현이라고 해석할 수 있다.

4 역사교육에서 '인간에 대한 통찰'의 추구

1) 상식을 경계하며 역사적 맥락을 해석하게 하고

앞서 학생들이 특정한 내용에 주목하는 까닭을 역사의식으로 설명했다. 그러나 학생들의 상식도 그들의 역사의식과 별개로 설명하기는 어렵다. 그들의 역사의식이 상식에서 비롯되기 때문이다. 학생들은 자료에서 '중국 사람들이 비판할 것'이라고 한 내용에는 주목했지만, '관리들이 한자를 몰라 성현의 뜻을 배우지 못할 것'이라는 내용은 신경 쓰지 않았다. 학생들은 양반과 노비의 상호의존적 관계를 읽을 수 있는 내용이나 양반의 검약을 읽을 수 있는 내용을 읽지 않고, 노비를 부리는 내용에만 주목했다. 또 양반 남성이 농사를 관리하는 모습에는 주목하지 않고, 양반 여성이 물건을 사고파는 모습은 주의 깊게 읽었다. 학생들이 무시하는 부분에 대해 다시 생각해볼 기회를 적극적으로 제공할 필요가 있다.

그런데 자신의 시각에서 특정한 장면이나 내용을 선별적으로 주목하는 것과 오늘날의 가치 기준에서 과거인의 행위를 비판하는 것은 다르다.

〈부록 1〉에서 학생들이 세종이 훈민정음을 만든 까닭을 중국으로부터 '자립', '독립'이란 용어를 사용하여 해석한 것은 시대착오적이다. 과거인의 행위나 사고를 그들이 상호작용을 하였던 거대한 구조나 문화적 맥락이 아니라, 오늘날과 같은 구조와 문화의 맥락에서 평가하기 때문이다.

〈부록 2〉를 읽고 심정(6)은 "불공평하다는 생각이 들어요. 물론 신분제도 때문에 그렇기는 하지만 노비도 사람이고 양반도 사람인데 양반은 신분이 높다고 해서 신분이 낮은 사람을 막 부려먹고 자기는 놀고 있잖아요"라고 하여 신분제를 오늘날과 다른 당시의 당연한 사회제도로 보려고 하지 않았다. 나아가 오늘날의 가치 기준에 의해 유희춘이나 오휘문의 행위를 '불공평하다'고 비판했다. 정진(8)도 "노비도 사람이고 인권이 있는데 무시하고 살았을 것 같다"고 하면서 당시에는 없었던 '인권'의 개념을 해석에 끌어왔다. 이는 단순히 불평등, 인권침해 등의 현실 문제 비판의식에서 기초하여 문서의 중요한 부분을 선택하고 강조하는 데 그치지 않고, 현재적 가치 기준에서 과거 행위자의 행위를 평가한 것이다. 즉 과거인의 행위에 대한 역사적 맥락에서 탈피한, 시대착오적인 평가이다.

필자가 심층면접을 한 5학년에서 10학년까지 거의 대부분의 학생은 학업성취도가 높건 낮건 '평등', '인권' 등의 렌즈를 통해 양반의 노비에 대한 행위를 비판했다. 학생들은 그 시대가 오늘날과는 '달랐다'고 하면서도, 양반과 노비의 관계를 '정상'이 아닌 '비정상'적 불평등한 관계로 평가했다. '양반도 평등하게 일을 해야 하는데 자기 일을 남(노비)에게 시킨다', 즉 자기 일은 자기가 해야 한다는 오늘날의 가치관을 반영한 해석도 보인다.

학생들이 관료들의 부정부패와 노비의 체벌을 비판하는 것을 보면서 앞으로 한국의 미래가 매우 밝을 것이라는 매우 '기분 좋은' 전망을 할 수 있었다. 학생들에게 '모든 사람들은 평등하며 인권이 있다'는 사상은 오늘날 '정의'를 평가하는 중요한 기준 중 하나이다. 평등, 인권은 학생들이 반복하여 학습하는 사회과의 중요 주제이기도 하다. 학생들은 불평등한 사회구조나 인권 침해를 현실 사회가 해결해야 할 중요한 문제들로 본다. 그런데 학생들의 이러한 현실 문제 비판의식이 학생들이 역사를 읽을 때 특정한 내용에 착목하여 내용을 해석하는 데 그치지 않고, 과거인의 행위를 평가하는 데도 작용한다. 이러한 평가를 통해 진보적이고 정상적인 '현재'라는 옷이 '과거인'을 매우 추한 비정상적인 야만인으로 만든다.

역사적 평가를 위해서는 그 시기에 그러한 행위와 사고가 어떤 의미였는가, 그 시기 사람들에게 어떤 영향을 주었는가 등의 질문을 던지고 대답을 한다. 양반들의 노비 체벌 행위를 당시 사람들이 인권 침해라고 생각했을까? 한문을 익혀 성현의 뜻을 배우게 해야 한다는 생각이 그 당시 사람들에게 자주적이지 못한 주장이었을까? 학생들에게 당시 사람들은 그 행위나 생각을 어떻게 받아들였을지 생각해보게 할 필요가 있다. 이때 그 당시 사람들의 생각이 동일했다고 전제할 수는 없다. 또한 사람들의 생각을 이야기하기 위해서는 관련된 자료를 찾아 증거로 제시하게 해야 한다.

또한 학생들에게 구조의 문제와 구조 내 개인의 행위 문제를 구별해서 비판하고 평가할 수 있게 해야 한다. 평등, 인권, 정의 등의 현실 문제 비판의식에 기초하여 학생들이 역사적 문제를 택하고 관련된 자료를 수집하여 분석하고 역사를 서술하는 것과, 그러한 렌즈를 통해 과거와 과거인의 행위나 사고를 오늘날의 관점에서 평가하는 것의 차이를 구분할 수 있게 하는 것이 역사교육의 중요한 과제 중 하나이다.

2) 복수의 목소리, 복합적인 관계들, 여러 층위의 문화들에 대해 탐구하게 하고

〈부록 1〉 읽기에서 학생들에게 '그 시기 사람들은 훈민정음 창제에 대해 어떻게 생각하였을까'라고 질문을 했다. 학생들은 대부분 양반과 백성이라는 두 개의 집단의 시각에서 분석했다. 양반은 상소문을 올렸던 사람들처럼 반대했을 것이고, 백성은 좋아하거나 잘 몰랐을 것이라고 상상했다. 최석(10)이나 최래(10)같이 젠더를 분석의 한 범주로 설정한 학생도 있다. 예외적인 경우는 양희(10)이다. 양희는 상당히 다양한 분석 범주를 사용했다. 신분, 정치관, 성별 등을 복합적으로 고려하여 다양한 대답을 했다. 세종과 같은 정치관을 갖고 있는 양반, 대부분의 양반, 백성 가운데 양반과 동등한 지위를 누리지는 않더라도 일정한 권리 의식이 있었던 사람과 정치에 무관심한 사람, 양반 여성과 평민 여성 등의 입장을 설명했다. 그러나 대부분의 학생에게 역사적 분석 범주는 신분뿐이었다.

학생들이 종래 자신이 알고 있던 지식이라고 했던 세종, 양반 남성과 여성의 관계, 양반 노비 주인과 노비의 관계를 규정하고 설명하는 이야기들은 학교 역사의 틀에 있었다. 신분 관계와 구체적인 개인들의 관계를 구별하여 글을 읽으려고 시도한 학생이 없지는 않았지만, 초·중·고등학생 모두 공통적으로 신분 관계를 갈등적인 계급 관계로 보았고 남녀관계는 지배와 종속의 관계로 보면서 분석했다. 조선 시대의 다층적이고 복잡한 양반 남성과 여성, 노비의 생활과 인식 세계, 또 그들 사이의 관계나 관련 문화에 대해 자신이 알고 있던 지식을 넘어 의문을 제기하거나 글의 내용을 다른 역사적 상상의 단서로 활용한 학생은 제한적이었다.

앞서 언급하였듯이 불평등한 구조를 비판하고 인권을 강조하는 학생들의 역사의식을 통해 밝은 미래를 전망해볼 수도 있다. 그러나 다른 한편 학교 역사가 정체성의 문제에 어떻게 접근하고 있는가에 대해 반성하게도 된다. 신분제 구조 내에서 양반층은 동일한 지향과 문제를 지녔다고 할 수 있는가? 양반 지배층은 부조리한 집단이지만, 영웅주의 시각에서 그 가운데 우리가 아는 '위인'은 예외적인 사람이라고 해석할 수 있는가? 양반과 노비의 관계를 갈등적 적대 관계로 보면서, 노비들을 '불쌍'하다거나 '저항'적이라고 해석하는 방식은 어떠한가? 양반과 노비의 관계를 탈문화적 맥락에서 오늘날의 계급 관계와 같은 틀에서만 분석해서는 역사에서 복합적인 인간 관계를 이해할 수 없다. 대부분의 여성을 억압적 사회구조 속에 아무 생각도 없는 수동적인 존재로 그리면서 몇몇 예외적으로 현명한 여성만이 주체적 행위자였다고 해석하는 여성관은 어떠한가? 이러한 양반, 노비, 여성에 대한 설명은 조선을 어떤 사회로 그리는가? 억압적 구조만 있는 사회인가? 이러한 구조 속에서 어떤 철학이나 사회 질서도 없이 대부분의 사람들은 이기적으로 행위했고 몇몇 위인만 이타적으로 행위했던 사회인가?

학생들은 학교 역사를 통해 은연중에 민족과 계급(신분)만을 역사 분석의 단위로 받아들이고, 그 집단 속의 모든 사람들을 동일한 사람으로 인식한다. 양반이나 노비, 여성을 하나의 정치경제적 이해관계, 동일한 지향과 문화, 정체성을 가진 집단으로 분석하게 하는 것은 과거와 현재 사회의 문제를 단순하게 보게 만들 수 있을 뿐 아니라 복잡한 현재의 인간 관계와 사회 문제를 해결하는 데도 도움이 되지 않는다.

학교급을 막론하고 모든 학생들은 과거인의 생활 문화를 민족과 신분으로만 환원하여 설명하는 방식을 취했다. 역사교육과정과 교과서에서 학교급별로 다양한 역사 이야기를 듣도록 하는지 검토해볼 필요가 있다. 적어도 초·중·고등학교 모든 학교급에서 과거인의 고민이나 갈등, 문제의식, 그들이 크고 작은 문화들을 주체적으로 만들어갔던 과정에 대한 탐구는 없이, 모든 시기를 거대 문화로 압도하여 기억하게 하는, 동일한 방식으로 역사와 관계하게 하는 역사교육 방식의 변화가 필요하다.

역사에서 다양한 인간들과 다층적이고 복합적인 '관계들', 그리고 그것을 둘러싼 문화를 심층적으로 탐구할 수 있을 때 '인간에 대한 자기 이해'나 '통찰력'의 심화를 기대할 수 있다. 즉 역사에서 인간의 자율성을 제약했던 거대 구조와 문화에 대해 분석해볼 기회도 주어야 하지만, 특정한 역사적 조건과 문화 속의 집단과 개인이 인간과 사회를 어떻게 해석했는지, 거대 구조나 문화와 어떻게 상호작용하여 어떤 자율성을 발휘했고 어떻게 새로워지려고 했는지, '인간됨'을 어떻게 생각했고 어떻게 추구했는지 등 그들의 복잡한 생활 세계에 대해 탐구해보게 해야 한다. 그리하여 인간 사회에 대해 비판하고 성찰할 수 있게 하면서도 시대를 새롭게 만들 수 있는 영감을 주어 생성의 토대를 마련해주어야 한다.

5 역사적 사고, 정체성, 성찰적 역사의식의 조화

국내외의 많은 역사교육 연구자가 역사적 사고의 함양과 역사적 개념, 특히 최근에는 역사 조직 개념(second-order concept) 교수의 중요성을 강조해왔다. 역사는 증거에 대한 비판적 탐구에 기초한 주장이라는 역사 연구의 규범은 역사교육에서도 여전히 중시할 필요가 있다. 역사적 사고와 역사적 개념을 강조하는 역사교육은 역사적 사건이나 쟁점에 대해 이성적·복합적인 탐구 없이 윤리적·정치 이념적 판단을 앞세우는 것, 역사를 집단 감정과 정치적 선동의 수단으로 활용하는 것을 경계한다.

역사적 문서를 치밀하게 읽고 분석하며 문서에 대해 질문하는 과정은 감정이 아닌 이성으로 문제를 해결하는 토대이다. 그러나 종종 그러한 방법과 개념에 중점을 둔 역사 수업은 현실의 사회적 관심과 괴리된다는 의심과 비판을 받는다. 역사 학습은 건조한 지식의 암기를 의미하는 것이 아니며, 마찬가지로 역사적 사고 기능의 반복적 연마나 개념의 습득도 아니다.

역사적 사고와 역사적 개념을 강조하면서 학생의 윤리적 판단을 보류하게 해서도 안 되고 또 현실적으로 보류하게 할 수도 없다. 학생이 어떤 가치관이나 정체성도 없이 학교의 역사를 접하고 학습하는 것이 아니기 때문이다. 오히려 학생을 둘러싼 역사 문화는 학교 역사를 기획하고 실행하는 데 검토하고 고려해야 할 조건이다. 그 역사 문화는 때로 하나의 신화화된 정체성에 학생을 감성적으로 노출시켜 이성적인 판단을 마비시키고, 학생이 비판은 하게 하나 비판적 사고는 할 수 없게 만든다.

그러므로 학교 역사는 학생이 일상생활에서 접하는 역사 문화를 비판적 사고에 기초하여 검토하고, 자신의 가치관, 정체성, 역사의식을 성찰하여 생기 있는 미래를 생성할 수 있게 기획되어야 한다. 이러한 역사교육에서는 학생이 직접 역사적 질문을 던지고 과거의 문서를 탐구하여 역사를 써보는, 제한된 범위의 역사 탐구의 기회를 준다. 하나가 아닌 복수의, 서로 다른 과거인의 증언에 의문을 품고 비교·분석하고 해석하면서 역사를 구성할 수 있는 개념과 방법을 학습하게 한다. 또한 학생이 복수의 경합하는 해석들을 증거를 기초하여 그 정당성을 평가하게 하며, 그러한 해석들에 깔려 있는 역사의식을 여러 층위에서 검토하여 자신의 역사의식을 새롭게 할 수 있는 기회를 준다. 다원적 역사상과 유연한 복합 정체성은 생기 있는 미래를 추구하는 역사교육의 토대이다.

참고문헌

가톨릭대학교 교양교육원(2005), 『분석과 창의적 문제 해결』, 가톨릭대학교출판부.

강선주(2006), 「해방 이후 역사교육과정을 둘러싼 쟁점」, 『역사교육』 97.

강선주(2008), 「역사교육의 목적과 초등학교 교사의 역사교육관」, 『역사교육』 108.

강선주(2011), 「역사 수업에서 문자 사료 읽으며 역사적으로 사고하기 방안」, 『교육논총』, 경인교육대학교, 31.

강선주(2012), 「창의적 체험을 위한 역사적 장소 탐방 방안」, 『역사교육논집』 49.

강선주(2013a), 「고등학생과 역사가의 역사텍스트 독해 양상과 텍스트 독해 교수학습 전략」, 『역사교육』 125.

강선주(2013b), 「역사교육계의 역사의식 이론과 학생들의 역사의식 조사 연구에 대한 검토」, 『역사교육논집』 51.

강선주(2014), 「초·중·고등학생이 구성하는 역사담론과 추구하는 역사의식: 역사텍스트의 선택적 읽기」, 『역사교육연구』 19.

강선주(2015a), 「탈식민주의와 세계사 교육」, 『역사교육 새로 보기』, 한울.

강선주(2015b), 「신문화사와 역사교육」, 『역사교육 새로 보기』, 한울.

강선주(2015c), 「지구사와 세계사교육」, 『역사교육 새로 보기』, 한울.

강선주(2015d), 「아이들의 역사 이야기꾼으로의 성장: 중학교 교사가 추구하는 "역사가 가르쳐야 할 것"」, 『역사교육논집』 54.

강선주(2016), 「성찰적 비판과 복합 정체성으로서 역사교육」, 『역사교육』 138.

강우철(1974), 『역사의 교육』, 교학사.

강우철(1978a), 「역사교육과 역사의식」, 『역사교육』 24.

강우철(1978b), 「역사의식과 역사적 사고」, 『사회과교육』 11.

강우철(1974c), 「역사적 탐구능력의 특성」, 『사회과교육』 7.

권장량(2002), 『부산의 향토인물 탐구활동을 통한 역사의식 함양』, 부산외국어대학교 석사학위논문.

김기봉(2005), 「동북아 시대에서 한국사 서술과 역사교육: '국사'를 넘어서」, 『역사교육』 95.
김용덕(1972), 「민족사와 역사의식」, 『기독교사상』 16(6).
김유해(1977), 「고등학교 학생의 역사의식 구조에 관한 연구」, 『역사교육』 21.
김육훈(2013), 「민주공화국의 시민을 기르는 역사교육 시론」, 『역사교육연구』 18.
김정(1977), 「역사의식의 발달에 대한 조사연구: 중학생을 중심으로」, 『광주교대논문집』 17.
김종희(2001), 「초등학생의 역사의식 발달 연구: 5, 6학년을 중심으로」, 전주교육대학교 석사학위논문.
김한종(1995a), 「역사학습에서 상상적 역사」, 서울대학교 박사학위논문.
김한종(1995b), 「피아제의 인지발달이론과 역사교육 연구」, 『사회과학연구』 1.
김한종(1997), 「역사적 사고력의 개념과 그 교육적 의미」, 『역사교육의 이론과 방법』, 삼지원.
김한종(1999), 「사회과 통합의 문제점과 자국사 교육의 위기」, 『역사비평』.
김한종(2007), 『역사수업의 원리』, 책과함께.
김한종(2009), 「역사 이해와 역사교육」, 『역사교육의 이론』, 책과함께.
김한종(2013), 「비판적 사고를 위한 역사교과서 내용 구성과 서술」, 『역사문제연구』 30.
김한종(2014), 「참여민주주의를 위한 역사교육의 방향」, 『청람사학』 23.
김한종(2017), 『민주사회와 시민을 위한 역사교육』, 서울대학교출판문화원.
김환수(2005), 「교사의 역사 인식과 새로운 역사 체계의 생성」, 『역사교육연구』 1.
김훈식(2011), 「15세기 한중 내훈의 여성윤리」, 『역사와 경계』 79.
나인호(2014), 「문자 그대로의 역사교육과 민주시민 양성」, 『역사비평』 107.
노명식(1972), 「역사의식이란 무엇인가?」, 『기독교사상』 16(6).
니체, 프리드리히(2005), 『비극의 탄생·반시대적 고찰』(니체 전집 2), 이진우 옮김, 책세상.
레브스틱, 린다, 바턴, 키스(2005), 「역사에 대한 신념있는 행위: 매개 행위, 인본주의 교육 그리고 참여 민주주의」, 『21세기 사회과교육 연구의 핵심 쟁점들』, 사회과교육 연구 모임 옮김, 교육과학사(Levstik, L. S. and Barton, K. C.(2001), "Committing Acts of History: Mediated Action, Humanistic Education and Participatory Democracy", William B. Stanley ed., *Critical Issues I. Social Studies Research for the 21st Century*).
민두기(1978), 「중국에 있어서의 역사의식의 전개」, 『역사교육』 24.

민석홍(1978), 「역사의식의 방향과 역사학의 과제」, 『역사교육』 24.
박진용, 이미경, 임수연, 최정순(2015), 『지식 정보화 사회에서의 읽기 능력 개발 방안: 초등학교를 중심으로』, 한국교육과정평가원연구보고 RRC 2015-5.
방지원(2012), 「역사교육에서 역사의식 연구의 추이와 전망」, 『역사교육연구』 16.
방지원(2014), 「역사수업 원리로서 감정이입적 역사이해의 재개념화 필요성과 방향의 모색」, 『역사교육연구』 20.
백은진(2014a), 「중등 역사교사의 역사교육 목적에 대한 인식과 수업 실천」, 『역사와 교육』 10.
백은진(2014b), 「역사교사의 역사교육 목적에 관한 사례 연구」, 『역사교육』 131.
블로크, 마르크(2007), 『역사를 위한 변명』, 고봉환 옮김, 한길사.
소현왕후(1987), 『내훈, 계녀서』, 명문당.
송상헌(2010), 「역사교육에서 미래 전망의 역사교육적 의미」, 『역사교육』 115.
송상헌(2013), 「역사교육의 원리 논고」, 『역사교육논집』 50.
송석랑(2011), 「일상사의 방법론과 해석학적 현상학」, 『철학과 현상학 연구』 49.
송춘영(1977), 「중학교 국사교육에 있어서 인물지도의 효과적인 방안」, 『역사교육』 22.
송춘영(1986), 「역사적 사고력을 기르기 위한 사료 활용 방안」, 『이원순교수 회갑기념 사학논총』, 교학사.
스키너, 퀜틴(2012), 『역사를 읽는 방법』, 황정아, 김용수 옮김, 돌베개.
신형식(1990), 『한국전통사회와 역사의식』, 삼지원.
심콕스, 린다, 윌셔트, 애리 엮음(2016), 『세계의 역사교육논쟁』, 이기랑, 최정희 옮김, 푸른역사.
양호환(1995), 「역사교육에서 인지발달에 관한 몇 가지 문제」, 『역사교육』 96.
양호환(2003), 「역사적 사고의 한계와 역사화의 가능성」, 『역사교육』 79.
에번스, 리처드(1999), 『역사학을 위한 변론』, 이영석 옮김, 소나무.
역사교육연구소(2011), 「초·중·고등학생들의 역사교육 이해 조사 결과」, 『역사와 교육』 14.
역사비평사(2014), 「역사교육을 묻는다: 역사교육과 역사교과서에 대한 4개의 질문, 10인의 응답」, 『역사비평』 107.
윤병석(1978), 「한국사와 역사의식」, 『역사교육』 24.
윤세철(1965), 「역사의식 발달과 학년배정문제」, 『서울대학교대학원 논문집』 2.
윤세철, 최상훈(2003), 「역사의 유용성과 역사교육목표」, 『역사교육』 87.
윤택림(2002), 「탈식민 역사쓰기를 향하여: '탈근대론'적 역사 해석 비판」, 『역사비평』 58.
이만열(2014), 「정부 간섭은 역사교육의 퇴행을 가져올 뿐」, 『역사비평』 107.
이미미(2015), 「중요한 역사 내용이란?」, 『역사교육』 135.
이병련(2016), 「독일 역사수업에서의 다원적 관점」, 『비교사적 시각에서 본 독일의 역사교육과 역사교과서』(한국독일사학회·대구대학교 역사교육과 공동 학술대회, 2016. 4. 30).
이병희(1996), 「민인의 역사의식과 역사교육: 해방 50년의 역사인식과 역사교육」, 『역사교육』 57.
이상엽(2001), 「니체의 역사: '삶에 대한 역사의 유익함과 해로움'에 대하여」, 『철학』 69.
이상엽(2003), 「니체의 역사 해석학에서 삶의 예술 해석학으로의 전환」, 『철학』 77.
이숙인(2014), 「소혜왕후: 최초의 여성 저술가」, 『내일을 여는 역사』 56.
이정인(1963), 「국민학교 아동의 역사의식발달에 관한 고찰」, 『역사교육』 7.
이찬희(1989), 「역사의식의 개념과 역사교육」, 『사회과교육』 22.
이해영(2014), 「역사의식조사로 본 학생들의 가치판단 탐색」, 『역사교육』 131.
이황(2011), 『퇴계 이황, 아들에게 편지를 쓰다』, 이장우, 전일주 옮김, 연암서가.
임병철(2010), 「이론화의 덫: 오늘날의 역사교육학에 대한 비판적 단상」, 『역사교육연구』 12.
장은경(2004), 「제주시 지역 중학생의 역사의식 연구」, 제주대학교 석사학위논문.
정두희(1997), 「한국사학과 시민의 역사의식」, 『한국사 시민 강좌』, 일조각.
정명혁(2008), 「민중사논의와 새로운 모색」, 『역사와 연구』 18.
정병욱(2014), 「배우는 자의 권리를 생각한다」, 『역사비평』 107.
정선영(2008), 「역사교육 최종 목표와 역사적 통찰력」, 『역사교육』 108.
정창렬(1989), 「한국에서 민중사학의 성립·전개 과정」, 한신대학교 제3세계문화연구소 엮음, 『한국민중론의 현단계』, 돌베개.
조승래(2000), 「역사교육에서 감정이입의 문제」, 『역사교육』 73.
차경수(1996), 『현대의 사회과교육』, 학문사.
최상훈(2000), 『역사적 사고력의 학습 및 평가 방안』, 서울대학교 박사학위논문.
최상훈(2005), 「역사적 사고력의 의미와 하위범주」, 『역사교육과 역사인식』, 책과함께.
최우석(2014), 「무엇을 고민할 것인가?」, 『역사비평』 107.
카, 에드워드(2007), 『역사란 무엇인가』, 김택현 옮김, 까치글방.

하종문(2014), 「역사학, 역사교육 민주주의」, 『역사비평』 107.
한경자(1986), 「역사이해·역사의식 발달을 위한 교육방법의 탐색」, 『이원순교수화갑기념사학논총』, 교학사.
헌트, 린 엮음(2000), 『문화로 본 새로운 역사: 그 이론과 실제』, 조한욱 옮김, 소나무.
헌트, 린, 애플비, 조이스, 제이컵, 마거릿(2013), 『역사가 사라져 갈 때』, 김병화 옮김, 산책자.
Ashby, R.(2004), "Developing a Concept of Historical Evidence: Students' Ideas about Testing Singular Factual Claims", *International Journal of Historical Learning, Teaching, and Research*, 4(2).
Barton, K. C.(1997), "I just Kinda Know: Elementary Students' Ideas about Historical Evidence", *Theory and Research in Social Education*, 25.
Barton, K. C.(2005), "Teaching History: Primary Sources in History: Breaking through the Myths", *Phi Delta Kappan*, 86(10).
Barton, K. C.(2009), "The Denial of Desire: How to Make History Education Meaningless", in L. Symcox and A. Wilschut eds., *National History Standards: The Problems of the Canon and the Future of Teaching History*, Information Age Publishing, Inc.
Barton, K. C.(2017), "Shared Principles in History and Social Science", in Mario Carretero, Stefan Berger, and Maria Grever, *Palgrave Handbook of Reserach in Historical Culture and Education*, Palgrave Macmillan.
Barton, K. C. and Levstik, L.(1998), "It Was'nt Good Part of History: National Identity and Students' Explanations of Historical Significance", *Teachers College Record*, 99(3).
Borries, B. von(2009), "Competence of Historical Thinking", in L. Symcox and A. Wilschut eds., *National History Standards: The Problems of the Canon and the Future of Teaching History*, Information Age Publishing, Inc.
Cairns, J.(1989), "Some Reflections on the Empathy in History", *Teaching History*, 55.
Collingwood, R. G.(1994), *The Idea of History: With Lectures 1926-1928*, edited with an Introduction by Jan van der Dussen, Oxford University Press.
Cooper, H.(1992), *The Teaching of History*, David Fulton.
Cooper, H.(1994), *The Teaching of History in Primary Schools: Implementing the Revised National Curriculum*, David Fulton.

Danton, R.(1984), *The Great Cat Massacre and Other Episodes in French Cultural History*, Vintage Books.

Davis Jr., O. L., Yeager, E. A., and Foster, S. J. eds., *Historical Empathy and Perspective Taking in the Social Studies*, Rowman & Littlefield Publishers, Inc.

Foster, S. J.(2001), "Historical Empathy in Theory and Practice: Some Final Thoughts", in O. L. Davis Jr., E. A. Yeager, and S. J. Foster eds., *Historical Empathy and Perspective Taking in the Social Studies*, Rowman & Littlefield Publishers, Inc.

Foster, S. J. and Yeager, E. A.(1999), "You've Got to Put together the Pieces: English 12-Year-Olds Encounter and Learn from Historical Evidence", *Journal of Curriculum and Supervision*, 14.

Jenkins, K. and Brickley, P.(1989), "Reflections on the Empathy Debate", *Teaching History*, 55.

Kang, S.(2017), "Postcolonial Discourses and Teaching National History: The History Educators' Attempts to Overcome Colonialism in the Republic of Korea", Mario Carretero, Stefan Berger, and Maria Grever, *Palgrave Handbook of Reserach in Historical Culture and Education*, Palgrave Macmillan.

Knight, P.(1989), "Empathy: Concept, Confusion and Consequences in a National Curriculum", *Oxford Review of Education*, 15.

Lee, P.(1991), "Historical Knowledge and the National Curriculum", Richard Aldrich ed., *History in the National Curriculum, Institute of Education*, University of London.

Lee, P.(2004), "Walking Backwards into Tomorrow: Historical Consciousness and Understanding History", *International Journal of Historical Learning, Teaching, and Research*, 4.

Lee, P.(2011), "History Education and Historical Literacy", Ian Davis ed., *Debates in History Education*, Routledge.

Lee, P. and Shemilt, D.(2011), "The Concept that Dares not Speak Its Name: Should Empathy Come out of the Closet?", *Teaching History*, 143.

Lévesque, S.(2005), "Teaching Second-Order Concepts in Canadian History: The Importance of Historical Significance", *Canadian Social Studies*, 39(2).

Lévesque, S.(2008), *Thinking Historically*, Toronto University Press.

Lloyd, C.(1996), "For Realism and against the Inadequacies of Common Sense: A Response to Arthur Marwick", *Journal of Comtemporary History*, 31.

Low-Beer, A.(1989), "Empathy and History", *Teaching History*, 55.

Lucas, J. S.(2008), "Historical Thinking Is Unnatural and Immensely Important: An Interview with Sam Weinburg", D. A. Yerxa ed., *Recent Themes in Historical Thinking: Historians in Conversation*, University of South Carolina Press, 35-43.

Mahood, W., Biemer, L., and Lowe, W. T.(1991), *Teaching Social Studies in Middle and Secondary Schools*, Macmillan.

McNeill, W., Kammen, M., and Gordon, C.(1989), "Why Study History? Three Historians Respond", *Historical Literacy*, edited by Paul Gagnon and The Bradley Commission on History in Schools, Macmillan.

Oakeshott, M.(1999), *On History and Other Essays*, Blackwell Publishing Ltd.

Ornstein, Allan C. and Hunkins, Francis P.(2004), *Curriculum; Foundations, Principles, and Issues*, Pearson.

Rüsen, J.(2004), "Historical Consciousness: Narrative Structure, Moral Function, and Ontogenetic Development", P. Seixas ed., *Theorizing Historical Consciousness*, University of Toronto Press.

Seixas, P.(2017), "Historical Consciousness and Historical Thinking", Mario Carretero, Stefan Berger, and Maria Grever, *Palgrave Handbook of Research in Historical Culture and Education*, Palgrave Macmillan.

Symcox, L. and Wilschut, A.(2009), "Introduction", in L. Symcox and A. Wilschut eds., *National History Standards: The Problems of the Canon and the Future of Teaching History*, Information Age Publishing, Inc.

VanSledright, B. A.(2001), "From Emphatic Regard to Self-Understanding: Im/Positionality, Empathy, and Historical Conceptualization", in O. L. Davis Jr., E. A. Yeager, and S. J. Foster eds., *Historical Empathy and Perspective Taking in the Social Studies*, Rowman & Littlefield Publishers, Inc.

VanSledright, B. A.(2002), "Fifth Graders Investigating History in the Classroom: Results from a Researcher-Practitioner Design Experiment",

Elementary School Journal, 103.
VanSledright, B. A.(2004), "What Does It Mean to Think Historically and How Do You Teach It?", *Social Education*, 68(3).
Wineburg, S.(2001), *Historical Thinking and Other Unnatural Acts*, Temple University Press.
Wineburg, S.(2007), "Unnatural and Essential: The Nature of Historical Thinking", *Teaching History*, 129.
Wineburg, S., Martin, D., and Monte-Sano, C.(2011), *Reading Like a Historian: Teaching Literacy in Middle and High School History Classrooms*, Teachers College, Columbia University.

찾아보기

부록 1. 심층면접에서 사용한 자료

〈자료 1-1〉『훈민정음 해례본』 서문(1446, 세종 28년)

세종의 명을 받아 신숙주, 정인지 등의 집현전 학자들이 훈민정음 창제에 참여했다. 그리고 훈민정음을 완성하여 책으로 펴내면서, 세종은 그 서문에 다음과 같이 썼다.

> 나라말이 중국과 달라서 문자로는 서로 통하지 않는데
> 이런 이유로 어리석은 백성이 말하고 싶은 바가 있어도
> 제 뜻을 나타내지 못하는 사람이 많다.
> 내 이를 불쌍하게 여겨 새로 스물여덟 자를 만드니
> 사람들로 하여금 쉽게 익혀서 날마다 쓰기에 편하게 하고자 할 따름이니라.

〈자료 1-2〉 최만리 등의 상소문(『세종실록』 103권, 세종 26년 2월 20일 경자 첫 번째 기사)

아래의 글은 1444년, 세종 26년 2월 20일에 최만리를 중심으로 신석조, 김문, 정창손, 하위지, 송처검, 조근 등의 집현전 학자들이 세종대왕에게 올린 상소문이다. 이들은 당시 집현전을 대표하던 쟁쟁한 학자들로 당대의 학풍을 주도하였다.

> ① 조선 건국 이래로, 정성을 다해 중국을 큰 나라로서 섬기고, 항상… 중국과 같은 문자를 사용하고, 중국과 같은 법률제도를 시행하였는데, 언문(한글)을 만드신 것을 보면서 이상히 여길 사람이 있을 것입니다. 이러한 사람들에게 임금님께서는 언문이 모두 옛 글자를 근본으로 삼은 것이기 때문에 새로운 글자가 아니라고 하십니다. 그런데 글자 모양이 비록 옛 글자를 모방하였더라도, 언문의 소리를 내는 규칙과 표기법이 옛것과 반대되며, 중국 문자와는 전혀 다릅니다. 만약 이러한 언문에 대한 이야기가 중국에 흘러가서 혹시 중국 사람 가운데 언문을 만든 것이 옳지 못하다고 하는 사람이 있으면 큰 나라를 섬기고 중국을 따르는 나라로서 부끄럽지 않겠습니까?
>
> ② 둘째, 예로부터 우리나라의 여러 지역이 풍토가 다르나, 사투리 때문에 따로 문자를 만든 일은 없었습니다. 다만 몽고, 서하, 여진, 일본 서번의 무리들이 각각 문자를 가지고 있으니 문자를 따로 쓰는 것은 오랑캐들이나 하는 일에 불과합니다. 옛 말씀에 이르기를 중국이 오랑캐를 변하게 한다고는 하였으나, 오랑캐가 중국을 변하게 한다는 말은 듣지 못하였습니다. 역대로 중국에서는 우리나라를… 중국에 견줄 만하다고 하였는데, 이제 오랑캐처럼 언문을 지어서 중국을 버리니 이야말로 눈앞의 이익을 탐내어 뒷날에 병이 생길 수 있다는 것을 생각하지 못하는 것입니다.

③ 셋째, 신라 설총의 이두는 비록 하찮다고 하더라도 모두 중국 글자를 빌려서 쓰는 까닭에 중국 문자와 다르지 않습니다. 그런 까닭에 하급 관리나 하인들까지도 반드시 이두를 배우려면 한자로 된 책을 읽어야 하고, 어느 정도 한자를 안 연후에라야, 이두를 쓰게 됩니다.… 한자를 알아야만, 이두의 뜻을 알 수 있기 때문에… 학문이 발달하는 데 도움이 됩니다.… 이두가 수천 년 동안 관청의 문서 등에 아무 문제 없이 사용되어왔는데 왜… 이익이 되지 않는 문자(한글)를 창작하고자 하시나이까.

④ 만약에 언문을 사용하게 되면 관리된 자는 오로지 언문만 익히고 학문을 돌아보지 않게 되어… 스물여덟 자의 언문만으로도 능히 출세할 수 있다 생각할 것이므로 성리학을 공부하려고 하지 않을 것입니다. 이렇게 수십 년이 지나면 한자를 아는 사람이 적을 것입니다. 비록 언문으로 관공서의 일을 할 수 있다고 해도 한자를 모르면 성현의 뜻을 배우지 못하는 것과 같아서, 사리의 옳고 그름을 가리는 데 어두울 것입니다.… 학문에 손해됨이 있고 정치에 이익이 없는 것인바, 아무리 생각해봐도 언문을 사용하는 것은 옳지 않습니다.

⑤ 넷째, [임금님께서는] 혹시 법을 어겨 처벌을 받을 때 [처벌받는 사람이 자신이 자백한 내용이나 처벌 내용을] 이두로 알리면 문자를 알지 못하는 어리석은 백성이 간혹 원통하게 될 수 있기 때문에 언문으로 읽고 들을 수 있게 한다면 아주 어리석은 사람이라도 다 쉽게 알아듣게 되어… 억울하게 당할 사람이 없다고 하십니다.

그러나 중국은 말이 글과 같은데도 소송이 일어났을 때 원통하게 당하는 사람이 대단히 많습니다. 또 우리나라에서도 이두를 알아도 매를 이기지 못하여 죄를 자백하는 사람이 많이 있습니다. 그러므로 자신이 자백한 내용을 이두로 읽어주기 때문에 그 뜻을 몰라 원통하게 당하는 것이 아니라는 것은 명백한 일입니다.… 죄인을 다스리는 공평함과 불공평함은… 말이 글과 같지 않아서 생기는 문제가 아닙니다. 언문을 사용하게 하여 재판을 공평하게 하고자 하신다고 했는데 저희 신하들은 그 타당함을 찾지 못하겠나이다.

⑥ 다섯째, …언문을 사용하는 것은 풍속을 바꾸는 큰일이라, 마땅히 재상과 상의하셔야 하옵고, 아래로 여러 관리들까지 나라의 사람들이 모두 옳다고 하더라도… 거듭 생각을 더 해야 합니다. 조상님과 중국에 고하여 부끄러움이 없어야 하고, 후세에 뛰어난 학자가 보아도 옳다고 할 것이라는 생각이 들었을 때 언문을 사용하도록 해야 합니다. 그런데 여러 사람의 의견을 널리 들으시지도 않으시고 갑자기 하급관리 10여 인으로 하여금 배우게 하시며, 또 경솔히 급하게 천하에 널리 알리고자 하시니 후세에 사람들이 어떻게 생각하겠습니까.

〈자료 1-3〉 최만리 등의 상소문에 대한 세종의 대응(『세종실록』 103권, 세종 26년 2월 20일 경자 첫 번째 기사)

『세종실록』의 일부분이다. 이 책은 세종대왕이 죽고 난 후 황보인, 김종서, 정인지 등 약 60여 명이 만들고 검토하여 1454년, 단종 2년에 완성되었다.

① 임금이 상소를 보고 최만리 등에게 이르기를,

"너희들이 이르기를 '소리를 사용하고 글자들을 합한 것이 모두 옛글에 위배된다' 하였는데 설총의 이두도 역시 마찬가지 아니냐? 또 이두를 제작한 본뜻이 백성을 편리하게 함이 아니겠느냐? 만일 그것이 백성을 편리하게 한 것이라면 지금의 언문도 백성을 편리하게 하지 않겠느냐? 너희들이 설총은 옳다 하면서 임금이 하는 일은 그르다 하는 까닭은 무엇이냐?…"

② 최만리 등이 대답하기를,

"설총의 이두는… 그런데 언문은 여러 글자를 합하여 함께 써서 [중국 글자와 같은] 글자 모양이 아닙니다.…"

③ 임금이 또 맞서 말하기를,

"내가 너희들을 부른 것은 처음부터 죄 주려 한 것이 아니고, 다만 상소 안에 한두 가지 말을 물으려 하였던 것인데, 너희들이 옳고 그름을 생각지 않고 말을 바꿔 대답하니 너희들의 죄는 벗기 어렵다"고 하였다.

부제학 최만리, 직제학 신석조, 직전 김문, 응교 정창손, 부교리 하위지, 부수찬 송처검, 저작랑 조근 등을 의금부에 보냈다가 이튿날 석방하라 명하였다. 그러나 정창손은 파직시키고 의금부에 명령하기를, "김문이 앞뒤 말을 바꿔 말한 까닭을 국문한 후 아뢰라"고 하였다.

부록 2. 심층면접에서 사용한 자료

〈자료 2-1〉 유희춘의 『미암일기』 ①

유희춘은 조선 중기의 문신으로 1547년 제주도에 귀양갔다가 1567년 선조가 즉위하자 사면되어 재등용되었다. 경사와 성리학에 조예가 깊어 많은 저서를 남겼으며 16세기 호남사림을 대표하는 인물로 손꼽힌다. 미암은 유희춘의 호이다. 『미암일기』에는 그와 부인 송덕봉, 자녀와 손자, 일가친척 및 집안 노비들과 엮어가는 일상의 모습이 담겨 있는데, 이 자료는 그 일부이다.

① 1567년 11월 18일

종 치산, 개금, 대공이 굴레*를 짜놓은 말을 함부로 탔기에 각기 매를 수십 대씩 때려줬다.

② 1569년 10월 29일

나를 대신하여 집과 노비, 논밭을 관리하는 노비 석정이 와서 말하기를 금년 우리 집 논에서 나온 것이 모두 합하여 83섬이라고 한다.

③ 1572년 9월 17일

종 한풍이 말먹이를 도둑질하여 먹는 바람에 백총마가 야윈 사실을 여주의 이마소*가 알려와 그 죄를 다스리고자 정강이와 볼기를 때렸다.

④ 1573년 12월 15일

노비 석정이 말하기를, 우리 집 무명밭에서 금년에 병작*한 것이 150근이나 된다고 한다. 석정이 서울에 있는 내게 글로 전하기를 벼 40섬을 찧어 26섬 4되를 만들어서 사위 윤관중 댁의 벼 32섬 14말과 함께 배에 실어 올려 보냈다고 한다.

• 낱말 풀이

굴레: 마소의 머리에 씌워 고삐에 연결한 물건

이마소: 말을 치료하고 다스리던 곳

병작: 농토의 주인과 농사를 지은 소작인이 농산물을 똑같이 나누는 것

〈자료 2-2〉 오희문의 『쇄미록』

오희문은 조선 중기의 영의정 오윤겸의 아버지로 학자이다. 『쇄미록』은 오희문이 한양을 떠난 1591년(선조 24년) 11월 27일부터 집으로 돌아온 다음 날인 1601년 2월 27일까지 만 9년 3개월간 임진왜란과 정유재란을 피해 이리저리 떠돌아다니면서 지내던 일을 기록한 일기이다. 이 일기에서 전쟁에 관한 기록뿐만 아니라 비참했던 일반 백성들의 생활상, 혼란스러웠던 사회상 등을 엿볼 수 있는데, 이 자료는 그 일부이다.

① 1595년 4월 16일

송노, 누른개를 시켜 어제 못다 맨 논을 매게 했다.

② 1595년 4월 17일

또 송노, 누른개를 시켜서 둑으로 막아놓은 논을 매게 했으나 끝내지 못했다. 식사 후에 논매는 곳을 가보고, 그 길로 전날 논맨 곳에 가보고 물을 대주고 돌아왔다.

③ 1596년 3월 18일

소를 빌릴 수가 없어서 논을 갈지 못하겠으니 한스럽다.… 사람을 보내서 이복령을 불러다가 종일 이야기하고 또 복령과 술내기 바둑을 두었는데 복령이 끝내 한 판도 이기지 못하니 가소롭다.

④ 1596년 3월 19일

한복을 보내서 사람 셋을 얻어가지고 도합 네 사람이 쟁기로 논을 갈았는데 겨우 6두락*을 갈고 못다 갈았으니 한스럽다.… 늦은 오후에 논 갈은 데를 가보고 돌아왔다.

⑤ 1596년 3월 23일

사람을 얻고 집의 노비 등 모두 6명을 시켜 논을 손질하고 씨를 뿌렸다.… 이광춘의 사랑방으로 가서 종일 장기를 두었다.

• 송노, 누른개, 한복: 오희문이 부리던 노비의 이름
• 낱말 풀이
두락: 논과 밭의 넓이를 나타내는 단위. 보통 마지기라고 함

〈자료 2-3〉 유희춘의 『미암일기』 ②

저자인 유희춘의 부인 송덕봉은 1521년 전라도 담양에서 태어났다. 본 이름은 알 수 없고 호가 덕봉이다. 그녀의 시와 문, 편지 등을 모은 『덕봉집』이 있으나 이 시집은 전하지 않는다. 다만 『미암일기』의 끝부분에 송덕봉의 편지 한 통, 글 두 편, 시 20여 수가 남아 있어 그 일부분을 엿볼 수 있다.

① 1570년 6월 12일

부인이 담양 집에서 편지를 보내왔다.

"당신은 귀한 관직에 있어서 도성의 만인이 우러러 보는 처지니 수개월 동안 혼자 지내는 것은 하기 어려운 일일 것이오. 나는 옛날 당신 어머니가 돌아가셨을 때 지성으로 예에 따라 장례를 치렀으니 남에게 부끄러울 것이 없소. 주변 사람들도 묘지를 쓰고 제사를 지내는 데 친자식이라도 이보다 더할 수 없다고 했소. 내가 당신한테 한 이런 지성스런 일이 바로 잊기 어려운 일이오. 당신이 몇 달 동안 혼자 지낸 공을 내가 한 몇 가지 일과 비교하면 어느 것이 가볍고 무겁겠소. 바라건대 당신은 영원히 잡념을 끊고 기운을 보양해 수명을 늘리도록 하시오. 이것이 내가 밤낮으로 크게 바라는 바이오."

부인의 편지를 읽고 보니 부인의 말과 뜻이 다 옳아 탄복을 금할 수 없다.

② 1573년 2월 23일

부인이 한양으로 오면서 짐을 싣고 왔던 말을 팔아 쌀을 사서 내놨다가 이자 받는 일을 시작했다고 한다.

③ 1575년 11월 16일

저녁에 등잔 아래서 부인과 집안 살림을 의논했다. 부인이 담양에 있는 전답을 차례로 셈하면 나는 그것을 부인 공책에다 기록했다.

④ 1575년 12월 26일

부인이 빚을 낸 쌀 열 섬과 소 한 마리로 김란옥의 논 네 마지기를 샀다.

〈자료 2-4〉 남평 조 씨의 『병자일기』

남평 조 씨는 17세기 한양에서 살던 양반가의 여성이다. 『병자일기』는 남평 조 씨가 1636년(인조 14년) 12월 5일부터 1640년(인조 18년) 8월 9일까지 한글로 쓴 일기다. 병자호란이 일어나자 피난을 떠나는 것을 시작으로 하여 생을 마치기 5년 전까지의 일상생활에 대해 썼다.

① 1638년 3월 2일

논 열세 마지기를 정수와 소 한 마리, 사람 열하나가 갈았다.

② 1638년 3월 7일

종들에게 가래 하나, 쇠스랑 세 개를 만들게 하고 바자*를 세우게 했다.

③ 1638년 4월 11일

집의 종 여섯은 김매러 가고 안종 넷과 정수는 짐승 다섯 마리를 끌고 장나무 하러 갔다.

④ 1638년 4월 24일

덕남이가 서울을 다녀왔는데 무생이가 짠 베 한 필을 마전*하였으니 먼저 가지고 오고 청배집 혜아 어미의 베 짠 것도 가지고 왔다. 난리 나서 피란 갈 때에 몸에 입은 것만 가지고 나섰는데 여산 가서 의주댁 면화로 여러 필을 짜고 개령 면화 가져다가 길쌈들을 하여 그래도 벗지 않고 얼고 데지 아니하니 모두 종들이 아니었더라면 어찌 되었겠는가.

⑤ 1638년 5월 7일

논을 여섯이서 매러 가서 다 매었다.

• 낱말 풀이

바자: 대나무나 갈대 등을 발처럼 엮어서 만든 울타리

마전: 아직 끓지 않은 베, 무명을 삶거나 빨아 볕에 바래는 일

〈자료 2-5〉 윤선도의 『기대아서』: 큰 아들 윤인미에게 편지로 보낸 가훈

윤선도(1587-1671)는 조선 중기의 문신·시인이다. 당시 정치적으로 힘이 약하였던 집안에서 태어나 집권 세력에 강력하게 맞서다가 당쟁에 희생되어 귀양살이를 했다. 귀양에서 풀려난 후 조상으로부터 물려받은 유산으로 고향에서 생활했다. 유학의 경전에 대해 잘 알았고, 의약·복서·음양·지리 등에 대해서도 많은 지식이 있었다. 이 글은 1660년 함경도 산수에서 귀양 중일 때 써서 아들에게 보낸 것이다.

① 의복과 말안장 등 자신을 받드는 이전의 생활방식과 폐단*을 고치고 줄여라! 식사는 배고픔을 채우면 되고, 옷은 몸을 가릴 정도면 되며, 말은 걸을 수만 있으면 되고, 안장은 튼튼하기만 하면 되며, 그릇은 적절히 쓸 수 있으면 된다. 타는 말은 단지 멀리 갈 수 있도록 한두 마리만 있어서 갈 길에 대비하면 그만이다. 어찌 잘 달리는 말이 필요한가? 더욱이 망아지를 구하고 이를 길러 이득을 취하고자 하는 것은 사대부의 큰 병폐*여서 내가 항상 너희에게 걱정하는 것이니, 너는 이제 그만둘 수 없겠는가?

② 부리는 노비는 잘 보살펴야 한다. 윗사람의 것을 덜어 아랫사람의 몫으로 보태주는 방법으로 더욱 주인집이 절약하여 노비의 의식*을 넉넉하게 해주어야 한다. 그리하여 우리에게 목숨을 건 사람이 어려워서 원한을 품지 않도록 하는 것이 옳다. 또 노비가 실수를 하더라도 작은 일이면 가르치고 큰일이면 약간 매를 때리어 매번 자신을 어루만져준다는 느낌을 갖도록 해야지, 자신을 학대한다는 원망을 갖지 않도록 함이 옳다.

③ 우리 집이 잘되느냐 못되느냐는 이 종이 한 장에 있으니 일체 남에게 보이지 말고, 또 손자들도 명심하여 읽어 잊지 말도록 하라!

• 낱말 풀이

폐단: 어떤 일에서 나타나는 옳지 못한 현상. 즉, 해로운 현상

병폐: 폐단과 유사함. 옳지 못한 현상을 일컬음

의식: 의복과 음식

간행사

서울대학교 사범대학 역사교육과가 창립 71주년인 정유년 초에 역사교육연구총서 발간이라는 경사(慶事)를 맞이하였습니다.

우리나라는 예부터 역사를 인간의 사유와 행동을 밝혀주는 귀감으로 여겨 각종 교육기관에서 가르쳐왔지만, 역사교육이라고 하는 분야가 전문 연구영역으로 자리를 잡게 된 것은 그리 오래되지 않은 1980년대 후반, 서울대학교 사범대학 역사교육과에 역사교육전공의 석·박사학위과정이 개설되고 연구자가 배출되면서였습니다. 지금은 전국의 여러 대학과 초·중·고교의 연구자들이 왕성한 연구활동을 펼치고 있으며, 역사교육연구회가 발행하는『역사교육』을 비롯하여 역사교육을 전문으로 하는 학회와 학술지도 많이 늘고 있습니다. 그러나 여전히 역사교육은 신진 연구분야로서 연구대상과 영역을 정립하는 과정에 있다고 할 수 있습니다. 이런 시점에서 역사교육연구총서의 발행은 역사교육연구의 발전에 크게 기여할 것입니다. 관련 연구자들이 단행본의 형태로 자신의 연구성과를 정리하여 발표함으로써 역사교육연구의 그간의 경로를 되돌아봄과 동시에 향후의 연구방향도 전망할 수 있기 때문입니다.

역사교육연구총서의 발행은 한국 역사교육학계가 지속적으로 연구결과물을 학계와 대중에게 공개하겠다는 약속을 한 것이고, 이를 어떻게 이행하는가에 따라 역사교육의 연구수준도 평가될 것입니다. 이런 의미에서 역사교육연구자들은 최근 국가와 사회의 많은 관심을 끌고 있는 역사교육이론과 현실의 쟁점 및 동향에 관해 자신의 견해와 소신을 밝힐 기회와 책임을 동시에 가지게 된 것이라 하겠습니다.

총서의 발행을 기획하고 추진해준 유용태 교수의 노고에 감사드리며, 바쁜 학술활동 중에도 기꺼이 집필을 맡은 저자와 원고의 내용을 검토하고 조언해주신 심사위원, 총서 준비단계에서 필요한 여러 실무를 담당한 간행위원들께도 감사의 마음을 전합니다. 그리고 고맙게도 어려운 여건에도 불구하고 서울대학교출판문화원은 총서의 간행을 맡아주었습니다. 역사교육연구총서의 간행이 연구자와 독자의 호응 속에 계속 이어져 우리나라 역사교육의 발전에 기여하기를 기원합니다.

2017년 1월

역사교육연구총서간행위원회 위원장

양호환